BYRON KATIE

Wer wäre ich ohne mein Drama?

GOLDMANN
Lesen erleben

Buch

Dieses Buch versammelt 15 Dialoge aus öffentlichen Veranstaltungen in den USA und in Europa, in denen Byron Katie mit Teilnehmern »The Work« durchführt. Fälle von schwerer Krankheit kommen ebenso zur Sprache wie Beziehungs- und Trennungsprobleme, Ärger mit Arbeitskollegen und finanzielle Nöte. Mit Byron Katies Unterstützung überprüfen die Klienten ihre quälenden Gedanken, die die Quelle ihres Leidens sind. Es ist faszinierend mitzuerleben, wie Byron Katie hellwach und mit unbedingter Zuwendung jedes Mal einen Prozess in Gang setzt, mit dem die scheinbar unlösbaren Probleme transformiert werden und in sich zusammenfallen.

Die Dialoge sind eine spannende und unterhaltsame Lektüre – humorvoll und berührend zugleich –, aber sie sind außerdem das perfekte Anschauungsmaterial, an dem der Leser lernt, wie er seine eigenen Probleme und belastenden Gedanken überprüfen und selbst die befreiende und erlösende Wirkung von »The Work« erleben kann.

Autorin

Byron Katie, Jahrgang 1942, wuchs in Südkalifornien auf. Von der Mitte der siebziger Jahre an litt sie unter schweren psychischen Problemen, von denen sie 1986 durch ein Erleuchtungserlebnis spontan befreit wurde. Sie entwickelte »The Work«, ein System der Selbsterkenntnis, das seitdem unzähligen Menschen geholfen hat. Ihr erstes Buch, das die Funktionsweise von »The Work« beschreibt, wurde ein internationaler Bestseller und liegt in deutscher Sprache unter dem Titel »Lieben was ist« vor. Byron Katie vermittelt ihr System auf Vortrags- und Seminarreisen in vielen Ländern der Welt.

Von Byron Katie sind bei Arkana außerdem erschienen:

Lieben was ist (HC 33650)
Lieben was ist (Arkana Audio Hörbuch 33834; 10 CDs)
Ich brauche deine Liebe – stimmt das? (33743)
Byron Katie über Arbeit und Geld (33768)
Byron Katie über Selbstverwirklichung (33769)
Byron Katie über Liebe, Sex und Beziehungen (33770)
Byron Katie über Gesundheit, Krankheit und Tod (33771)
Byron Katie über Eltern und Kinder (33772)
Eintausend Namen für Freude (zus. mit Stephen Mitchell; 33791)

BYRON KATIE

WER WÄRE ICH
OHNE MEIN DRAMA?

Konfliktlösungen mit
»The Work«

Aus dem amerikanischen Englisch
von Gisela Kretzschmar

GOLDMANN

Die Originalausgabe erschien 2008 unter dem Titel »Who would you be without your story?« bei Hay House, Inc. USA.

MIX
Papier aus verantwortungsvollen Quellen
FSC
www.fsc.org
FSC® C014496

Verlagsgruppe Random House FSC-DEU-0100
Das für dieses Buch verwendete FSC®-zertifizierte Papier
München Super liefert Arctic Paper Mochenwangen GmbH.

3. Auflage

Deutsche Erstausgabe Januar 2010

Umschlaggestaltung: UNO Werbeagentur, München
Umschlagfoto: Brie Childers
Redaktion: Michael Schaeffer
SB · Herstellung: cb
Satz: Fotosatz Reinhard Amann, Aichstetten
Druck und Bindung: GGP Media GmbH, Pößneck
Printed in Germany
ISBN: 978-3-442-21885-1

www.goldmann-verlag.de

Inhalt

Vorwort

von Carol Williams

Während der letzten 20 Jahre ist Byron Katie weltweit als eine der aufrichtigsten und inspirierendsten Lehrerinnen unserer Zeit bekannt geworden. Sie lehrt einen Weg, glücklich zu sein, und Menschen, die ihr begegnen, reagieren sofort und spontan auf die Freude, die sie immer und überall in ihrer Umgebung verbreitet. Ihr eigener Lehrer jedoch, das erklärt sie immer wieder, war das Leiden.

Während sie in einer kalifornischen Wüstenstadt ein Leben führte, das eigentlich befriedigend hätte sein sollen – eine erfolgreiche berufliche Karriere, gesunde Kinder, eine schöne Umgebung –, litt Byron Kathleen Reid (jeder nennt sie Katie) mehr als zehn Jahre lang unter Depressionen. Sie fesselten sie ans Bett und ließen sie immer wütender und verzweifelter werden. Schließlich begab sie sich in ein Therapiehaus für Frauen mit Essstörungen – die einzige Einrichtung, für die ihre Versicherung zu zahlen bereit war. Eines Tages wachte sie in ihrer Dachkammer auf und stellte fest, dass ihr Leiden vorüber war, ersetzt durch eine Freude, wie sie sie noch nie empfunden hatte:

> Ich entdeckte, dass ich litt, wenn ich meinen Gedanken glaubte, aber wenn ich ihnen nicht glaubte, dann litt ich auch nicht, und das gilt für jedes menschliche Wesen. So einfach ist die Freiheit. Ich stellte fest, dass Leiden eine freiwillige Entscheidung war. Ich fand in meinem Inneren eine Freude, die nie wieder vergangen ist, nicht einen einzigen Augenblick. Diese Freude existiert in jedem, immer.

Der Unterschied zwischen ihren Erfahrungen und anderen Erfahrungen der spirituellen Öffnung liegt darin, dass sie im Moment des Erwachens eine Methode entdeckte, wie sie diese außergewöhnliche Leichtigkeit bewahren konnte. Die vier Fragen und die Umkehrung, die sie später »The Work« nannte, existierten schon in diesem ersten Moment.

Katie wusste, dass die freudige Klarheit, die sie erlebte, jedem Menschen zugänglich ist. Und in ihrer bodenständigen amerikanischen Art begann sie, vielen Leuten, die sich spontan zu ihr hingezogen fühlten, ihre

Methode der Selbstbefragung zu vermitteln. Katies erste Erkenntnis besagte, dass jedes schmerzliche Gefühl – Zorn, Einsamkeit, Furcht – dadurch zustande kommt, dass wir einem Gedanken glauben, der nicht wahr ist. Diesen Gedanken zu identifizieren und ihn dann mit Hilfe der Fragen zu überprüfen, die Katie entdeckte, hat eine unvorstellbare Macht – unvorstellbar, bis man es selbst praktiziert hat.

Um *The Work* zu machen, allein oder mit anderen, begibt man sich zunächst auf die Suche nach bestimmten Gedanken, die man als besonders belastend empfindet. Ein solcher Gedanke könnte beispielsweise sein: *Mein Mann liebt mich nicht.* Sie schreiben diesen Gedanken auf das sogenannte Arbeitsblatt (mehr Informationen dazu im Anhang) und überprüfen ihn dann, indem Sie die folgenden vier Fragen stellen:

- *Ist das wahr?*
- *Kann ich mit absoluter Sicherheit wissen, dass das wahr ist?*
- *Wie reagiere ich auf diesen Gedanken?*
- *Wer wäre ich ohne diesen Gedanken?*

Anschließend kehren Sie den Gedanken in seine möglichen Gegenteile um – zum Beispiel: *Mein Mann liebt mich, ich liebe meinen Mann nicht* und *ich liebe mich selbst nicht* – und finden drei konkrete Beispiele dafür, dass jede Umkehrung genauso wahr oder wahrer ist als der ursprüngliche Gedanke.

Die Gespräche in diesem Buch zeigen, was passiert, wenn Menschen, die leiden, diese Fragen langsam und gewissenhaft beantworten. Es sind die Abschriften von Dialogen zwischen Katie und 15 Teilnehmerinnen und Teilnehmern ihrer öffentlichen Workshops und Kurse für *The Work*, die in den USA und Europa veranstaltet wurden. Einige der Teilnehmer litten unter schmerzhaften Krankheiten, andere hatten Liebeskummer oder steckten in schmutzigen Scheidungsprozessen, und wieder andere kamen mit einem Kollegen nicht zurecht oder machten sich Sorgen über eine Mieterhöhung. Ihnen allen gemeinsam war die Bereitschaft, mit Katies Hilfe ihre belastenden Gedanken zu überprüfen, um die wahren Ursachen ihres Leidens zu erkennen.

Die Dialoge sind nicht nach ihren vordergründigen Themen – Familie, Krankheit und so weiter – geordnet, weil als eigentliches Thema hier der Prozess von *The Work* im Mittelpunkt steht und gezeigt werden soll, welche verschiedenen Wege er nehmen kann. Einige der Teilnehmer hatten noch keine Erfahrung mit *The Work*, während andere es schon eine Weile praktizierten, aber an bestimmte Grenzen gestoßen waren. In jedem Fall sehen wir, wie Katies scharfer Verstand und ihre leidenschaftliche Zuwendung den Menschen helfen, ihre vermeintlich unerschütterliche Realität selbst aufzubrechen.

Auch wenn diese Dialoge faszinierend zu lesen sind – einige sind ebenso erheiternd wie zutiefst bewegend –, sollen sie doch vorwiegend als Lehrstücke dienen. Jedes Gespräch fand vor Publikum statt, und Katie hat nie die Verbindung zu diesem Publikum verloren, sondern alle Anwesenden immer wieder aufgefordert, den Dialogen innerlich zu folgen und sich selbst die Fragen zu stellen, die von den Dialogpartnern gestellt werden mussten.

Das Buch ist am nützlichsten, wenn man es auf ebendiese Weise liest. Die Dialoge zwischen Katie und ihren Freiwilligen sind Vorbilder für genau die Art von Dialogen, die man beim Lesen mit seinen eigenen Gedanken führen kann. Und sogar in den scheinbar schrecklichsten Situationen kann das Ergebnis eine unvorstellbare Freiheit und Freude sein.

Zwei Hinweise, bevor Sie zu lesen beginnen

Vor Beginn der Workshops haben alle Teilnehmer ein Exemplar von Katies Arbeitsblatt ausgefüllt. (Eine Kopievorlage, die Sie für Ihre eigene *Work* benutzen können, finden Sie im Anhang am Ende dieses Buches.) Das Arbeitsblatt – mit Fragen wie: »Wer ärgert, frustriert, enttäuscht oder verwirrt dich und warum? Was gefällt dir daran nicht? – hilft Ihnen, die Gedanken, die Ihr Leiden verursachen, zu identifizieren und festzuhalten. Gewöhnlich beginnt das Gespräch damit, dass der Teilnehmer von seinem Arbeitsblatt vorliest, und im weiteren Verlauf kehrt er gelegentlich zu diesen Aufzeichnungen zurück. Wann immer ein Teilnehmer von seinem Arbeitsblatt vorliest, ist der entsprechende Abschnitt in diesem Buch kursiv gedruckt, um den Prozess zu verdeutlichen.

Einige Leser sind vielleicht erstaunt, wenn Katie Teilnehmer ihrer Workshops als »Liebling« oder »Schätzchen« anspricht. Das bedeutet nicht, dass sie diese Person kennt oder nicht aufrichtig ist. Für Katie ist der Mensch, mit dem sie gerade spricht, immer die ihr liebste Person der Welt, und ich hoffe, dass diese Abschriften einen Teil ihrer intensiven Aufmerksamkeit vermitteln können.

1. Joe ist verantwortungslos

Wenn es jemanden gibt, der Ihr Blut zum Kochen bringt, dann danken Sie ihm. Er zeigt Ihnen, was Sie wissen müssen, um ein freundlicherer Mensch zu werden. Er tut sein Bestes, und dasselbe gilt für Sie.

Brian: [liest, dem Publikum zugewandt, von seinem Arbeitsblatt] *Ich bin wütend auf Joe, denn er ist taktlos, arrogant, ein Esel, geldgierig, unsittlich, rücksichtslos, verantwortungslos, schleimig – und gleichgültig gegenüber den Mitarbeitern und Kunden.* [Das Publikum lacht.]

Katie: Das war's wohl im Wesentlichen.

Brian: Für mehr hat der Platz nicht gereicht.

Katie: Danke. Das sagt also der Verstand. Was fangen wir nun mit einem Verstand wie diesem an? Der Verstand hat eine bestimmte Funktionsweise – ich habe festgestellt, dass er geradezu einen Job hat: Er ist ein Sucher. Wir glauben dem Gedanken: »Er ist selbstsüchtig.« Und dann beginnt der Verstand uns unverzüglich alle Geschichten zu erzählen, die das beweisen, und alle Bilder vorzuführen, die das beweisen. Es reicht nicht, dass jemand einmal selbstsüchtig war – der Verstand muss es beweisen und immer wieder beweisen.

Also was passiert, ist, dass der Verstand diese Person angreift. Gewöhnlich sind wir mit dem betreffenden Menschen verheiratet, wenn uns solche Gedanken kommen! Und dann vernichtet der Verstand diese Person vollständig. Er macht nur seinen Job. Nun dreht die andere Person den Spieß um und greift dich an, weil du sie angegriffen hast. Das geht bis zur Erschöpfung. In der Zwischenzeit macht sich dann irgendein Suchtverhalten bemerkbar – du zündest dir eine Zigarette an oder greifst in den Kühlschrank, obwohl du gerade erst eine komplette Mahlzeit gegessen hast, oder du schaltest den Fernseher ein. Die Bilder ziehen einfach an dir vorüber – denn was du siehst, ist dir eigentlich gleichgültig.

Was fangen wir mit einem Verstand wie diesem an? Wir können die Gedanken nicht anhalten. Wir sitzen sie aus. Wir erklären sie rational. Wir unterdrücken sie mit Medikamenten. Wir unterdrücken sie durch Meditation. Ich bin zu der Erkenntnis gekommen, dass dieser Verstand einen Ort sucht, wo er zur Ruhe kommen kann. Er ist auf der Suche nach Frieden. In diesem Szenario, das ich gerade beschrieben habe – wo der Verstand die andere Person und auch dich angreift –, gibt es keinen Frieden. Und doch funktioniert der Verstand genau so. Auf genau diese Weise gehen wir mit solchen Gedanken um, seit wir zum ersten Mal einem Gedanken geglaubt haben.

Nimm dir den Gedanken »Er ist so selbstsüchtig!« vor und spüre bewusst, wie der Körper darauf reagiert. Nimm wahr, welche Geschichten und Bilder dir dabei in den Sinn kommen, was dieser Gedanke mit deinen Armen und Schultern, deinem Körper, deinem gesamten Organismus macht, wie dein Herz rast und wie du dein Glas etwas zu heftig auf dem Schrank abstellst – für den Fall, dass er noch nicht gemerkt haben sollte, wie verärgert du bist.

Aber eines Tages ist mir klar geworden, dass diese belastenden Gedanken, denen ich glaubte, gar nicht unbedingt wahr sein müssen. Ich habe entdeckt, dass es nur die Wahrheit ist, die uns frei macht. Und so fing ich an, meine Gedanken so zu behandeln, als wären sie meine Kinder. Ich setzte mich mit meinem außer Rand und Band geratenen Verstand hin und sprach mit ihm wie mit einem geliebten Kind.

Das ist genauso, als würdest du mit deinen Kindern oder einem anderen Menschen reden, den du liebst, und du denkst diese wunderbaren Gedanken über sie, und du versuchst nicht, dich dazu zu zwingen, weil sie wirklich echt sind: »Ist er nicht wunderbar, ist sie nicht talentiert, ist sie nicht liebenswürdig?« – Solche Gedanken. Nimm bewusst wahr, wie dein Körper reagiert, wenn du *diese* Gedanken aufrichtig denkst. Und schau dir den Unterschied zwischen diesen beiden Zuständen an, je nachdem, was du glaubst.

Ich bin also zu der Einsicht gelangt, dass mein Verstand zur Ruhe findet, wenn ich meine belastenden Gedanken überprüfe. Und damit wollen wir heute Abend spielen. Also, Liebling, willst du jetzt hier heraufkommen? Willst du in meinen Salon kommen, und wir machen gemeinsam *The Work* über Joe?

[Brian kommt zu Katie auf die Bühne.]

Okay, Liebling, lies es noch einmal.

Brian: *Ich bin wütend auf Joe, denn er ist taktlos, arrogant, ein Esel, geldgierig, ohne Moral, rücksichtslos, verantwortungslos, schleimig – und gleichgültig gegenüber den Mitarbeitern und Kunden.*

Katie: Absolut. Und nun schauen wir uns die Sache mal an. Ich hörte dich »verantwortungslos« sagen. Das ist mir besonders aufgefallen. Das ist wirklich frustrierend.

Brian: Es ist *wirklich* frustrierend.

Katie: Ja. Also: »Er ist verantwortungslos« – stimmt das? [zum Publikum] Sucht nach einem Menschen in eurem Leben, der verantwortungslos ist. Es kann jemand sein, den ihr vor langer Zeit gekannt habt und der euch mit dieser Eigenschaft verrückt gemacht hat, oder es kann jemand sein, mit dem ihr jetzt lebt. Also: »Er ist verantwortungslos« – ist das wahr?

Brian: In meiner Welt, ja.

Katie: Na ja, das ist die einzige Welt, mit der du je zu tun haben wirst.

Brian: Ja. Traurig aber wahr.

Katie: Ja. Also: »Er ist verantwortungslos« – wie reagierst du, wenn du diesen Gedanken glaubst?

Brian: Ich werde … Ich fühle mich angespannt, und ich habe dieses Gefühl von alles durchdringender Wut, die mein Blut kochen lässt.

Katie: Ja.

Brian: Diese Ungerechtigkeit, diese Art von empörender …

Katie: Absolut. Also, wohin bewegt sich dein Verstand, wenn du dem Gedanken glaubst: »Er ist verantwortungslos«? Welche Bilder siehst du, welche Vorstellungen hast du?

Brian: Na ja, das ist total negativ und dunkel. Es gibt nicht ein einziges glückliches Fleckchen. Es ist rundum unangenehm.

Katie: Und wer wärst du ohne diesen Gedanken – »Er ist verantwortungslos«?

Brian: Ich wäre dieselbe Person.

Katie: Dann beschreib das. Schließ deine Augen. Und jetzt stell dir bildlich vor, wie er verantwortungslos ist. Kannst du es sehen?

Brian: Und ob. [Das Publikum lacht.]

Katie: Okay. Sieh jetzt genau dieses Bild.

Brian: Okay.

Katie: Und nun beobachte ihn einfach. Schau in seine Augen, schau in sein Gesicht, und vergiss deine Geschichte. Beobachte ihn. Was siehst du?

Brian: Er tut sein Bestes.

Katie: Wow!

Brian: Er gibt sich Mühe.

Katie: Ja, Liebling. Also: »Er ist verantwortungslos« – dreh's rum. Die Umkehrung ist das, wo du das Gegenteil dessen findest, was du glaubst und wirklich erlebst. Also: »Er ist verantwortungslos« – dreh's um.

Brian: Er tut sein Bestes. Er …

Katie: Er ist verantwortungsbewusst. Er ist so verantwortungsbewusst, wie er sein kann.

Brian: Mit den Methoden, die er hat, und …

Katie: Das ist sehr gut zu wissen. Denn wenn du das in ihm sehen kannst, dann kannst du es auch in uns anderen sehen. Und außerdem ergibt sich daraus etwas, das sehr kostbar und sehr mächtig ist: Du gelangst zu der Erkenntnis, dass *du* so verantwortungsbewusst bist, wie *du* eben sein kannst, und dass du das immer gewesen bist.

Brian: Und als ich das gerade sagte, habe ich mich weicher gefühlt, irgendwie entspannter – vom Körper her.

Katie: Du hast ganz kurz gesehen, was wirklich los ist. Weil dein Verstand dir sagt: »Er tut das mit Absicht, nur um mich zu ärgern.« So reagiert der Verstand. Wir nehmen alles zu persönlich.

Aber Gedanken sind nichts Persönliches. Ich habe das eines Morgens bemerkt. Mein Selbstwertgefühl war so gering, dass ich gewöhnlich auf dem Boden schlief, weil ich dachte, ich hätte es so verdient – ich glaubte nicht, dass ich es verdiente, in einem Bett zu schlafen, weil ich so voller Selbsthass steckte. Und dann wachte ich eines Morgens auf und lag auf dem Boden, und ganz unvermittelt bemerkte ich, dass ich geatmet wurde. Besser gesagt: *Es* wurde geatmet. Es war nicht einmal ich; der Körper war nicht einmal meiner. Ich erhaschte einen flüchtigen Blick auf – nichts Persönliches. Und dann bemerkte ich, dass ich im Grunde gedacht wurde.

Du solltest das einmal selbst erleben. Wenn du nachts schläfst, wenn du nicht träumst, wo ist dann die Welt? Sie beginnt erst dann, wenn das Ich beginnt: »Ich.«, »Ich bin.«, »Ich komme zu spät zur Arbeit.«, »Ich muss ins Bad gehen.«, »Ich, ich, ich, ich, ich, mich, mir, meiner.« Und dann fängt es wirklich an zu denken, dass du ein Dieses bist. Oder ein Jenes. Ein »Ich«.

Also beginnen wir unsere Gedanken zu überprüfen, und wir stellen dann fest, dass etwas Neues passiert. Wir gelangen zu der Einsicht, dass Gedanken nichts Persönliches sind. Und wenn wir das erkennen, können Wunder geschehen. Das ist bedingungslose Liebe.

Das nächste Mal, wenn du diesen Mann siehst, und er ist verantwortungslos – oder irgendjemand sonst –, dann fragst du dich vielleicht, warum *du* das nicht so siehst. Du siehst jemanden, der einfach sein Bestes tut. Das ist eine radikale Veränderung – dieser kurze Blick ins eigene Innere.

Brian: So müsste es wohl sein, denn wenn man jeden Tag auf diese Weise empfindet, ist es einem irgendwann wirklich nicht mehr bewusst. Er könnte ein Heiliger sein, und ich würde es immer noch …

Katie: … nicht erkennen. Das stimmt, Liebling. Er könnte ein Heiliger sein, und trotzdem würdest du an deiner Geschichte über ihn festhalten, an deiner Geschichte darüber, wer er ist. Die Wahrheit ist, dass sich noch nie zwei Menschen wirklich begegnet sind. Du bist der, für den ich dich halte. Ich glaube meinen Gedanken über dich, und damit lege ich fest, wer du bis. Okay, mein Schatz, wir kämpfen im Grunde gegen Wahrnehmungen.

Also: »Er ist verantwortungslos« – dreh's um.

Brian: Er tut sein Bestes, und er glaubt, dass er sich kümmert, denn sonst würde er nicht tun, was er tut.

Katie: Okay, aber wir sollten uns so eng wie möglich an die Worte deiner ursprünglichen Aussage halten. »Er ist verantwortungslos« heißt dann in der Umkehrung: »Er ist verantwortungsbewusst.«

Brian: Er ist verantwortungsbewusst.

Katie: Okay, das kann jetzt einfach eine Vorstellung sein. Du empfindest das vielleicht nicht als echt. Der Verstand ist aber erst zufrieden, wenn er sieht, dass die Umkehrung echt ist. Also nenne mir jetzt drei Beispiele für Situationen, in denen dieser Mann verantwortungsbewusst ist. Drei echte Beispiele, so präzise wie eben möglich. Wenn wir das tun, dann fangen wir an, unser Denken umzupolen, und lenken es in eine Richtung, die sehr viel freundlicher ist als die bisherige. [Zum Publikum] Ich fordere euch alle auf, das ebenfalls zu tun, wenn ihr wieder zu Hause seid.

[Zu Brian] Also, nenne mir drei Beispiele für sein Verantwortungsbewusstsein.

Brian: Er kommt jeden Tag pünktlich zur Arbeit.

Katie: Das ist erstaunlich.

Brian: Ja. [Das Publikum lacht.] Er arbeitet hart und macht oft Überstunden.

Katie: Meine Güte!

Brian: Und es gibt tatsächlich Situationen, in denen er sich fürsorglich und verantwortungsbewusst verhält. Ich habe das schon erlebt.

Katie: Okay, aber was mich betrifft, also mein Verstand braucht mehr als die Aussage: »Es gibt tatsächlich Situationen, in denen er sich fürsorglich und verantwortungsbewusst verhält.« Das ist mir zu vage. Ich brauche es präziser. Also schlage ich vor, dass du wirklich nach konkreten Beispielen suchst. Der Verstand ist dabei, eine neue Lebensweise zu finden. Er ist dabei, sich in der Wirklichkeit einzurichten.

Brian: Also, er nimmt an Fortbildungsveranstaltungen teil, um sich in seinem Fachgebiet auf dem Laufenden zu halten. Ist das präzise genug?

Katie: Ja, Liebling, ja. Wenn du ihn nun also wieder bei der Arbeit triffst, könntest du ihm das ja vielleicht einmal sagen: »Joe, ich finde, du verhältst dich verantwortungsbewusst.« [Das Publikum lacht.]

Brian: *Du* musst mich dann aber begleiten.

Katie: Okay, Liebling. Ich möchte diesen Mann kennenlernen. Er scheint mir ein sehr fürsorglicher, hart arbeitender Mensch zu sein, der, wie du sagst, so verantwortungsbewusst wie möglich ist und dabei sogar manchmal mehr leistet, als von ihm gefordert wird. Wenn du ihn bei der Arbeit triffst, könntest du ihn also wissen lassen: »Ich habe über dich nachgedacht. Und ich weiß es zu schätzen, dass du an Fortbildungsveranstaltungen teilnimmst, dass du jeden Tag pünktlich zur Arbeit kommst, und …« Und dann gibst du ihm deine Liste.

Brian: Aber wohl besser ohne den ersten Teil. [Das Publikum lacht.] Ich habe sogar einen Sponsor, der mich so vorgehen lässt.

Katie: Ausgezeichnet. Und schließlich kannst du ihm auch deine Antworten auf die dritte Frage mitteilen: »Wie reagierst du, wenn du diesen Gedanken glaubst?« Das bringt dich auf erstaunliche Ideen, über die du mit diesen Leuten reden kannst. Wie behandelst du ihn also, wenn du den Gedanken glaubst: »Er ist gleichgültig und verantwortungslos«?

Brian: Wahrscheinlich nicht besonders freundlich.

Katie: Ich würde »wahrscheinlich« weglassen und zur Sache kommen.

Brian: Okay. Ja, ich bin sicher, dass ich ihm das Leben schwergemacht habe.

Katie: Was genau hast du getan, um ihm das Leben schwerzumachen?

Brian: Ich habe den Blickkontakt mit ihm gemieden. Ich habe mit den Augen gerollt. Ich habe wahrscheinlich – nicht »wahrscheinlich« – …

Katie: Sehr gut!

Brian: … bei anderen Leuten schlecht über ihn gesprochen – wie ein Klatschweib.

Katie: Im Grunde hast du also über ihn getratscht.

Brian: Ja.

Katie: Okay. Also möchtest du das in Zukunft vielleicht auch unterlassen.

Brian: Ich komme mir jetzt wie ein Mistkerl vor.

Katie: Liebling, du hattest keine Wahl. Genau darum geht es. Wenn du den Gedanken »Er ist gleichgültig und verantwortungslos« für wahr hältst, dann hast du keine Wahl. Dann *musst* du aus dieser Überzeugung heraus leben.

Brian: Ich verstehe.

Katie: Du fühlst dich schlecht? Aber das ist die reine Ahnungslosigkeit. Wenn ich von etwas überzeugt bin, dann muss ich aus dieser Überzeugung heraus leben. Ich kann es immer wieder versuchen, ich kann positive Affirmationen benutzen, aber was mein Handeln bestimmt, ist das, was ich *von* diesen Affirmationen tatsächlich glaube. Und das beherrscht mich. Und ich heuchle, und ich hasse mich selbst. Spür das. Das ist Gewalt. Spüre, wie es sich anfühlt, den

Gedanken zu glauben: »Er ist verantwortungslos und unfreundlich.« Ich sage nicht, dass er das nicht ist. Wir könnten also auch die Bereiche auflisten, in denen er tatsächlich verantwortungslos ist. Das wäre nur vernünftig, denn so ist die Realität. Und wenn unser Verstand beides gegeneinander abwägt, ist die Sache klar: Hier ist er verantwortungsbewusst, und dort handelt er unverantwortlich.

Und hier scheint er unfreundlich zu sein, aber ich weiß ja nicht, was in ihm vorgeht. Vielleicht ist sein Verhalten gut gemeint. So beginnen sich die Gedanken zu klären, während wir allmählich der Wahrheit eine Chance geben, deiner Wahrheit. »Er ist unfreundlich und verantwortungslos« – empfinde, wie sich das jetzt in deinem Inneren anfühlt, und schau auf deine Gedanken.

Brian: Eklig.

Katie: Und brutal.

Brian: Und dunkel.

Katie: Ja. Wir wollen eine Welt ohne Krieg, aber im Grunde denken wir, dass Krieg in unserem eigenen Leben präsent ist. Spür das – die Brutalität in unserem Inneren, und irgendwie denken wir, dass uns das verantwortungsbewusster macht; diese Art von Selbstgesprächen, so als würden wir über anderen stehen. Und schau nur, wie wir andere behandeln.

Okay, Liebling, kannst du noch eine weitere Umkehrung finden? »Er ist verantwortungslos« – kannst du ein weiteres Gegenteil finden?

Brian: Er ist fürsorglich.

Katie: »Er ist verantwortungslos.« »Ich bin …«

Brian: Ich bin verantwortungslos.

Katie: Ja.

Brian: Ich verstehe.

Katie: Gut, gut. Wenn ich jemanden für verantwortungslos halte, dann bin ich selbst in diesem Moment verantwortungslos. Wenn ich jemanden für gleichgültig halte, dann bin ich selbst in diesem Moment gleichgültig. Schau dir die Gedanken an, die du denkst, wenn du jemanden für gleichgültig hältst. Wer ist da gleichgültig? Und weißt du, warum es mir wichtig ist, einen anderen Menschen zu lieben? Weil es wehtut, ihn nicht zu lieben. Ich bin jemand, der unterscheiden kann, ob etwas wehtut oder nicht. Ich habe entdeckt, worin Masochismus wirklich besteht, und diese Entdeckung hat mich zu jemandem gemacht, der dich liebt. Ich betrete einen Raum wie diesen, in dem sich Hunderte von Menschen aufhalten, und ich weiß, dass mich jeder von ihnen liebt. Ich erwarte nur nicht, dass ihnen das schon klar ist. [Das Publikum lacht.] Aber wenn du mich hasst, dann hasst du dich selbst. Wenn du mich liebst, dann liebst du dich selbst. Und jedes Mal, wenn du deine Überzeugungen überprüfst, wirst du ein netteres menschliches Wesen.

Brian: Es ist befreiend.

Katie: Es ist so befreiend. Das ist es, was Freiheit bedeutet. Befreie deinen Geist, und der Körper folgt nach.

Okay, Liebling, also wo bist *du* nun verantwortungslos bei der Arbeit? Wo gehst du unverantwortlich mit ihm um? Und wo bist du unfreundlich zu ihm, und wo bist du unfreundlich zu dir selbst? Diese *Work* ist Meditation. Mach ernst damit, und du wirst anschließend radikal verändert sein.

Also, mein Schatz, wir wollen uns deine Liste noch mal anhören, die du uns zu Beginn vorgelesen hast. [Brian schüttelt den Kopf.] Ah, du hast es verstanden. Du hast es so schnell verstanden.

Brian: Ich will nicht mal mehr einen Blick drauf werfen.

Katie: Ja, gut, das war für *ihn* okay. Aber nicht wirklich. Deshalb wollen wir jetzt unseren Freunden etwas über ihn erzählen. Weißt du, wer unsere Freunde sind? Leute, die uns zustimmen. Das sind unsere Freunde. Du sagst: »Er ist verantwortungslos und unfreundlich.« Sie sagen: »Oh, ich weiß, ich weiß. Ist das nicht schrecklich? Du musst so frustriert sein.« Und wenn irgendjemand etwas dagegen einwendet, dann musst du ihn von deiner Ansicht überzeugen.

Brian: Durch Geschichten.

Katie: Ja, sogar wenn du dafür übertreiben musst. Denn das sind deine Freunde – sie müssen deiner Meinung sein. Und Leute, die nicht unserer Meinung sind, werden unsere Feinde, und dann finden wir eine andere Gruppe, die unsere Meinung über ihn teilt, wer auch immer das sein mag.

Und wir tun es in unserer Familie. Wir beziehen Position gegeneinander. Wir tun es am Arbeitsplatz, und wir tun es in unseren Gemeinden. Überall gibt es »die anderen« – und dann gibt es uns. Und wir alle stimmen zu.

Aber ein sogenannter Feind wird uns auf das aufmerksam machen, was wir wissen wollen, weil er uns gegenüber wachsam ist. Und was würde passieren, wenn ich bereit wäre, ihm zuzuhören? Immerhin könnte er Recht haben. Wenn unser Denken also für eine Überprüfung offen ist, oh du meine Güte! Dann gibt es keinen Feind mehr auf der Welt. Du findest keinen einzigen mehr.

Jemand sagt: »Katie, du bist verantwortungslos!« Ich würde erwidern: »Wie meinst du das, ich bin verantwortungslos?! Wie kannst du es wagen, mir das vorzuwerfen! Ich bin *total* verantwortungsbewusst!« Dann haben wir Krieg, oder? Aber wenn ich so offen wäre, wie du es jetzt bist, und jemand würde zu mir sagen: »Katie, du bist verantwortungslos«, dann würde ich erwidern: »Okay, lass mich darüber nachdenken. Du könntest Recht haben.« Und dann würden wir uns zusammensetzen und darüber reden. Und meine Kritiker könnten mich über mich aufklären, und ich könnte etwas lernen. Der Verstand lernt gerne. Aber wenn er sich in dieser negativen Polarität befindet, dann ist er so beschränkt. Wir lernen dann nur den Stress, den die Kritik ursprünglich bei uns ausgelöst hat.

Brian: Naja, es ist so einfach, in die alten Muster zurückzufallen.

Katie: Es sei denn, du hast das getan, was du heute hier tust. Okay, also lies den Satz noch einmal vor.

Brian: *Ich bin wütend auf Joe, denn er ist taktlos, arrogant …*

Katie: Dann lass uns die ganze Sache jetzt umdrehen: »Ich bin wütend auf mich selbst …«

Brian: Ich bin wütend auf mich selbst, denn ich bin taktlos.

Katie: Ja, und dann würde ich mich hinsetzen und mir diese Aussage wirklich ansehen. Wo bin ich taktlos? Noch einmal: Diese *Work* ist Meditation. Wo bin ich taktlos, besonders Joe gegenüber? Wo bin ich taktlos gewesen? Und das nächste Wort?

Brian: Arrogant.

Katie: Wo habe ich mich arrogant verhalten? Sobald wir über solche Urteile nachsinnen und erkennen, wo sie auf uns selbst zutreffen, ändert sich unser gesamtes Leben. Und das ist die Kraft der Wahrheit.

Okay, Liebling, schauen wir uns die zweite Aussage an: »Ich will …«

Brian: *Ich will, dass Joe seine Probleme einsieht, seine Motive ehrlich zugibt und echtes Mitgefühl lernt.*

Katie: »Er hat kein echtes Mitgefühl« – ist das wahr?

Brian: Nein.

Katie: Gut zu wissen. Wie reagierst du, wenn du den Gedanken glaubst: »Er hat kein echtes Mitgefühl«?

Brian: Es ist dieses eklige Gefühl von Entrüstung, Selbstgerechtigkeit …

Katie: Und wer wärst du ohne diesen Gedanken, ohne diese Lüge?

Brian: Ein besserer Mensch.

Katie: Ich kann »Lüge« sagen, weil ich von dir höre, dass es nicht wahr ist. Schau dir die Lügen an, die wir glauben, weil unser Verstand uns alle Beweise dafür liefert. Und bis wir die Sache überprüfen, ist er wie ein Kind, das sich verlaufen hat; und am Ende sind wir genauso wütend, frustriert und verwirrt. Ich bin zu der Einsicht gelangt, dass Verwirrung das einzige Leiden auf diesem Planeten ist. Also, Liebling, dreh's um.

Brian: Ich will, dass ich *meine* Probleme einsehe und *meine* Motive ehrlich zugebe. Richtig.

Katie: Sehen wir uns die nächste Aussage an.

Brian: *Joe sollte seinem eigenen Programm folgen, an das Wohlergehen anderer denken, aufrichtig sein. Ich würde ihm raten, seinem eigenen Zwölf-Punkte-Programm zu folgen und anderen Leuten zuzuhören.*

Katie: Okay, dreh's um. Wir alle haben unser eigenes Tempo.

Brian: Ich sollte *meinem* eigenen Programm folgen.

Katie: Ja.

Brian: Autsch. Ich sollte an das Wohlergehen anderer denken, was, wenn ich mir ansehe … Welch eine Ironie, dass ich das geschrieben habe! Oh mein Gott! *Ich* sollte aufrichtig sein.

Katie: Ja. Besonders in Bezug auf ihn.

Brian: … und meinen eigenen Rat befolgen.

Katie: Ja, Schätzchen, ja. All die Weisheiten, die wir anderen anbieten, sind für unsere *eigenen* Ohren gedacht. Ist dir schon aufgefallen, dass die anderen nicht zuhören? [Das Publikum lacht.] Wenn es so eine großartige Weisheit ist, dann lass *mich* danach leben.

Brian: Ja. Und ich fühle mich lausig bei der nächsten Aussage. *Ich brauche es, dass Joe* … damit ich glücklich sein kann … *ich brauche es, dass Joe kündigt.*

Katie: Ja.

Brian: Ich lache, weil ich mich für diese Aussage wirklich schäme.

Katie: Na ja, was wäre, wenn du gar keine Zeit hättest, dich zu schämen? Es ist nicht deine Schuld. Du hast deinen Gedanken geglaubt.

Brian: Ja, ich habe geglaubt, es ist mein Problem.

Katie: Ja. Du bist nicht schuldig; du glaubst einfach, was du denkst. Aber Schuld- und Schamgefühle sind alles, was uns Menschen übrigbleibt, weil wir nicht wissen, wie wir unser eigenes Denken überprüfen können. Nach meiner Erfahrung sind Schuld- und Schamgefühle überholt. Sie sind veraltete Formen im Umgang mit der Wirklichkeit, und sie funktionieren nicht.

Brian: Sie leisten mir keinen guten Dienst.

Katie: Sie dienen weder dir noch ihm noch uns, weil du dabei weiterhin die Lehre verbreitest, dass es etwas Schreckliches in der Welt gibt. Und hier ist dieser Mensch, der sein Bestes tut, wie du selbst erkannt hast.

Also schlafen wir. Wir glauben einfach, was wir denken. *Niemand* ist schuldig. Ich arbeite in San Quentin – ich arbeite in vielen Gefängnissen. Und die Häftlinge haben geraubt und gemordet, weil sie glaubten, was sie dachten – deshalb sind sie jetzt dort.

Warum bist *du* dort, wo du bist? Du glaubst, was

du denkst. Wenn dein Leben nicht so läuft, wie es laufen soll, dann deshalb, weil du glaubst, was du denkst. Du glaubst deine belastenden Gedanken. Wenn du sie überprüfst, lässt dir das einen Freiraum zum Handeln. Du bist dann frei, ein freundlicher, liebevoller, reifer Mensch zu sein.

Brian: Kann ich eine Frage stellen?

Katie: Natürlich.

Brian: Warum kann mein Verstand so bereitwillig einen negativen Gedanken akzeptieren, bevor er beginnt, etwas Positives zu glauben?

Katie: Wir haben gelernt, dass die Welt so ist, und deshalb glauben wir es einfach automatisch. Es ist wie – wie heißt du?

Brian: Brian.

Katie: Ist das wahr? Glaubst du alles, was du denkst? Deine Mutter hat gesagt: »Du bist Brian«, und du hast es geglaubt?

Brian: Ja.

Katie: Und genau so passiert es.

Brian: Okay.

Katie: Ja. Du denkst wirklich, du bist du! Aber vielleicht bist du das gar nicht. Und deine Identität wird in diesem Moment radikal verändert. Du warst der Mann, der ihn – Joe – unfreundlich fand, und nun bist du der Mann, der das nicht mehr glaubt. Dabei hat er sich überhaupt nicht verändert. Du bist es, der sich verändert hat. Du hast deine Identifizierung verändert, und das macht dich zu einem freundlicheren Menschen.

Brian: Das stimmt.

Katie: Wer verändert also die Welt? Du tust es.

Brian: Ich tue es.

Katie: Wenn ich in einer hässlichen Welt lebe, muss ich an dem Bewusstsein arbeiten, das die Welt als hässlich wahrnimmt. Denn wenn ich anfange, an der Welt selbst zu arbeiten, dann wird zwar an der einen Stelle alles ordentlich, aber an einer anderen entsteht ein heilloses Durcheinander. Meine Güte! Der Tag hat einfach nicht genug Stunden. [Das Publikum lacht.]

Du kümmerst dich um den Krieg in der einen Ecke, und in der nächsten bricht er aus. Was kann ein Mensch dagegen tun? Wir haben unser Bestes gegeben, und was bleibt, sind Scham- und Schuldgefühle – das ist hart. Daraus entstehen dann Frustration und Selbsthass, und wir schlagen zu. Wir tun Dinge, für die wir uns selbst nicht leiden können. »Warum habe ich das gemacht? Ich hatte mir doch geschworen, es nie wieder zu tun.«

Nun, du musstest es tun, weil du glaubst, was du denkst. Aber wenn du an deinem Bewusstsein arbeitest, verändert sich die Welt. Das ist einfach so. Das Bewusstsein ist der Projektor, und die Welt ist die

Projektion. Verändere dein Bewusstsein, und die Welt folgt. So einfach ist das.

Wir haben versucht, die Welt zu verändern, aber die Arbeit an unserem Bewusstsein haben wir versäumt.

Also, Liebling, lies die Aussage noch einmal.

Brian: *Ich brauche es, dass Joe kündigt.*

Katie: Dreh's um.

Brian: Ich muss kündigen.

Katie: Ja. Aber nicht deinen Job ... Was ist es, was du kündigen musst?

Brian: Mein Denkmuster.

Katie: Ja. Jedes Mal, wenn du denkst, dass ein anderer Mensch dir unterlegen ist, dann überprüfe den Gedanken, dreh ihn um und schenke dir selbst etwas Frieden. Und schenke dir selbst ein Leben. Das ist dein Geburtsrecht – ein grenzenloses, freies, liebevolles, fürsorgliches menschliches Wesen zu sein.

Weißt du, woher ich weiß, dass wir von Natur aus gut sind? Jeden Gedanken, der dieser Überzeugung widerspricht, empfinde ich als Stress. Ich benutze den Ausdruck *Gott* – und für mich ist die Realität Gott, denn sie herrscht –, aber manchmal sage ich: »Gott ist alles. Gott ist gut.« Menschen, die das wahrhaft leben, brauchen *The Work* nicht. Es ist vorbei, weil daraus Frieden entsteht.

Brian: Ja. Ich erkenne den Unterschied zwischen diesen Arten von Gedanken ziemlich leicht.

Katie: Also schreibe deine belastenden Gedanken auf und überprüfe sie. Ich empfehle, sie aufzuschreiben, weil du dich damit festlegst. Du kannst nicht mehr einfach sagen: »So habe ich das nicht wirklich gemeint«, denn da steht es geschrieben, schwarz auf weiß.

Brian: »So habe ich das nicht gesagt.«

Katie: Genau! Also: »Ich muss kündigen« – nenne mir drei Beispiele dafür, dass diese Aussage genauso wahr oder wahrer ist als die ursprüngliche: »Ich brauche es, dass Joe kündigt.«

Brian: Ich muss meine Denkmuster aufgeben.

Katie: Ja, das ist ein Bespiel.

Brian: Ich muss damit aufhören, andere Leute zu beurteilen.

Katie: Ja, Liebling, und das ist unmöglich. Beurteilen ist nun mal das, was unser Verstand tut, habe ich entdeckt. Aber du kannst damit beginnen, deine Urteile aufzuschreiben und zu überprüfen. Das verhilft dir zu einem geistig gesunden, glücklichen Leben.

Und das dritte Beispiel?

Brian: Ich muss damit aufhören, über andere zu tratschen.

Katie: Gut. Schauen wir uns die nächste Aussage an.

Brian: Ich war mir da nicht sicher. »Was denkst du über sie? Mache eine Liste.« Damit waren nicht die positiven Gedanken gemeint, oder?

Katie: Richtig. Du befolgst die Anleitung perfekt.

Brian: Okay. *Er ist selbstsüchtig, eigennützig, egozentrisch.*

Katie: Dreh's um.

Brian: Ich bin selbstsüchtig, eigennützig, egozentrisch.

Katie: Ja. Du bist in deinem ungeprüften Denken so selbstsüchtig, dass du nicht siehst …

Brian: Seine guten Seiten.

Katie. Ja. Okay, mein Schatz, die nächste Aussage?

Brian: »Was willst du mit dieser Person nie wieder erleben?« Ich fand das so stark – ich konnte kaum genug dazu schreiben.

Katie: Ja.

Brian: Ich habe geschrieben: *Ich will mich nie wieder wie ein Niemand fühlen.*

Katie: Ja.

Brian: Und was ich geschrieben hätte, wenn ich noch dazu gekommen wäre: »Ich will mich nie wieder nicht anerkannt und unwichtig fühlen.«

Katie: Gut. »Ich will mich nie wieder nicht anerkannt und unwichtig fühlen.« Also: »Ich bin bereit …«

Brian: Ich bin bereit …

Katie: »… mich wieder …«

Brian: … mich wieder …

Katie: »… nicht anerkannt …«

Brian: … nicht anerkannt und unwichtig zu fühlen.

Katie: »Ich freue mich darauf …«

Brian: »Boah! Ich freue mich darauf, mich wieder nicht anerkannt und unwichtig zu fühlen.

Katie: Ja. Denn wenn du das denkst und fühlst – und die Gefühle werden dir zeigen, was du denkst –, dann kannst du …

Brian: Ich kann es ändern.

Katie: Du kannst deine Gedanken aufschreiben und von vorne beginnen. Du kannst das so lange tun, bis du fähig bist, jemandem, der sagt: »Du bist nicht gut genug, wir wollen dich nicht anerkennen«, zu antworten: »Naja, früher habe ich das auch von mir gedacht.« Damit seid ihr dann auf gleicher Höhe.

Also, wie lautet die Aussage, die du nun tatsächlich aufgeschrieben hast?

Brian: *Ich will mich nie wieder wie ein Niemand fühlen.*

Katie: Okay. »Ich bin bereit …«

Brian: Ich bin bereit, mich wie ein Niemand zu fühlen.

Katie: »Ich freue mich darauf …«

Brian: Ich freue mich darauf, mich wie ein Niemand zu fühlen.

Katie: Ja, und wenn du dich so fühlst, dann ist es Zeit, wieder *The Work* zu machen. Dann ist es Zeit, deine belastenden Gedanken zu überprüfen. Wenn ich früher dachte: »Ich bin ein Niemand«, dann war das für mich wie ein Messer im Herzen. Heute denke ich: »Ich bin ein Niemand«, und fühle mich dabei einfach beschwingt. Ich kann das *sein.* Tatsächlich *bin* ich das. Danke, Liebling. Das war eine schöne *Work.*

Brian: Danke, Katie.

2. Schlafstörungen

»Ich habe eine Krankheit – stimmt das? Du kannst dir entweder selbst Angst einjagen oder deine Gedanken überprüfen.

Valerie: *Ich will nie wieder eine Schlafstörung ohne die Hilfe von Medikamenten erleben.* In den letzten Monaten habe ich *The Work* häufig über Menschen gemacht, weil ich noch nicht so weit war, sie über meine Schlafstörungen zu machen. Aber heute bin ich so weit.

Katie: Ja. Ich verstehe. Ich wäre froh, wenn du genau hinsehen würdest – wirklich in dein Inneres schauen.

Und nun mein Wunsch an das Publikum: Denkt an eine Krankheit, unter der ihr leidet. Es könnte sogar eine Erkältung sein, wenn ihr nicht Krebs oder MS oder AIDS habt. Und während ich Valerie die Fragen stelle, schaut ihr in euer eigenes Inneres und findet eure eigenen Antworten, denn auf ihre Antworten zu warten, hat keinen Wert. Die Antworten anderer Leute haben wir alle schon in unserem Leben gehört. Wirklich wertvoll ist es aber, die Antworten im eigenen Inneren zu finden. Wendet euch also nach *innen*, während ich Valerie die Fragen stelle – das ist Selbstbefragung. Ihr seid diejenigen, auf die ihr gewartet habt. Fragt für euch selbst, antwortet für euch selbst – oder lasst es.

Also, Liebling, schauen wir uns deine erste Aussage an.

Valerie: *Ich kann das chronische Müdigkeitssyndrom nicht leiden, weil es mich arbeitsunfähig macht.*

Katie: Okay. »Du hast das chronische Müdigkeitssyndrom« – kannst du mit absoluter Sicherheit wissen, dass das stimmt? Ich versuche nicht, deine Meinung über deine Krankheit zu ändern. Die Ärzte sagen, du hast es, ja?

Valerie: Ja.

Katie: Es geht hier nicht darum, irgendjemandes Meinung zu ändern; dies ist eine Überprüfung. »Du hast das chronische Müdigkeitssyndrom« – kannst du absolut sicher sein, dass das stimmt?

Valerie: Es ist ein Begriff. Ich kenne nur meine eigene Erfahrung. Ich fühle mich nicht immer müde. Aber manchmal. Die Schlafstörungen ängstigen mich am meisten.

Katie: »Du hast Schlafstörungen« – kannst du mit absoluter Sicherheit wissen, dass das wahr ist? Und noch einmal: Ich versuche nicht, deine Meinung zu ändern.

Valerie: Ich verstehe.

Katie: »Du hast Schlafstörungen« – kannst du absolut sicher wissen, dass das stimmt?

Valerie: Ich habe das *Gefühl*, ganz sicher wissen zu können, dass es wahr ist.

Katie: Ja. Weil du eigentlich jede Nacht acht Stunden lang schlafen solltest – jeder weiß das. Es steht in jedem Buch.

Valerie: Weil ich Schlaftabletten nehme, und wenn ich sie nicht nehme – bevor ich damit angefangen habe, war ich wirklich fest entschlossen, so was nie zu nehmen. Und ich war in einer entsetzlichen körperlichen Verfassung, und es wurde jeden Tag schlimmer, aber das war vor acht Jahren. Und als ich versucht habe, die Medikamente wegzulassen …

Katie: Liebling, jetzt erzählst du hier aber wirklich eine Geschichte.

Valerie: Oh, tatsächlich?

Katie: Was in Ordnung ist, nur ist es keine Überprüfung.

Valerie: Ich habe eine riesige Geschichte über dieses Problem.

Katie: Nun ja, die Geschichte hindert dich an der Überprüfung. Eine aufrichtige, gezielte Überprüfung besteht darin, im eigenen Inneren eine Antwort auf deine Frage zu erwarten. Unsere Weisheit ist immer bereit zu sprechen, und sie wird deine Frage beantworten. Aber wenn der Verstand sagt: »Ich weiß«, statt auf die Antwort zu warten, dann beharrt er auf seiner eigenen Geschichte.

Valerie: Okay.

Katie: Fragen wir also ganz gezielt: »Du hast Schlafstörungen« – kannst du absolut sicher wissen, dass das stimmt?

Valerie: Ich habe das *Gefühl*, dass es stimmt.

Katie: Ja. Wenn ich diese Frage für mich selbst beantworten sollte, dann wäre es für mich normal, bis zu meinem Tod nicht mehr zu schlafen. Normal ist das, was jetzt gerade geschieht. Und für diejenigen unter euch, die *The Work* noch nicht kennen: »Normal« bedeutet nicht, dass ich nicht zum Arzt gehe. Es bedeutet nicht, dass ich keine Medikamente nehme. Es bedeutet überhaupt nichts – hier geht es um die Überprüfung. Aber wenn ich auf einem Planeten leben würde, auf dem es keine Medikamente und keine Ärzte gäbe, dann wäre es für mich normal, bis zu meinem Tod nicht mehr zu schlafen. Was ist, das ist.

Valerie: Genauso fühlt es sich an – sterben. Das ist es.

Katie: Ich fühle mich sehr wohl dabei, bis zum Tod

nicht mehr zu schlafen, solange ich nicht die Erwartung habe, ich sollte etwas anderes tun – beispielsweise schlafen. Das ist Verwirrung, und Verwirrung ist das einzige Leiden.

Ich habe zwei Möglichkeiten: Entweder ich liebe, was ist, oder ich bin gottlos. Was ebenfalls in Ordnung ist – außer dass es dann ein Gefühl der Trennung gibt und eine Einsamkeit und einen Schmerz und ein Leiden, wie wir es seit Ewigkeiten erleben. Wenn ich mich gegen das wehre, was ist, dann tut das weh. Es ist schmerzhafter als Schlafmangel. Und das bedeutet immer noch nicht, dass ich nicht zum Arzt gehe. Es schafft also emotionalen Schmerz und Verwirrung, mit dem zu streiten, was ist. Und zu lieben was ist, bedeutet das Ende des Leidens, weil wir dabei keine Entscheidung treffen müssen.

Wenn ich also nicht schlafe, dann liebe ich das! Es ist das, was ist. Und in diesem inneren Frieden weiß ich, wohin ich gehen und was ich tun muss. Im Grunde bin das nicht mal ich selbst. Es ist ein Wissen. Es ist das, was ist, bewegt sich selbst als das, was ist – Gott. Also gibt es keine Verwirrung mehr.

Wie lebst du dein Leben, wenn du den Gedanken glaubst, dass du das chronische Müdigkeitssyndrom hast? Wie behandelst du dich selbst, wenn du den Gedanken glaubst, dass du nachts schlafen solltest?

Valerie: Das ist so schwierig; bitte stell die Frage noch einmal.

Katie: Das ist okay, Liebling. Ich bleibe hier bei dir, solange du möchtest. Wie lebst du dein Leben, wie behandelst du dich selbst, wenn du den Gedanken glaubst, dass du mehr Schlaf brauchst und ihn nicht bekommst?

Valerie: Ich habe das Gefühl, dass ich mich ständig schützen muss. Ich habe dauernd Angst.

Katie: Ja … dauernd Angst. Ich bitte dich jetzt nicht, den Gedanken aufzugeben. Ich frage nur: Kannst du einen *Grund* erkennen, den Gedanken »Ich brauche mehr Schlaf« aufzugeben?

Valerie: Ja. Ich will so nicht weiterleben.

Katie: Würdest du lieber ins Bad kriechen, weil du so müde bist, oder in Angst leben? Was ist schmerzhafter?

Valerie: Die Erinnerung an die Zeit vor den Medikamenten, wie ich damals gelebt habe … das fühlt sich weniger schmerzhaft an als die Gegenwart. Aber ich bin mir nicht sicher, ob das stimmt.

Katie: Du lebst also in Angst, wenn du den Gedanken glaubst, dass du mehr Schlaf brauchst und ihn nicht bekommst. Kannst du einen stressfreien Grund erkennen, an der Geschichte festzuhalten, dass du mehr Schlaf brauchst?

[Zum Publikum] Sie klammert sich daran und an die Angst. Ich frage: »Kannst du einen Grund erkennen, ihn aufzugeben?« Sie sagt: »Ja.«

[Zu Valerie] Kannst du einen stressfreien Grund erkennen, an der Geschichte »Ich brauche mehr Schlaf« festzuhalten?

Valerie: Genau da beginnt meine Verwirrung. Wenn ich an der Geschichte festhalte, dann habe ich eine Lösung – eine sogenannte Lösung, die mir aber nicht gefällt. Ich habe diesen ganzen Kram drum herum. Er schützt mich vor dem Sterben.

Katie: Liebling: »Du würdest sterben, wenn du den Gedanken aufgeben würdest« – kannst du mit absoluter Sicherheit wissen, dass das stimmt? Eines Tages wirst du ohnehin sterben. Niemand lebt ewig.

Valerie: Richtig. Es ist auch nicht der Tod, über den ich mir Sorgen mache. Es ist der Prozess des … Leidens.

Katie: Dann lautet deine Geschichte also: »Wenn ich die Geschichte aufgebe, würde ich leiden und hätte keine Kontrolle über meinen Schlaf.«

Valerie: Genau das ist es.

Katie: Kannst du absolut sicher wissen, dass das wahr ist? [Pause] »Ohne die Geschichte wäre ich ungeschützt« – kannst du mit absoluter Sicherheit wissen, dass das stimmt?

Valerie: Ich habe nur die Erinnerung an die Zeit, als es stimmte – vor den Medikamenten –, und damals hatte ich das Gefühl, ich würde den Verstand verlieren.

Katie: Ich *liebe* es, wie du die Frage nicht beantwortest!

Valerie: Habe ich sie nicht beantwortet? Bitte stell sie noch einmal.

Katie: Wenn wir in der Vergangenheit leben, verpassen wir die Gegenwart, und das ist die einzige Realität.

Valerie: Das ist meine schwierigste Geschichte.

Katie: Ja. Kannst du wirklich wissen, dass es dir schlechter gehen würde, wenn du die Geschichte »Ich brauche mehr Schlaf« aufgeben würdest?

Valerie: Tut mir leid. Es fällt mir wirklich schwer. Sehr schwer!

Katie: Oh, Schätzchen, lass dir einfach Zeit. Ich wiederhole es, so oft du es hören möchtest.

Valerie: Ich höre die Worte, aber sie kommen einfach nicht in meinem Inneren an.

Katie: Sie bringen deine ehrwürdige Geschichte durcheinander, und sie ist es, die du wirklich anbetest. Ohne sie? Gott. Aber dieses Festklammern an einen Gedanken – das ist ein falscher Gott. Selbst wenn er ihn nur überprüfen soll, gerät unser Verstand völlig durcheinander. Das ist die Kraft der Überprüfung. Also: »Ohne die Geschichte, dass ich mehr Schlaf brauche, würde es mir schlechter gehen« – kannst du absolut sicher wissen, dass das stimmt?

Valerie: Ich kann nicht wissen, dass das stimmt. Aber meine Gedanken sind voller Angst – Terror.

Katie: Ja, ich verstehe dich. Wer wärst du ohne die Geschichte »Ich brauche mehr Schlaf«? Wer wärst du, wenn du diese Geschichte nie gehört hättest, wenn sie dir nie eingeprägt worden wäre, wenn du den Gedanken nie wieder denken könntest?

Valerie: Ich würde mir keine Sorgen machen. Ich wäre glücklich. Ich würde einfach leben. Ich würde mich um meine Angelegenheiten kümmern.

Katie: Also: »Ich brauche mehr Schlaf.« – Dreh's um. »Ich brauche nicht ...«

Valerie: Ich brauche *nicht* mehr Schlaf?

Katie: Wie fühlt sich das an?

Valerie: [lachend] Wie ein Sakrileg.

Katie: Na ja, das ist es. Du betrügst die Illusion. Du betrügst deinen Gott – das, was du anbetest. Fühlt es sich ein bisschen geschmeidiger an?

Valerie: Darüber habe ich noch nicht nachgedacht! [Lachend] Und was soll ich jetzt damit anfangen?

Katie: Einfach lachen.

Valerie: Ich brauche nicht mehr Schlaf – das ist wirklich ein guter Witz.

Katie: Niemand hat je mehr Schlaf gebraucht. Niemand

braucht mehr Schlaf, als er bekommt. Das ist die gute Nachricht. Es ist nie passiert. Und es wird auch nie passieren.

Valerie: Das bedeutet also, wenn ich darüber nachdenke, was nicht genug Schlaf ist, passiert genau das?

Katie: Nun, so ist das immer schon gewesen. Abgesehen von deiner Geschichte ist es immer so gewesen und soll auch so sein.

Valerie: Wenn es denn nicht bedeutet, zum Arzt zu gehen, und wenn es nicht bedeutet, Medikamente zu nehmen, wie passt das dann alles zusammen?

Katie: Du wirst schon hingehen. So oder so wirst du zum Arzt gehen – aber in welcher Verfassung wirst du das tun? Du kannst ganz gelassen hingehen oder voller Stress und Angst. *Du* bist sowieso nicht diejenige, die dafür sorgt, dass du hingehst.

Valerie: Okay.

Katie: Was ist, das ist. Ich bin froh, dass du nicht schläfst – du kannst stattdessen *The Work* machen. Es gibt sonst nichts zu tun.

Valerie: Ich könnte eine Menge Arbeitsblätter mit nach Hause nehmen.

Katie: Ja. Woher weiß ich, dass ich eine Selbstbefragung durchführen sollte? Ich liege wach. Mal sehn … was sollte ich tun? Hmm. Ich kann anfangen, mich selbst in Angst zu versetzen, oder ich kann meine Gedanken überprüfen.

Also lass uns das noch konkreter für dich machen. Nenne mir drei aufrichtige Beispiele dafür, wie die Umkehrung »Ich brauche nicht mehr Schlaf« in deinem Leben genauso wahr ist.

Valerie: Hmm … na ja, wahrscheinlich komme ich mit dem Schlaf, den ich habe, einigermaßen zurecht.

Katie: Ich würde das »wahrscheinlich« weglassen.

Valerie: Okay. Und zweitens brauche ich nicht mehr Schlaf, weil ich nicht weiß, wie viel Schlaf mein Körper wirklich braucht. Vielleicht braucht er weniger als andere Leute. Ich weiß es einfach nicht.

Katie: Das ist enorm, Liebling! Und ein dritter Grund?

Valerie: [lange Pause] Im Moment fällt mir kein dritter Grund ein.

Katie: Das ist okay. *The Work* ist Meditation. Das kann ein Teil deiner Hausaufgaben sein. Du hast alle Zeit der Welt, ein drittes Beispiel zu finden. Schauen wir uns deine nächste Aussage an.

Valerie: *Ich will, dass das chronische Müdigkeitssyndrom verschwindet.*

Katie: Wozu?

Valerie: Damit ich meinen Frieden habe.

Katie: Wie fühlt es sich an, die Geschichte zu glauben, dass du die Schlafstörungen loswerden willst, während du um zwei Uhr nachts hellwach und erschöpft im Bett liegst?

Valerie: Das passiert mir ja nicht, weil ich Schlaftabletten nehme.

Katie: Okay, also …

Valerie: Verstehst du, ich erlebe das nicht, aber ich lebe in der ständigen Angst davor.

Katie: Okay, also: »Du hast eine chronische Schlafstörung« – kannst du wirklich wissen, dass das stimmt? [Pause] Verstehst du, es ist ja nicht so. Du schläfst ja nachts. Das ist die Wirklichkeit.

Valerie: Ja, weil ich Medikamente nehme.

Katie: Was ist falsch daran, Schlaftabletten zu nehmen?

Valerie: Ich halte das für sehr negativ.

Katie: Das habe ich bemerkt.

Valerie: Für *extrem* negativ.

Katie: Nun, dann bist du diejenige, die wir fragen müssen – du bist die Expertin. Was ist schlecht daran, Medikamente zu nehmen, damit man nachts schlafen kann? Und ich sage nicht, dass ich dafür bin, Schlaftabletten zu nehmen.

Valerie: Ich will keine Schlaftabletten nehmen – und ich tue es trotzdem. Also, wie war die Frage?

Katie: Was ist schlecht daran, Medikamente zu nehmen, damit man nachts schlafen kann? Willst du nun schlafen oder nicht? Erkennst du, dass zu zwei Dinge gleichzeitig willst? Du willst schlafen, und du willst keine Medikamente nehmen. Willkommen in der Hölle.

Woher weiß ich, dass du Medikamente nehmen willst? Du nimmst sie – Punkt. Mach dir das klar.

Valerie: Richtig.

Katie: »Ich will keine Medikamente nehmen« – dreh's um. »Ich will ...«

Valerie: Ich will Medikamente nehmen.

Katie: Ja. Willkommen zu einem Stückchen Integrität.

Valerie: Okay.

Katie: »Ich will Medikamente nehmen, weil ich schlafen will.« Jemand fragt: »Nimmst du Medikamente?« Und du kannst sagen: »Ja, denn ich will schlafen.«

Valerie: Und ich hasse mich dafür.

Katie: Na ja, weil du in dieser Hinsicht nicht ehrlich gewesen bist. Die Leute sagen: »Ich hasse es, Medikamente zu nehmen. Ich will keine Medikamente nehmen.« Aber das ist eine Lüge. Ich weiß, dass sie Medikamente nehmen wollen, weil sie es tun. Du *willst* die Tabletten nehmen, damit du schlafen kannst.

Valerie: Richtig.

Katie: Nun kannst du also schlafen, und du tust, was du für richtig hältst. Aber es ist eine Lüge zu sagen: »Ich will keine Medikamente nehmen«, wenn du genau das tust, um schlafen zu können. Also lies die Aussage noch einmal.

Valerie: *Ich will, dass die Schlafstörungen verschwinden.*

Katie: Also: »Du hast Schlafstörungen« – ist das wahr?

Valerie: Ich habe das Gefühl, dass es wahr ist.

Katie: Du *musst* das Gefühl haben, dass es wahr ist, weil du dich an den Gedanken klammerst, dass du Schlafstörungen hast. Du fühlst den Gedanken.

Valerie: Und die körperliche Erfahrung ist ein Gedanke?

Katie: So muss es wohl sein. Du hast diese Gefühle nicht, wenn du nachts schläfst und dein Verstand ruht. Du öffnest die Augen, hast den Gedanken, und du fühlst es.

Valerie: Richtig.

Katie: Der Gedanke ist die Ursache, und das Gefühl ist die Wirkung.

Valerie: Richtig. Stimmt es denn nun, dass ich Schlafstörungen habe?

Katie: Kannst du absolut sicher sein, dass es stimmt?

Valerie: Wenn ich jetzt darüber nachdenke, dann würde ich es so beschreiben: Ich habe mir selbst so oft gesagt, dass ich Schlafstörungen habe – eine Million Mal oder mehr. Ich muss tief tauchen unter all diese vielen Male des Eintrommelns. Es ist, als wären Millionen Stimmen um mich herum.

Katie: Ja, und es macht Spaß, einfach ins eigene Innere

abzutauchen und zu warten. Weißt du, ich bin mir absolut sicher, dass ich keine Schlafstörungen habe, dass es da überhaupt keinen Grund zur Sorge gibt. Aber die Denkstörung! Wenn ich *denke*, dass da etwas nicht in Ordnung ist …

Valerie: Das stimmt. Damit habe ich wirklich noch große Probleme, die Erfahrung wirklich zu erleben und zu spüren, dass ich keine Schlafstörung habe.

Katie: Ach, mach dir darüber keine Sorgen. Du solltest diese Erfahrung nicht mal erwarten. Geh einfach nach innen, finde die Antwort und …

Valerie: Inwiefern unterscheidet sich das von der Erfahrung?

Katie: Die Erwartung legt die Antwort schon im Voraus fest.

Valerie: Okay. [Pause]

Katie: »Du hast Schlafstörungen« – kannst du absolut sicher wissen, dass das stimmt?

[Zum Publikum] Wendet ihr das auf euer AIDS an? Auf euren Krebs? Auf eure Erkältungen, eure Grippe oder eure Knochenbrüche?

Valerie: [nach einer Pause] Wie kann ich nach innen gehen und die Antwort finden, mit diesen Millionen von Auffassungen und Stimmen? Es ist wie eine Schallplatte, die einen Sprung hat. Da sind eine Million Stimmen.

Katie: Frage jede Stimme: »Liebling, ist das wahr? Kann ich absolut sicher wissen, dass das stimmt?« Und lass uns nicht in die Zukunft blicken. Hier und jetzt auf diesem Stuhl: »Du hast Schlafstörungen« – kannst du wirklich wissen, dass das stimmt? Nicht heute Nacht, nicht später – jetzt in diesem Augenblick.

Valerie: Ich verstehe allmählich, was für ein gewaltiges Ausmaß diese Geschichte tatsächlich hat. Das ist wie tausend Seiten, vielleicht sogar zweitausend. Und ich selbst führe sie immer weiter.

Katie: Wie es sein sollte. Ich bin einfach froh, dass du es bemerkst. Sehen wir uns die nächste Aussage an.

Valerie: Es dreht sich alles um denselben Kram.

Katie: Das ist immer so.

Valerie: *Ich will, dass die Schlafstörungen meinen Körper verlassen. Ich will, dass die Schlafstörungen verschwinden, damit ich die Medikamente absetzen kann.* Also, was ist neu daran?

Katie: Drehen wir's um, und dabei ersetzt du das Wort »Schlafstörungen« durch das Wort »Denkstörungen«.

Valerie: Ich will, dass die Denkstörungen meinen Kopf verlassen – statt »meinen Körper«?

Katie: Ja. Alles spielt sich im Kopf ab. Also lies die ganze Sache noch mal auf diese Weise.

Valerie: Ich will, dass die Denkstörungen verschwinden. Ich will, dass die Denkstörungen meinen Kopf verlassen. Ich will, dass die Denkstörungen verschwinden, damit ich die Medikamente absetzen kann.

Katie: Klingt das genauso wahr oder wahrer?

Valerie: Ich erkenne jetzt, nachdem die Geschichte so lange gelaufen ist, dass ich unter dem Einfluss der Medikamente nicht wirklich weiß, was stimmt oder nicht. Ich weiß nur, dass mein Denken mich in einem Zustand der Angst hält, und dass die ganze Sache zu einem regelrechten Ritual geworden ist.

Katie: Also ist es eine Denkstörung.

Valerie: Ja, es ist Angst. Es ist Angst, und sie verstärkt sich von selbst, je länger sie anhält.

Katie: Was passiert mit dir, wenn du den Gedanken glaubst, dass du schlafen musst?

Valerie: Ich bekomme Angst – ich würde sagen, fast eine Panik –, wenn ich mir vorstelle, nicht schlafen zu können, wenn ich mich daran erinnere, wie sterbenselend ich mich dann fühle.

Katie: Kannst du denn einen Grund erkennen, die Geschichte aufzugeben?

Valerie: Die Geschichte versetzt mich so sehr in Angst.

Katie: Kannst du einen Grund erkennen, die Geschichte aufzugeben, wenn sie dich so sehr in Angst versetzt?

Valerie: Ja.

Katie: Kannst du einen einzigen stressfreien Grund sehen, an der Geschichte festzuhalten?

Valerie: Nein. Die Geschichte aufzugeben, würde mir wahrscheinlich helfen, gesund zu werden.

Katie: Okay. Und ich würde sagen, das ist nicht unsere Sache. Wir überprüfen die Gedanken; wir heilen das Denken, nicht den Körper. Heile den Geist, und der Körper wird folgen. Er kann gar nicht anders.

Valerie: Wenn ich die Geschichte aufgeben würde, hätte ich weniger Stress.

Katie: Ich bitte dich nicht, die Geschichte aufzugeben. Ich liebe die Geschichte – was haben wir sonst? Wir begegnen ihr hier lediglich mit ein wenig Verständnis. Niemand hat je eine Geschichte aufgegeben. Sie taucht einfach auf. Wir haben sie nicht geschaffen. Wir machen sie nicht. Sie ist ein Ereignis – wie die Luft.

Valerie: Wir machen sie nicht?

Katie: Denkst *du* dich selbst? Wachst du morgens auf und sagst: »Ich denke, ich werde heute Morgen denken«? Passiert es nicht einfach? Es ist, was ist. Es gibt keine freundlichen oder unfreundlichen Geschichten. Es gibt einfach nur Geschichten, die missverstanden werden – sie alle. Es gibt einige Geschichten, die heftige Ängste auslösen, und deshalb begegnen wir ihnen mit ein wenig Verständnis.

Valerie: Richtig.

Katie: Denkst *du* dich selbst? Denkst du mit Absicht?

Valerie: Nein, ich meditiere, um möglichst *nicht* zu denken, und das funktioniert nicht. [Das Publikum lacht.] Manchmal schaffe ich es, das zu beobachten, dann bin ich überhaupt nicht bei der Sache, und ich denke: »Oh, jetzt mache ich es richtig!« Aber die meiste Zeit mache ich es nicht so, wie ich es für richtig halte.

Katie: Also: Wer wärst du ohne diese Geschichte »Ich muss schlafen«? Und ich bitte dich nicht, die Geschichte aufzugeben.

Valerie: Wer wäre ich ohne sie? Ich weiß es nicht. Keine Ahnung.

Katie: Du könntest jemand sein, der nicht schläft, jemand, der unbeschwert Schlaftabletten nimmt.

Valerie: Sagst du das noch einmal?

Katie: Du könntest einfach unbeschwert dein Leben genießen, so wie es ist, ohne irgendwelche Verwirrung, ohne zwei widersprüchliche Dinge gleichzeitig zu wollen. Auf diese Weise lebst du jetzt seit acht Jahren – in der Hölle –, und auf diese Weise könntest du genauso gut ohne die Hölle leben.

Valerie: Dann meinst du also, ich sollte anders darüber denken, sollte es akzeptieren?

Katie: Nein. Du kannst dein Denken nicht ändern. Niemand kann das. Das ist nicht möglich. Was ich wirklich meine, ist, dass du deine Gedanken überprüfen und ihnen mit etwas Verständnis begegnen solltest. Der Schlafmangel tut dir nicht weh. Was so schmerzhaft ist, das ist dein *Denken*.

Schauen wir uns die nächste Aussage an.

Valerie: Noch einmal: *Das chronische Müdigkeitssyndrom, die Schlafstörung, sollte nicht in meinem Körper sein.*

Katie: Ist das wahr? Ist sie wirklich in deinem Körper?

Valerie: Ist es wahr, dass sie nicht in meinem Körper sein sollte?

Katie: Du sagst, dass sie dort ist.

Valerie: Das ist sie. Sie ist dort.

Katie: Okay, und wie lebst du, wenn du den Gedanken glaubst, sie sollte nicht in deinem Körper sein, während sie nach deiner eigenen Aussage dort ist?

Valerie: Ich kämpfe dagegen.

Katie: Und wie fühlt es sich an, Krieg zu führen?

Valerie: Es gibt mir das Gefühl einer Niederlage.

Katie: Und wie fühlt sich das an? Deprimierend, tot, beängstigend, einsam – oder wie?

Valerie: Irgendwie ernüchternd.

Katie: Und welches Gefühl löst diese Ernüchterung aus?

Valerie: Sie wirkt deprimierend.

Katie: Okay, kannst du einen Grund erkennen, diese Geschichte aufzugeben?

Valerie: Ja.

Katie: Kannst du einen nicht deprimierenden Grund erkennen, an der Geschichte festzuhalten?

Valerie: Nein.

Katie: Wer wärst du ohne diese Geschichte?

Valerie: Ich wäre mehr in Frieden.

Katie: Okay. Drehen wir's jetzt um.

Valerie: *Ich brauche es, dass das chronische Müdigkeitssyndrom meinen Körper verlässt.* Wie soll ich das umdrehen? Ich brauche es, dass mein Denken meinen Körper verlässt. Vielleicht brauche ich es, dass mein Denken meinen Körper verlässt.

Katie: Bei den Umkehrungen findest du es einfach. Du findest, was du findest. Also, Liebling, mein Denken hat aufgehört – es hat aufgehört! Ich begegne meinen Ideen, *den* Ideen, die jeder hat, mit Verständnis. Also haben sie ausgespielt. Sie sind vorhanden, aber ohne jede Bedeutung. Denn letztlich haben Worte, wenn man sie überprüft, keine Bedeutung. Das ist also alles, was passiert ist. Gedanken sind wie der Regen oder der Wind; sie sind einfach nicht persönlich. Und wenn du nicht unter Stress stehst, ist es nicht schwierig zu leben. Du wirst im Grunde gelebt. Ich finde es erstaunlich, dass viele Leute meinen, wir hätten hier irgendetwas unter Kontrolle. Es ist sehr schmerzhaft, das zu denken.

Kannst du noch eine weitere Umkehrung finden?

Valerie: Ich brauche es, dass das chronische Müdigkeitssyndrom …

Katie: Ich brauche es *nicht* …

Valerie: Ich brauche es nicht, dass das chronische Müdigkeitssyndrom meinen Körper verlässt. Aber ich brauche es! [Das Publikum lacht.]

Katie: Liebling, schau doch mal, ob du diese Umkehrung einfach in diesem Moment erleben kannst. Das ist für dich eine Chance, dich wirklich auf das Gegenteil dessen einzulassen, woran du so fest glaubst, deine heilige Religion, deine »Ich brauche es, dass das chronische Müdigkeitssyndrom verschwindet«-Religion. Nenne mir also drei aufrichtige Beispiele dafür, wie die Umkehrung in deinem Leben genauso wahr sein könnte.

Valerie: Das fällt mir wirklich schwer, Katie.

Katie: Ich weiß. Also fang mit einem Beispiel an.

Valerie: [Pause] Nun ja, ich hätte immer noch ein Leben, wenn es nicht verschwinden würde. Ich wäre immer noch ich. Also schätze ich, dass ich es letztlich nicht unbedingt *brauche*, dass es verschwindet.

Katie: Wow!

Valerie: Und wenn es nicht verschwinden würde, und

ich wäre nachts oft wach, dann könnte ich viele Arbeitsblätter ausfüllen.

Katie: Ja, das könntest du. Und ein dritter Grund?

Valerie: Vielleicht soll ich daraus etwas lernen, und ich habe so lange dagegen angekämpft, dass ich gar nicht fähig war zuzuhören.

Katie: Wunderbar, Liebling. Du suchst wirklich in deinem Inneren nach eigenen Antworten.

Sehen wir uns die nächst Aussage an.

Valerie: *Das chronische Müdigkeitssyndrom ist grausam. Das chronische Müdigkeitssyndrom ist schmerzhaft, beängstigend, und es zerstört das Ego.*

Katie: Okay. »Mein Denken …«

Valerie: Mein Denken ist grausam. Mein Denken ist gefühllos. Mein Denken ist schmerzhaft. Mein Denken ist beängstigend. Mein Denken zerstört das Ego.

Katie: Ja, es sagt dir, dass du etwas zu fürchten hast, wenn du nicht schläfst, und dass du etwas zu fürchten hast, wenn du Schlaftabletten nimmst. Irgendetwas ist immer zu befürchten. Darum dreht sich dieses Denken – es fordert deine volle Identifikation mit dem Körper. »Ich, ich.« Also geht es bei dieser *Work* einfach um eine Wahrnehmung. Ich: Überleben. Ich: Bequemlichkeit. Ich: Vergnügen. Vergnügen, Schmerz – jedes Vergnügen ist Schmerz.

Valerie: Jedes Vergnügen ist Schmerz?

Katie: Das ist meine Erfahrung. Jeder Gedanke dreht sich um den Körper, das Überleben des Körpers, seine Bequemlichkeit, sein Vergnügen, und jedes Vergnügen ist Schmerz. Es ist hoffnungslos. Kein Wunder, dass du dich so fürchtest. Also überprüfe das zu Hause noch einmal. Es ist schön, dass du an Meditation gewöhnt bist. Du kannst dir beispielsweise die Frage stellen: »Ich brauche mehr Schlaf« – stimmt das? Und du kannst darüber wunderbar meditieren. Das ist sehr spannend.

Schauen wir uns nun die letzte Aussage an.

Valerie: Dass ich es nie wieder erleben will? *Ich will nie wieder Schlafstörungen ohne die Hilfe von Medikamenten erleben.*

Katie: »Ich bin bereit …«

Valerie: Ich bin bereit, Schlafstörungen ohne die Hilfe von Medikamenten zu erleben.

Katie: Ja, weil dich das wieder zu *The Work* bringen kann. Mach es *mit* oder *ohne* deine Schlaftabletten. »Ich freue mich darauf …«

Valerie: Ich freue mich darauf, die Schlafstörungen ohne die Hilfe von Medikamenten zu erleben. Ich freue mich wirklich darauf.

Katie: Ja, das kann dich wieder zu *The Work* bringen. Das ist es, wozu das alles gut ist – Selbstverwirklichung. Bisher warst du medikamentenverwirklicht, schlafverwirklicht, arztverwirklichlicht. Jetzt kannst du selbstverwirklicht sein. Du machst das gut. Nach meiner Erfahrung gibt es dabei kein Richtig oder Falsch. Arbeite einfach an deinem Bewusstsein, und der Rest wird folgen. Und das Schlimmste, was passieren kann, passiert immer schon. Du hast bei der Überprüfung nichts zu verlieren, und was du gewinnen kannst, ist Freiheit, also überprüfe diese Geschichte. Es ist gut, dass du nicht schläfst. Du weißt, was du jetzt tun kannst. Warum willst du überhaupt schlafen?

Valerie: Damit ich im Alltag funktioniere.

Katie: Warum?

Valerie: Damit ich für mich sorgen kann.

Katie: Warum?

Valerie: Weil ich nicht will, dass andere Leute für mich sorgen müssen.

Katie: Warum?

Valerie: Das ist eine gute Frage für die Überprüfung. Darauf habe ich mich noch nie eingelassen. Das ist ein wirklich beängstigendes Thema!

Katie: Willst du uns dieses Privileg nicht gönnen?

Valerie: Fürsorge ist *meine* Sache.

Katie: Oh, wirklich?

Valerie: Ja.

Katie: Ist das wahr?

Valerie: Nein, nein.

Katie: Kannst du annehmen? Du weißt, dass du geben kannst. Lass dich auf das Annehmen ein, auf den guten Teil – er ist gleichwertig. Mach daraus etwas Vollständiges. Du willst also nicht, dass wir für dich sorgen – warum?

Valerie: Weil das peinlich ist.

Katie: Warum?

Valerie: Ich weiß nicht.

Katie: Du willst also nicht in eine peinliche Situation gebracht werden – warum?

Valerie: Niemand sollte je für mich sorgen müssen. Hör dir das an: Ich sollte immer diejenige sein, die für andere sorgt. Nie sollte jemand für mich sorgen – niemals. Das kommt mir vor wie eine Todsünde oder so. Die katholische Kirche, weißt du?

Katie: Das ist also beängstigend. Das wäre eine Furcht erregende Situation. Ich bin zu der Einsicht gelangt, dass ich nie für mich selbst gesorgt habe – noch niemals. Es ist einfach eine Geschichte, an die ich mich geklammert habe, wenn sie auftauchte.

Wo sind deine Hände jetzt? [Valerie wirkt überrascht. Ihre rechte Hand befindet sich an ihrer Wange, die linke liegt in ihrem Schoß.] Hast du sie dort hingelegt? Hast du das geplant? Hast du geplant, deine Hände dort hinzulegen, wo sie jetzt sind?

Valerie: Was? Jetzt? Nicht bewusst. Nein.

Katie: Interessant. Vielleicht tust du es nicht selbst. Vielleicht geschieht es mit dir. Atmest *du* aus eigenem Antrieb?

Valerie: Das war genau die Frage, die ich mir heute in der Meditation gestellt habe. Wer atmet? Ich war mir nicht sicher.

Katie: Nun, dann beantworte einfach die Frage: Wer atmet?

Valerie: [nach einer Pause] Ich weiß es nicht.

Katie: Das kann ich gelten lassen. Danke, mein Engel. Das ist eine sehr gute Einstellung. »Ich weiß es nicht.« Gut.

Valerie: Danke.

Katie: »Ich weiß es nicht« beinhaltet eine Menge Freiheit. Es bedeutet, ein Kind zu sein. Das ist sehr nett. Es gibt nichts, was wir wissen müssten. Das ist Bodenhöhe.

3. Meine Mutter wäre nicht einverstanden

Verleugnest du dich selbst, nur weil du die Gefühle anderer Menschen nicht verletzen willst? Befreie dich aus diesem Gefängnis. Wie kannst du wissen, dass sie nicht einverstanden wären. Und selbst wenn sie es nicht sind, wessen Angelegenheit ist das?

Rebecca: Ich bin hier ganz neu; ein Freund hat mich zu dieser Veranstaltung eingeladen, und voilà!, hier bin ich. Bei meiner Frage geht es um die Beziehung zwischen Eltern und Kindern. Im Grunde resultiert sie aus einem Problem, das ich mit meiner Mutter habe. Und beim Ausfüllen des Arbeitsblattes habe ich gelogen. Das Problem hat nichts mit [sie schluckt ihre Tränen hinunter] meinen heutigen Beziehungen zu tun. Es ist … wahrscheinlich etwas, das ich nicht ausreichend mit ihr bearbeitet habe … wahrscheinlich bin ich dazu nicht fähig.

Katie: Und worum geht es bei dem, was du mit deiner Mutter noch nicht ausreichend bearbeitet hast?

Rebecca: Na ja, ich stamme aus einer konservativen jamaikanischen Familie, lebe jetzt seit zwölf Jahren in Amerika und habe meine Familie nicht bei mir. Und ich muss mit allem allein zurechtkommen, muss mir selbst auf die Schulter klopfen und sagen: »Du machst das gut!« Aber ich finde, dass ich …

Katie: Liebling, was ist das Problem mit deiner Mutter?

Rebecca: Ich bin mir nicht sicher, ob sie mit dem einverstanden ist, was ich wirklich ganz unbedingt tun will.

Katie: Und was ist das?

Rebecca: Nun, es ist Musik … ja. Früher haben sie mir gesagt, ich soll das nicht tun. In einer konservativen Familie macht man etwas Praktisches.

Katie: Und wenn du die Musik nun zu deinem Beruf machen würdest …

Rebecca: Na ja, das kann ich mir nicht mal vorstellen. Ich denke die ganze Zeit daran, und es … [sie drängt die Tränen zurück.]

Katie: … und es überlagert alles.

Rebecca: Ich unterrichte Wirtschaftsenglisch, und mein Geschäft läuft wirklich sehr gut, und das ist etwas, womit meine Mutter einverstanden ist, vor allem wenn ich so weit entfernt lebe.

Katie: Und womit wäre sie nicht einverstanden?

Rebecca: Wenn ich etwas Unpraktisches tun würde, etwas, das so riskant ist.

Katie: Zum Beispiel?

Rebecca: Singen … ja.

Katie: Singen wo und wie? Professionell?

Rebecca: Möglicherweise, ja.

Katie: Also: »Wenn du deinen Beruf aufgeben würdest …«

Rebecca: Das wage ich nicht.

Katie: … und eine Sängerin würdest, dann wäre deine Mutter nicht einverstanden« – stimmt das?

Rebecca: Sie würde vor Sorge umkommen.

Katie: Das war eine sehr schnelle Antwort. Liebling, dies ist eine Überprüfung wert. Du suchst dabei nach Antworten, die nicht offensichtlich sind. Dabei musst du dein Bewusstsein und dein Herz für das öffnen, was du noch nicht weißt. »Wenn du einen Beruf aufgeben und eine Sängerin sein würdest, wäre deine Mutter damit nicht einverstanden« – kannst du absolut sicher wissen, dass das wahr ist?

Rebecca: Absolut? Ich kann es nicht absolut sicher wissen, aber ich kenne sie gut genug … Es ist nicht … nicht hundertprozentig sicher, aber …

Katie: Gib deine Philosophie auf. Vergiss, was du gelernt hast, und antworte einfach nur mit Ja oder Nein. Dies ist eine Meditation. »Wenn du Sängerin wirst, wäre deine Mutter nicht damit einverstanden« – kannst du absolut sicher wissen, dass das wahr ist?

Schließe deine Augen, und suche wirklich nach deiner eigenen Antwort. Du kannst Ja *oder* Nein sagen. Stelle dir deine Mutter jetzt bildlich vor. Kannst du absolut sicher wissen, dass sie nicht einverstanden wäre?

Rebecca: [weinend] Ich kenne die Wirklichkeit, in der sie lebt. Es ist kein Ja und kein Nein, aber ich kenne ihre Wirklichkeit.

Katie: Ich verstehe. Du denkst für sie. Sie denkt für dich, und du denkst für sie. [Rebecca lacht.] Hast du jemals etwas gesagt, das du nicht wirklich gemeint hast? – »Sie wäre nicht mit dir einverstanden« – kannst du mit absoluter Sicherheit wissen, dass das stimmt?

Rebecca: Können wir das Wort *einverstanden* neu definieren?

Katie: Nein. Kannst du absolut sicher wissen, dass es wahr ist, dass sie nicht damit einverstanden wäre, wenn du Sängerin würdest?

Rebecca: [nach einer langen Pause] Nein.

Katie: Empfinde das. Und nun sag mir, wie du reagierst, wenn du den Gedanken glaubst: »Meine Mutter wäre nicht damit einverstanden«?

Rebecca: Katie, sie macht sich immerzu Sorgen. Sie ist geradezu professionell darin, sich Sorgen zu machen.

Katie: Mach dir klar, dass du dieser simplen Aufforderung nicht gefolgt bist. Du willst Recht behalten, und du beantwortest meine Frage nicht.

Rebecca: Kannst du die Frage wiederholen?

Katie: Wie reagierst du, wenn du den Gedanken glaubst: »Meine Mutter wäre nicht damit einverstanden«? Wie lebst du dein Leben, wenn du diesen Gedanken glaubst?

Rebecca: Angespannt, enttäuscht, unerfüllt.

Katie: Also lebst du alles aus, was du *ihr* ersparen willst.

Rebecca: Das stimmt.

Katie: Schließe deine Augen, und dann schau sie an, wie sie dir zusieht – beim Singen. Und jetzt gib deine Geschichte auf, nur für einen Augenblick, und schau in ihr Gesicht. Wer wärst du ohne diesen Gedanken?

Rebecca: Freier. Nicht so verkrampft, nicht so unglücklich. Nicht so unsicher, nicht so hoffnungslos und hilflos.

Katie: »Meine Mutter wäre enttäuscht« – dreh's um.

Rebecca: Meine Mutter wäre nicht enttäuscht.

Katie: Könnte das genauso wahr sein?

Rebecca: Schon möglich. Vielleicht wäre sie sogar begeistert!

Katie: Wer weiß?

Rebecca: Aber die Sache hat eine Kehrseite. Sie macht sich so schon genug Sorgen, und ich will nicht das Problem sein.

Katie: Das gehört jetzt nicht zur Überprüfung.

Rebecca: Oh.

Katie: Ist dir klar, dass du aus der Beantwortung der Fragen heraus- und in eine andere Geschichte hineingerutscht bist?

Rebecca: Ja, das erkenne ich.

Katie: Also, du hast die Aussage »Meine Mutter wäre enttäuscht« in »Meine Mutter wäre begeistert« umgedreht. Jetzt nenne mir drei Gründe, warum sie begeistert wäre, wenn du singen würdest und dir das gefallen würde.

Rebecca: Weil ich tun würde, was ich will. Weil ich etwas tun würde, wozu sie wahrscheinlich nie den Mut hatte. Und weil ich glücklich sein würde.

Katie: Sie könnte also begeistert sein, weil du etwas tust, das dir gefällt, weil du glücklich bist, und weil das etwas ist, das sie vielleicht gerne selbst getan hätte, aber niemals gewagt hat. »Meine Mutter wäre enttäuscht« – kannst du noch eine weitere Umkehrung finden?

Rebecca: Weil es noch eine weitere Sache ist, über die sie sich Sorgen machen würde.

Katie: Das ist ein Grund, aber keine Umkehrung. »Meine Mutter wäre enttäuscht« – kannst du noch eine weitere Umkehrung finden?

Rebecca: Ich bin mir nicht sicher, ob ich noch eine Umkehrung finden kann.

Katie: »Meine Mutter wäre enttäuscht.« Dreh's um und bezieh's auf dich selbst. »Ich wäre …«

Rebecca: *Ich* wäre enttäuscht – wenn ich es nicht täte.

Katie: Ist deine Mutter oft enttäuscht?

Rebecca: Ja.

Katie: Wenn du also singen würdest, wäre sie dann noch mehr enttäuscht? Sie ist doch schon enttäuscht!

Rebecca: Aber sie ist nicht von *mir* enttäuscht.

Katie: Was wäre das Schlimmste, das passieren könnte, wenn deine Mutter zutiefst enttäuscht wäre – von dir? Du gibst deinen Beruf auf, wirst Sängerin, und sie ist zutiefst enttäuscht von dir. Das ist dein Alptraum. Was wäre das Schlimmste, das passieren könnte, wenn sie enttäuscht von dir wäre? [Pause]

Also, du übernimmst jetzt die Rolle deiner Mutter, die enttäuscht ist. Du darfst sogar übertreiben. Und ich werde ihre Tochter sein, die sie sehr liebt, die sich das Herz aus dem Leib singt und dabei glücklich ist. Ich werde deine Rolle übernehmen. Das ist deine Chance zu erleben, was deine Mutter deiner Meinung nach sagen würde.

Katie: [als Rebecca] »Hallo, Mom. Stell dir vor, ich habe meinen Job aufgegeben. Ich singe jetzt.«

Rebecca: [als ihre Mutter] »Rebecca? Bist du noch bei Trost? Hast du völlig den Verstand verloren?«

Katie: »Oh, Mom. Ich habe meinen Job verloren, meinen Beruf, alles. Ich *habe* ihn verloren.«

Rebecca: »Was ist los mit dir?«

Katie: »Ich habe beschlossen, Sängerin zu sein. Das ist es, was ich tun will. Ich liebe es.«

Rebecca: »Rebecca, wovon willst du denn leben?«

Katie: »Ich weiß nicht.«

Rebecca: »Gott steh uns bei!« [Das Publikum lacht.]

Katie: »Genau darauf vertraue ich.« [Das Publikum lacht und klatscht Beifall.] »Bist du jetzt enttäuscht, Mom?«

Rebecca: »Du weißt, wir sind keine reichen Leute; ich kann dir kein Geld schicken. Ich muss mich hier schon um deinen Vater kümmern, um deine Brüder, deine Schwester und deinen Neffen.«

Katie: »Mom, ich weiß wirklich nicht, wie du das alles schaffst. Würdest du mich gerne singen hören?«

Rebecca: »Ich finde das überhaupt nicht lustig.«

Katie: »Ich hab's ernst gemeint. Es macht mir so viel Freude, und deshalb dachte ich, du würdest vielleicht gerne hören, was ich tue.«

Rebecca: »Rebecca, das ist vermutlich nicht der richtige Moment und der richtige Ort dafür.«

Katie: »Du trägst im Augenblick ziemliche Lasten, Mom. Ich verspreche dir, dass ich dir helfen werde, so gut ich kann. Und ich weiß einfach nicht, wie du das alles schaffst. Du bist eine erstaunliche Frau.«

[als sie selbst] Ist das alles, was sie sagen würde, Liebling?

Rebecca: Nein, sie würde sagen: [nimmt ihre Rolle als ihre Mutter wieder auf] »Rebecca, wir alle machen uns Sorgen um dich, ich mache mir Sorgen um dich … Du bist so weit weg! Wer soll dich denn ernähren?«

Katie: »Wenn ich Hunger habe, rufe ich an, das verspreche ich dir.«

Rebecca: »Rebecca, wir lieben dich. Ich liebe dich. Und es ist wichtig – es ist mir wichtig, dass du glücklich bist.«

Katie: »Mom, du bist so erstaunlich … Ist dir klar, dass du kein einziges Mal gesagt hast, ich hätte dich enttäuscht? Ich habe dich danach gefragt, und es war so, als hättest du die Frage nicht mal gehört. Du bist unglaublich. Dein ganzes Leben lang warst du so. Du wolltest immer nur, dass ich glücklich bin.«

Rebecca: »Ja.«

Katie: [als sie selbst] Also: »Deine Mutter würde enttäuscht sein« – kannst du absolut sicher wissen, dass das stimmt?

Rebecca: [Pause] Nein, das kann ich wirklich nicht. Das ist einfach unglaublich. Ich fühle mich so erleichtert. Danke.

Katie: Aber gerne. Liebling, wenn du glaubst, was du denkst, dann ist das so, als würdest du in einem entsetzlichen Gefängnis leben. Und wenn du überprüfst, was du glaubst, dann befreist du dich selbst. Dein Denken wird so offen, dass du Möglichkeiten erkennst, wie du alles haben kannst – deinen Job, eine Karriere als Sängerin, du kannst beides haben. Aber eins muss dir klar sein: Wenn du zur Arbeit gehst, dann ist das deine eigene Entscheidung. Und wenn dir das bewusst ist, wirst du wahrscheinlich niemals sagen: »Aus Rücksicht auf meine Mutter habe ich meine Passion nicht ausgelebt. Ich konnte nicht singen, weil ich sie nicht enttäuschen wollte.« Das klingt einfach nicht vernünftig.

Rebecca: Es lässt mich unvernünftig klingen, ja.

Katie: Danke. Also, Liebling, würdest du uns jetzt gerne etwas vorsingen? [Das Publikum pfeift und klatscht Beifall.]

Rebecca: Aber sicher! Nur ist das jetzt kein Lied, mit dem meine Mutter einverstanden wäre.

Katie: Kannst du absolut sicher wissen, dass das stimmt?

[Rebecca lacht und schmettert ein glühendes Liebeslied. Das Publikum applaudiert wild.]

4. Ich kann es nicht ertragen, dass sich George in Linda verliebt hat

Du denkst: »Ich kann es nicht ertragen!« Unternimm eine Reise durch deine Gefühle, und finde heraus, was du wirklich nicht ertragen kannst.

Katie: Willkommen. Danke fürs Handheben.

Sandra: Soll ich einfach vorlesen oder ein bisschen über das erzählen, was los ist?

Katie: Nun … lies einfach vor.

Sandra: [kämpft gegen ihre Tränen] *Ich kann es nicht ertragen, dass George sich in Linda verliebt hat und fast täglich Sex mit ihr hat.*

Katie: Ist George dein Ehemann, Liebling?

Sandra: Ja.

Katie: »Du kannst es nicht ertragen« – stimmt das?

Sandra: Ja, es stimmt – ich kann es nicht ertragen. Na ja, ich kann es kaum ertragen. [Pause] Aber eigentlich *habe* ich es ertragen.

Katie: Das war ein netter Trip. [Das Publikum lacht.] Die Wahrheit ist, dass du manchmal einfach eine kleine Reise unternimmst. Deine erste Antwort war »ja«, aber als du einen Moment ernsthaft darüber nachgedacht hast, wurde dir klar, dass deine Aussage nicht ganz stimmt. *Kannst* du es ertragen?

Sandra: Ich kann es ertragen – ja. Ich *habe* es ertragen.

Katie: Wie reagierst du, wenn du den Gedanken glaubst: »Ich kann es nicht ertragen, dass er fast jeden Tag Sex mit Linda hat«?

Sandra: Es gibt mir das Gefühl, als ob – das Bild ist, dass ich einfach nach hinten kippe und auf den Boden falle. Also denke ich mal, es gibt mir das Gefühl ... es fällt mir im Moment schwer, das richtig zu beschreiben.

Katie: Nun, ich kann es mir vorstellen ... durch das geschilderte Bild. Wie behandelst du George und Linda, wenn du den Gedanken glaubst: »Ich kann es nicht ertragen« – und dann kommen sie ins Zimmer, einer von ihnen oder beide zusammen?

Sandra: Ich will, dass sie nicht existieren. Ich will, dass sie weggehen. Ich will, dass sie verschwinden.

Katie: Und auf welche Weise lässt du sie das spüren?

Sandra: Entweder ich gebe nicht zu erkennen, was ich ihnen gegenüber empfinde, oder ...

Katie: Wie behandelst du sie genau?

Sandra: Hmm …

Katie: Siehst du, wie schwierig das jetzt zu schildern ist? Wir können über unsere Gefühle reden, aber was machst du mit deinem Gesicht? Was machst du mit deiner Stimme? Wie behandelst du sie, wenn du diesen Gedanken glaubst?

Sandra: Na ja, ich rede nicht so viel mit ihnen. Ich werde jetzt nicht sagen, dass ich sie freundlicher behandeln sollte …

Katie: Nun, ich hoffe nicht, denn du behandelst sie ja nicht freundlicher.

Sandra: Das tue ich nicht.

Katie: Und wie sieht das aus? Was machst du mit deinem Gesicht?

Sandra: Mein Gesicht ist eher passiv. Kein Lächeln, kein … Ich bin nicht glücklich. Es ist mir nicht *wirklich* wichtig, was sie dabei empfinden.

Katie: Kannst du also einen Grund erkennen, die Geschichte »Ich kann es nicht ertragen« aufzugeben?

Sandra: Ja.

Katie: Nenne mir einen friedlichen Grund, an dieser Geschichte festzuhalten.

Sandra: Nein, es gibt keinen.

Katie: Wie reagierst du, wenn du den Gedanken glaubst: »Ich kann es nicht ertragen«? Spür das. Vielleicht sacken deine Schultern nach vorn, vielleicht sinkt dein Kopf herunter, oder du fühlst dich müde. Nun musst du das leben, sogar im Lebensmittelgeschäft, um den Leuten zu beweisen, dass du jemand bist, der es nicht ertragen kann. Das ist deine Identität. »Ich kann es nicht ertragen. Ich bin jemand, der es nicht ertragen kann.«

Wer wärst du nun ohne diese Lüge: »Ich kann es nicht ertragen«?

Sandra: Nun ja, ich würde mich selbst in einem besseren Licht sehen, denn schließlich *habe* ich es ertragen.

Katie: Genau.

Sandra: Und wenn ich erkenne, dass ich es ertragen habe, finde ich mich selbst ganz toll.

Katie: Und wenn du glaubst, dass du es nicht ertragen kannst, musst du diese Überzeugung ausleben.

Sandra: Das stimmt.

Katie: Du glaubst, du kannst es nicht ertragen, weil du den Gedanken nicht überprüft hast. Du hast dir nicht klargemacht, wie unser Denken funktioniert. Also musst du die Vorstellung ausleben: »Ich kann es nicht ertragen.« Und wenn dein Partner ins Zimmer kommt und fragt: »Wie geht es dir?«, dann sagst du [in einem deprimierten Tonfall]: »Oh, Schätzchen, alles in Ordnung.«

»Bist du sicher?«

Nun, wie lebst du deine Identität? Er muss glauben, dass du es nicht ertragen kannst, weil du das glaubst. Oder weil du so tust, als würdest du es glauben. Du tust so, als würdest du glauben, dass du es glaubst – denn bei unserer Überprüfung höre ich, dass du es in Wirklichkeit doch ertragen kannst.

Er fragt also: »Bist du sicher?«

Und du sagst: »Ja, Schätzchen, es geht mir gut.«

Und dann sagst du, dass er kaltschnäuzig ist, denn eigentlich sollte er ein Hellseher sein und erkennen, dass es dir nicht gut geht. *Sieht* er denn nicht, dass du es nicht ertragen kannst?

Das ist deine Identität, und du bist blind dafür. Du denkst: »Was ist los mit mir?« Nun, ganz einfach, du hast nicht gefragt. Am einfachsten lässt sich das so ausdrücken: Dir ist nicht bewusst, an welchen Gedanken du dich in diesem Moment klammerst.

»Ich kann es nicht ertragen« – dreh's um.

Sandra: Ich kann es ertragen.

Katie: Und du erträgst es. Was wirklich schwer zu ertragen ist, das ist das Kleben an einer Lüge. Nicht George, nicht Linda, nicht ihr Sex – aber diese Lüge. Im Grunde könnten sie jetzt in diesem Augenblick Sex miteinander haben, und es würde dich nicht berühren.

Sandra: Richtig.

Katie: Wenn mir also jemand *sagt*, dass sie Sex miteinander haben, welchen Unterschied macht das? Es ging mir vorher gut; es geht mir jetzt gut. Wenn ich aber an dem Gedanken klebe: »Ich kann es nicht ertragen«, dann muss ich das ausleben. »Oh nein! Oh mein Gott, sie gehen miteinander ins Bett!« Statt zu sagen: »Wow! Ich dachte, ich könnte es nicht ertragen, aber tatsächlich ertrage ich es!«

Sandra: In diesen Monaten, in denen ich mich damit befasse, habe ich bemerkt, dass es diese Art von emotionalem Ausagieren gibt. Wenn ich einfach bei der Wahrheit bleiben kann – so wie du sie formulierst –, dann gibt es nichts, wogegen ich kämpfen müsste. Also kämpfe ich mit diesen Gedankenspielen, und sie tun mir nicht gut. Das habe ich dabei gelernt.

Katie: Ja, das ist Aufklärung. Ich bin aufgeklärt über diese Wahrheit, so dass ich dachte, das wär das Problem, aber es war es nicht. Es war mein eigener verworrener Geist.

Nun benutzen wir also das Denken, um uns über das Denken aufzuklären, denn sonst ist an der Sache nichts dran. Aber was wir hier unternehmen, das sind nur winzige Schritte – aber gleichzeitig sind sie riesengroß. Wenn wir erkennen, dass unser eigenes Denken uns leiden lässt, dann beginnt *The Work*, dann beginnt der Spaß. Wir leben dabei in einer völlig anderen Polarität, einer ganz anderen Wirklichkeit. Und was mir daran so gefällt, ist die Tatsache, dass wir nicht mehr glauben, die Welt würde unser Leiden verursachen, sie könnte unser Leiden verursachen. Sie kann es nicht, niemals – keine Chance.

So, und nun nenne mir drei aufrichtige Beispiele dafür, wie die Umkehrung genauso wahr oder noch wahrer ist als deine ursprüngliche Aussage.

Sandra: Ich kann es ertragen. Das ist so viel wahrer. Ich habe es die ganze Zeit ertragen. »Ich kann es nicht ertragen« ist durch und durch eine Lüge.

Katie: Das ist ein Beispiel.

Sandra: Ich bin bei ihm geblieben. Ich habe ihn nicht verlassen – jedenfalls noch nicht. Also kann ich es ertragen.

Katie: Das zweite.

Sandra: Und obwohl ich hasse, was er tut, liebe ich ihn immer noch. Wenn ich es wirklich nicht ertragen könnte, hätte ich mich anders verhalten. Oder ich wäre im Irrenhaus.

Katie: Danke, dass du dir diese schlichte Wahrheit eingestanden hast. Schauen wir uns die nächste Aussage an.

Sandra: *Es verletzt mich, wenn George mir sagt, dass er jetzt glücklicher ist als je zuvor in seinem Leben.*

Katie: Also, Liebling, dreh's um.

Sandra: Es verletzt mich, wenn ich mir sage, dass *ich* … [Sie bricht in Gelächter aus.]

Katie: Hast du das schon getan?

Sandra: Das stimmt wirklich. [Das Publikum lacht.]

Katie: Ja, wir *hassen* es zu verlieren. Wir verlieren die Identität desjenigen, der es nicht ertragen kann. Und wir erkennen, dass wir in Wirklichkeit derjenige sind, der immer glücklich war. Das ist es, was uns bleibt.

Sag es so, wie deine Umkehrung lautet.

Sandra: Es verletzt mich, wenn ich mir sage, dass ich jetzt glücklicher bin als je zuvor in meinem Leben.

Katie: Dann erzähl mir etwas darüber.

Sandra: Ich sage es noch einmal: Es verletzt mich, wenn ich mir sage, dass ich jetzt glücklicher bin als je zuvor in meinem Leben. Ich bin ein bisschen verwirrt.

Katie: Was hast du beim ersten Mal verstanden?

Sandra: Na ja, ich *bin* glücklicher als je zuvor in meinem Leben. Es ist *nicht* so, dass mich das verletzt.

Katie: Da hast du es. So ist das!

Sandra: Ich *bin* glücklicher.

Katie: Nun, es verletzt, wenn wir etwas verlieren. Wenn du die Wahrheit herausfindest, dass du glücklicher bist als je zuvor, dann ist deine Identität als jemand, der »es nicht ertragen kann« dahin. Dann ist dein Leiden vorbei und verloren. Es verletzt dich zuzugeben, dass du glücklicher bist als je zuvor.

Sandra: Verglichen mit dem, was ich zu sein glaubte und zu brauchen glaubte – das zu verlieren –, und gleichzeitig habe ich das Gefühl, dass ich mehr ich selbst bin als je zuvor. Es stimmt: Es ist beides zugleich. Es ist beides.

Katie: Ich verstehe das. Ja, du würdest glücklicher sein als je zuvor in deinem Leben – bis du dich an eine Geschichte klammerst, die für dich nicht wahr ist.

Sandra: Also … warum sollte ich mich so stark an diese Geschichte klammern wollen?

Katie: Weil du nicht weißt, dass du dich daran klammerst! Du hast *dich* nicht gefragt. Deine Mutter hat gesagt: »Das ist ein Baum.« Du hast gesagt: »Okay.« Sie hat gesagt: »Das ist ein Himmel.« Du hast gesagt: »Himmel … das übernehme ich.« Sie hat dir deinen Namen genannt, und du hast gesagt: »Okay.« Und nie hast du dich gefragt.

Sandra: Nach deiner Erfahrung ist es also das Anklammern, das starke Anklammern – das ist der Schmerz?

Katie: Die Unwissenheit – ich nenne es Unwissenheit. Wenn meine Mutter mir sagt, das ist ein Baum, und ich frage mich nicht selbst, dann lehre ich die Welt meine eigene Unwissenheit. »Das ist ein Baum.« Ich habe mich nicht gefragt. Hätte ich mich gefragt, dann wäre es mir vielleicht bewusst geworden – was immer es für mich ist. Also ist die Unwissenheit das einzige Leiden. Ich nenne es Verwirrung.

Und *The Work* ist Bildung, weil wir dabei Fragen stellen, die dich *in deine* eigene Wahrheit führen, nicht in unsere. Du bist deine eigene Weisheit. Ich liebe *The Work*, weil jeder seinen eigenen Fingerabdruck darauf hinterlässt. Also, Liebling, willst du, dass er glücklich ist?

Sandra: Nun … ja … also … [Das Publikum lacht.] Ich kämpfe damit, weil ein Teil von mir … ich hätte es fast aufgeschrieben … ein Teil von mir will, dass George frei ist.

Katie: Lass es uns noch mal hören, so wie du es eben vorgelesen hast.

Sandra: Okay. *Es verletzt mich, wenn George mir sagt, dass er jetzt glücklicher ist als je zuvor in seinem Leben.*

Katie: Willst du, dass er glücklich ist?

Sandra: Ich habe das Gefühl, er ist glücklich …

Katie: Hier ist eine gute Übung: Schließe deine Augen. Und nun stell ihn dir vor, stell dir bildlich sein Gesicht vor, während er Sex mit Linda hat.

Sandra: Oh … okay.

Katie: Stell dir einfach nur sein Gesicht vor.

Sandra: Ja …

Katie: Okay, und jetzt schau es dir nur einen Moment ohne deine Geschichte an. Was siehst du?

Sandra: Ich sehe, dass er glücklich ist.

Katie: Ist es das, was du willst?

Sandra: Ja. Ich freue mich für ihn.

Katie: Da hast du's. Weißt du, es ist so, als würde ich mir wünschen, dass du glücklich bist – aber nur, solange ich diejenige sein kann, die dir dieses Glück schenkt.

Sandra: Das stimmt.

Katie: Die Frage ist, ob du willst, dass er glücklich ist oder nicht. Das ist Liebe. Und solange du sie nicht findest, gibt es kein Glück für dich. Weil du die Wahrheit leugnest. Und die Wahrheit ist, dass es dich nicht kümmern darf, *wer* ihn glücklich macht, solange er nur glücklich ist.

Wir können nichts dagegen tun, außer dass wir uns an die Gedanken klammern, die uns etwas anderes sagen. Und das nennen wir »Beweis«. Aber wenn wir diese Gedanken aufschreiben, dann bleibt nichts von ihnen übrig.

Ist es dir wirklich wichtig, wer ihm dieses Glück schenkt, du oder sie?

Sandra: Doch, ja. Es *ist* mir wichtig, und genau das ist mein Problem. Ein Teil von mir kann es nicht auf diese Weise sehen und steckt immer noch in der anderen Perspektive fest.

Katie: Okay, damit weißt du also, dass du sein Glück an eine Bedingung knüpfst. »Ich will, dass er glücklich ist, aber ich muss diejenige sein, die ihn glücklich macht.«

Sandra: Ja.

Katie: Die Wahrheit lautet also: »Ich will *nicht*, dass er glücklich ist. Wenn ich nicht diejenige bin, die ihn glücklich macht, dann soll er sich elend fühlen.« Also willst du *nicht*, dass er glücklich ist.

Sandra: Das wäre die ehrlichere Antwort.

Katie: Und das ist keine Liebe. Insofern passt es wirklich gut, dass er mit *ihr* zusammen ist, denn du liebst ihn sowieso nicht. [Das Publikum lacht.] Er weiß es. Nun weißt du es auch.

Bleib einen Augenblick dabei. Willst du, dass er mit einer Frau zusammenlebt, mit der er nicht glücklich ist?

Sandra: Nun, ich muss zugeben, dass ein Teil von mir das will.

Katie: Dann wäre es doch eine wunderbare Idee, ihm all das zu sagen. Vielleicht findet er *das* ja anziehend. [Das Publikum lacht wieder.]

Sandra: Ihm zu sagen …

Katie: »Ich liebe dich nicht, und es ist mir egal, ob du glücklich bist, und ich will, dass du mit mir zusammenlebst, ob dir das nun gefällt oder nicht.«

Sandra: Ich habe das Gefühl, dass *er* es ist, der *mir* das sagt. Also schätze ich, ja …

Katie: Und du bist die Letzte, die es erfährt. Lies die Aussage noch einmal.

Sandra: . *Es verletzt mich, wenn George mir sagt, dass er jetzt glücklicher ist als je zuvor in seinem Leben.* So, und ich habe immer noch das Gefühl, dass ich diejenige bin, die ihn glücklich machen will, und dass er nur mit mir glücklich sein kann. Das ist die Wahrheit.

Katie: Da haben wir es also … du hast es erkannt. Und wenn er fragt: »Liebst du mich?«, dann kannst du sagen: »Nein, ich habe festgestellt, dass du mir ziemlich gleichgültig bist … und ich will immer noch mit dir zusammenleben. Und es ist mir egal, ob du damit glücklich bist oder nicht – das ist mein Standpunkt.« Das nennt man einen ehrlichen, aufrichtigen Partner. Und auf dem Hintergrund dieser Wahrheit verstehst du, warum er mit ihr schläft – oder nicht. Darüber streiten sich die Leute.

Sandra: Ich bin mir nicht sicher, was ihr Miteinanderschlafen angeht. Aber ich bin mir sicher, was jetzt in diesem Augenblick meine Wahrheit ist, und es stimmt, was ich gesagt habe.

Katie: Gut, mein Schatz, eine gute *Work*. Schauen wir uns die nächste Aussage an.

Sandra: *Ich mag es nicht, wenn George mir sagt, dass ich diese Erfahrung brauche und dass sie meinem spirituellen Wachstum dient.*

Katie: Dreh's um: »Ich mag es nicht, wenn ich ihm sage ...

Sandra: Ich mag es nicht, wenn ich ihm sage, dass ich diese Erfahrung brauche ... Ja. Und dass sie meinem spirituellen Wachstum dient. Das stimmt. Ich mag dieses Gefühl der Demütigung nicht, das ich dabei vor ihm empfinde. Das ist wahr.

Katie: Okay, lies diese Umkehrung noch einmal.

Sandra: Ich mag es nicht, wenn ich ihm sage ...

Katie: »... dass das Zusammenleben mit mir ...«

Sandra: Ich mag es nicht, wenn ich ihm sage, dass das Zusammenleben mit mir ...

Katie: »... das Beste für seine ...«

Sandra: ... das Beste für seine Erfahrung ist. Das verwirrt mich jetzt.

Katie: »... das Beste für sein spirituelles Wachstum ist.«

Sandra: ... das Beste für sein spirituelles Wachstum ist. Aber ich *mag* es sehr wohl, ihm das zu sagen. [Das Publikum lacht.]

Katie: Na ja, und er mag es auch! [Das Publikum lacht noch mehr.]

Sandra: Oder ich könnte sagen, ich *mag* es, George zu sagen, dass das Zusammenleben mit mir seinem spirituellen Wachstum dienlich ist.

Katie: Und er mag es, dir zu sagen, was das Beste für dein spirituelles Wachstum ist, so wie du ihm gerne sagst, was das Beste für sein spirituelles Wachstum ist.

Sandra: Oh, das stimmt.

Katie: Das macht ihr beide wirklich gerne.

Sandra: [lachend] Ja! Ja … okay.

Katie: Schauen wir uns die nächste Aussage an.

Sandra: *Ich mag es nicht, dass George mit Linda eine tiefere sexuelle Erfüllung findet als mit mir.*

Katie: Ist das wahr?

Sandra: Vielleicht brauche ich ein bisschen Zeit, um das herauszufinden.

Katie: Das ist okay, Liebling, nur sehr wenige Menschen sind so tief eingetaucht … in die Wahrheit, die auf uns wartet, ob wir sie zur Kenntnis nehmen oder nicht.

Sandra: [nach einer sehr langen Pause] Innerlich schreie und schreie ich immer wieder: »Du darfst nicht, du darfst nicht, du darfst nicht!«

Katie: Und tut er es trotzdem?

Sandra: Ich denke ja.

Katie: Kann dein Schreien die Realität verändern?

Sandra: Nein, nein. Aber wenn ich nicht schreie, stürmen solche entsetzlichen Gefühle auf mich ein. *Er* muss sich ändern … das *Leben* muss sich ändern, damit ich nicht solche Gefühle empfinde, von denen ich nicht weiß, wie ich sie ändern kann. Sobald diese

Gefühle beginnen, ist es so, als würde ich in ein tiefes schwarzes Loch fallen. Ich kann sie wahrnehmen und habe mich so weit wie möglich mit ihnen auseinandergesetzt, aber ich habe immer noch große Angst davor, dass ich in diesem Loch sterbe und nie wieder herauskomme.

Katie: Also: »Wenn du in dieses Loch fällst, kommst du nie wieder heraus« – kannst du mit absoluter Sicherheit wissen, dass das stimmt? Lass dir Zeit mit der Antwort.

[Nach einer langen Pause] Kannst du absolut sicher wissen, dass du aus diesem Loch nie wieder herauskommen würdest?

Sandra: Nein.

Katie: Und wie reagierst du, wenn du das glaubst?

Sandra: Entsetzliche Angst … und all diese Versuche, ihn zu zwingen, und diese ganz vergebliche Anstrengung, um nicht in diesem Loch zu sterben, ohne je wieder herauszukommen.

Katie: Ja. Kannst du einen Grund erkennen, die Geschichte »Wenn ich in dieses Loch falle, komme ich nie wieder heraus« aufzugeben?

Sandra: Na ja, einen Grund kann ich schon erkennen. Aber ich muss sagen, dass ich mir nicht sicher bin, ob es wirklich stimmt, dass ich nie wieder herauskommen würde.

Katie: Das ist okay.

Sandra: Weil die einzige Möglichkeit, wie ich meiner Ansicht nach aus diesem Loch wieder herauskommen könnte, darin bestehen würde, Orte aufzusuchen, die ich für falsch halte. Das will ich nicht, und deshalb weiß ich nicht, wie ich wieder herauskommen soll.

Katie: Ja.

Sandra: Ich weiß nicht, wie ich aus diesem Loch wieder herauskommen kann. Das ist wirklich die Wahrheit.

Katie: Was ist mit der Überprüfung? [Pause] Ich habe einfach gefragt, ob du einen Grund erkennen kannst, die Geschichte »Wenn ich in dieses Loch falle, komme ich nie wieder heraus« aufzugeben?

Sandra: Nun, ja, ich kann einen Grund erkennen, weil das die Sache wirklich schwierig macht.

Katie: Also, dann nenne mir jetzt einen Grund, der dir weder Angst noch Stress bereitet, diesen Gedanken zu glauben. Nenne mir irgendetwas, das legitim oder nützlich daran ist.

Sandra: Etwas Nützliches …

Katie: Das dir keinen Stress bereitet. Es muss einen Grund für diesen Gedanken geben, der nichts mit Masochismus zu tun hat.

Sandra: [nach einer langen Pause] Ich weiß nicht. Es sieht so aus – jetzt –, als sei dieser Gedanke ganz unnötig.

Katie: Sofern du nicht gezielt auf der Suche nach Angst und Elend bist.

Sandra: Ich müsste mir das wirklich noch einmal genauer ansehen.

Katie: Das ist wunderbar. Ich habe Respekt vor dieser Absicht. Wer wärst du, wenn du diesen Gedanken nicht glauben könntest?

Sandra: Dass ich nie mehr aus dem Loch herauskommen würde?

Katie: Ja. Wer wärst du ohne diesen Gedanken, wenn du dich in das Loch fallen lassen würdest – ohne die Fähigkeit, diesen Gedanken zu glauben? Wer wärst du auf dem Weg in dieses Loch?

Sandra: Nun, ich denke, ich würde wahrscheinlich nur noch die Dunkelheit empfinden, mich psychisch nicht mehr so fertigmachen. Ich denke, ich würde diesen Ort einfach als das wahrnehmen, was er ist.

Katie: Vielleicht würdest du ihn sogar genießen – vielleicht würdest du in diesem Loch Dinge finden, die du dir niemals vorgestellt hast, die nicht hässlich sind, sondern wunderschön. Das ist die Macht der Liebe, die Macht des Friedens. Angst ist so blind. Also: »Wenn ich in dieses Loch falle, komme ich nie wieder heraus« – dreh's um.

Sandra: Wenn ich in dieses Loch falle, dann *komme* ich wieder heraus.

Katie: Das könnte genauso stimmen.

Sandra: Das könnte genauso stimmen. Es ist ein Teil des Lebens, der mir sehr fremd ist.

Katie: Er ist den meisten Menschen sehr fremd, weil sie ihre Gedanken nicht überprüft haben. Ich bin in diesem Loch gewesen, und die Überprüfung war voll bewusst, weil ich darin geblieben bin. Begib dich in dieses dunkle Loch, und wenn du denkst: »Ich komme nicht wieder heraus«, dann treffen die dazu passenden Gedanken »Ist das wahr?« oder »Wer wäre ich ohne diese Geschichte?« auf jeden Gedanken zu, der dich zu der Annahme verleiten könnte, dass es da überhaupt ein dunkles Loch gibt. Und darin liegt ein Ausgleich, und du gelangst wieder zurück zu dem, was ich die Quintessenz nenne – eine Frau sitzt mit einem Freund zusammen. Es könnte sogar ganz einfach sein: Du siehst sein Lächeln und erkennst es als etwas, das dir nicht fremd, sondern vertraut ist.

Sandra: Vielen Dank für diese Erklärung.

Katie: Gerne. Und vielen Dank für *deine* Beteiligung. Ich stelle die Frage; du antwortest. Das macht uns zu Freundinnen, zu gleichberechtigten Freundinnen. Das schenkt uns ein intimes Gleichgewicht.

Sandra: Ja.

Katie: Und ich freue mich sehr, dass du mich dafür nicht brauchst. Schauen wir uns die nächste Aussage an.

Sandra. *Ich will, dass George aufhört, sich ständig zu bekiffen – und zu glauben, dass er dadurch klüger ist.*

Katie: »Er glaubt, er ist klüger« – kannst du wirklich wissen, dass das stimmt?

Sandra: Ja.

Katie: Er behauptet das …

Sandra: Er behauptet das.

Katie: Er schwört es.

Sandra: Ja.

Katie: Also: »Er glaubt, er ist klüger« – kannst du absolut sicher wissen, dass es stimmt, dass er das glaubt?

Sandra: Na ja, ich schätze, ich könnte sagen, dass er mir das erzählt, aber ich weiß nicht, ob er *innerlich* vollkommen davon überzeugt ist.

Katie: Ja. Wenn ich dir sage, dass ich klüger bin als du, muss ich das mit ziemlichem Nachdruck tun, weil ich es selbst niemals glauben würde. Das ist der Moment, in dem der Krieg ausbricht. Und wenn du mich nicht für klüger hältst, dann trennen sich unsere Wege.

Eines Tages habe ich festgestellt, dass ich mich selbst nicht für klüger halte, und das hat nichts mit Demut zu tun, sondern ganz schlicht damit, dass ich es nicht wissen kann. Also habe ich den Wettbewerb aufgegeben. Wie reagierst du darauf, wenn du glaubst, dass er sich für klüger hält?

Sandra: Ich halte ihn für einen Dummkopf.

Katie: Und wie behandelst du ihn, wenn du diesen Gedanken glaubst und ihn für einen Dummkopf hältst?

Sandra: Ich behandle ihn mit Geringschätzung. Das ist wirklich wahr.

Katie: Und wie sieht das aus, bildlich gesprochen?

Sandra: Nun, ich weiß nicht, wie es für ihn aussieht, aber für mich ist es so, dass sich mein Herz verhärtet, meine Kiefermuskeln verspannen, ich mich einfach insgesamt verhärte.

Katie: Und mit welchem Gesichtsausdruck schaust du ihn dann an?

Sandra: Soll ich dich mal so ansehen?

Katie: Ja. [Sandra schaut Katie mit einem verächtlichen Blick an.] Ja, spür das, spür das. Gut. Wie fühlst du dich, wenn du jemanden, den du liebst, so behandelst? Wenn du ihn so geringschätzt? Wie fühlt sich das in deinem *Inneren* an?

Sandra: Also, ganz ehrlich, irgendwo glaube ich, wenn ich das tue, dann bekomme ich, was ich will.

Katie: Und hat das bisher funktioniert?

Sandra: Nein.

Katie: Funktioniert es wenigstens langfristig?

Sandra: Nein, nein, es hat nicht funktioniert.

Katie: Kannst du also einen Grund erkennen, die Geschichte aufzugeben?

Sandra: Dabei habe ich wieder das zwiespältige Gefühl,

dass ich etwas verlieren würde, das ich zu erlangen versucht habe. Vielleicht könntest du darüber etwas ausführlicher sprechen? Ich bin bereit, dieses verletzende Verhalten – verletzend für mich und verletzend für ihn – beizubehalten, weil mir die Konsequenzen zuwider sind, die es hätte, wenn ich dieses Verhalten aufgeben würde.

Katie: Ist das wahr?

Sandra: Oh! Okay, warte mal ... Ich weiß nicht ... Die Konsequenzen sind nicht so, wie sie meiner Meinung nach sein sollten. Ich will etwas anderes erreichen. Wenn ich also sage, dass sie mir zuwider sind, dann mache ich die Sache noch komplizierter. Das erkenne ich ... und dann dieser Verdruss, dieser heillose Verdruss darüber, dass ich ihn nicht dahin bekomme, wo ich ihn haben will. Davon komme ich einfach nicht weg. Okay, das ist also eine Überzeugung – »Ich kann das nicht aufgeben«.

Katie: Du hast es erfasst, sehr gut.

Sandra: Wenn ich also sage, dass ich davon nicht wegkomme, dann sage ich mir selbst, dass ich es nicht aufgeben kann, und damit mache ich mich zu einer Gefangenen, einer Sklavin dieses ...

Katie: Dieser Lüge.

Sandra: ... dieses Musters.

Katie: Dieser Lüge.

Sandra: … dieser Lüge. Die erste Lüge ist, dass ich es nicht aufgeben kann. Aber es gibt auch noch die Lüge, dass er anders sein sollte.

Katie: Und die Art und Weise, wie du ihn behandelst, hat sich geändert. »Er ist anders« – stimmt das? Nein.

Sandra: Nein.

Katie: Kannst du also einen Grund erkennen, die Geschichte aufzugeben, dass er sich selbst für klüger hält als dich?

Sandra: Na ja, vielleicht *könnte* ich es ertragen, wenn ich sie aufgeben würde. Ich habe geglaubt, dass ich es *nicht* ertragen kann. Also, ja.

Katie: Spüre jetzt dein Gesicht.

Sandra: [lachend] Viel besser!

Katie: Nichts macht mehr Freude, als sich nach innen zu wenden – statt nach außen, den anderen zu. Wenn wir uns nach außen den anderen zuwenden, dann behandeln wir sie mit Geringschätzung, Zorn und Kälte, und anschließend fragen wir uns, warum sie mit einem anderen Menschen glücklicher sind. Immerhin, widmen wir ihnen nicht unser gesamtes Leben? Was für ein Leben! Wer wärst du ohne diese Identität: »Ich bin die Frau, die …«

Sandra: Wer wäre ich, wenn …

Katie: Lies noch einmal vor, was du aufgeschrieben hast.

Sandra: Okay. *Ich will, dass George aufhört, sich ständig* *zu bekiffen – und zu glauben, dass er dadurch klüger ist.* Also, wer wäre ich, wenn ich nicht so denken würde? Richtig?

Katie: Ja. Lass uns das umdrehen. Ich denke, das wird es uns zeigen.

Sandra: Okay. Ich will, dass *ich* aufhöre, mich ständig zu bekiffen …

Katie: Mit George als Droge.

Sandra: Ich will, dass ich aufhöre, mich mit George als Droge zu bekiffen …

Katie: Ständig, als Daseinsform.

Sandra: Als Daseinsform. [Sie bricht in Gelächter aus.]

Katie: Er nimmt Marihuana; du nimmst George.

Sandra: Ständig, als Daseinsform – richtig.

Katie: Schau dir an, was Marihuana deiner Meinung nach seinem Verstand antut. Und dann schau dir an, was deine Gedanken über George deinem Verstand antun. Wer ist mehr bekifft?

Sandra: Das kann ich jetzt wirklich nicht sagen.

Katie: Okay, Schätzchen. Schauen wir uns die nächste Aussage an.

Sandra: *Ich will, dass George mich mehr begehrt als Linda.*

Katie: Ist das wahr?

Sandra: Es ist nur halb wahr.

Katie: Und wie reagierst du, wenn du den Gedanken glaubst?

Sandra: Ich bin stinkwütend.

Katie: Kannst du also irgendeinen Grund erkennen, die Geschichte aufzugeben? Und ich sage jetzt nicht, dass du sie aufgeben sollst.

Sandra: Ich würde gerne noch mal auf dieses schwarze Loch zurückkommen. Wenn ich die Geschichte aufgebe, dann bleibe ich in einer Umgebung stecken, die mir nicht vertraut ist, wo ich nicht diese Sache dort draußen habe, die ich immer hatte.

Katie: Und was bleibt dann zurück?

Sandra: Na ja, ich bleibe zurück, aber ich fühle mich einsam.

Katie: Du bleibst in einer Welt zurück, die du nicht kennst.

Sandra: Ja, ich bleibe allein in einer Welt zurück, die ich nicht kenne.

Katie: Okay, stimmt das? »Ich bleibe allein in einer Welt zurück, die ich nicht kenne« – ist das wahr? Hast du schon mal auf einem Stuhl gesessen?

Sandra: Ja.

Katie: Bist du draußen im Wald gewesen? In einem Haus. Genau dort wirst du dann sein.

Sandra: Okay, aber psychisch bin ich nicht dort.

Katie: Ohne eine Geschichte bleibst du genau da zurück, wo du bist. Und das ist ein wunderbarer Ort: Frauen stehen, sitzen oder liegen irgendwo. Das ist alles. Besser als außer sich zu sein in der Welt von George.

»Ich wäre in einer unbekannten Welt und alleine« – ist das wahr? Dieser Planet ist voller Menschen; du kannst hier nicht alleine sein. Nicht einmal draußen in der Wüste könntest du allein sein. Sogar am verlassensten Ort gibt es Echsen und Kakteen. Dort herrscht Leben, nicht der Tod. Du kannst nicht alleine sein, und du kannst nicht an einem unbekannten Ort sein. Nur eine Geschichte kann dich zu der Vorstellung verleiten, dass es einen solchen Ort gibt.

Sandra: Richtig.

Katie: Und diese Geschichte ist so beängstigend, dass sie dich schließlich zurückbringt zu der »Frau, die auf einem Stuhl sitzt« – spüre, wie der Stuhl dich hält. Er ist vorhanden, damit du ihn wahrnimmst. Und der Boden – wir unterliegen hier der Schwerkraft; das ist erstaunlich. Er wird dich halten. Und dein Bewusstsein wird das tun, und die Luft wird dich unterstützen. Es ist keine fremde Welt, und du bist nicht allein. Und es gibt nichts, was du dagegen tun kannst.

Sandra: Also würde die Überprüfung mir helfen, das wieder zu entdecken oder zu erfahren.

Katie: Lies die Aussage noch einmal.

Sandra: *Ich will, dass George mich mehr begehrt als Linda.*

Katie: Und wer wärst du ohne diese Geschichte?

Sandra: Okay … Es ist so, als würden sich meine Grenzen auflösen.

Katie: Ich sehe nicht, dass du Grenzen brauchst. Es geht dir gut ohne sie. Ich sehe nicht, dass dich irgendjemand angreift. Ich höre, dass du gelegentlich George angreifst.

Sandra: Das tue ich.

Katie: Da ist deine Projektion, dass du Grenzen brauchst, kein Wunder. Schau nur, wie du *ihn* angreifst. Ich habe eines Tages für mich entdeckt, dass Grenzen ein Akt der Selbstsucht sind. Und ich sage nicht, dass du deine Grenzen aufgeben sollst. Spiel mit ihnen.

Sandra: Okay.

Katie: Okay, mein Engel, sehen wir uns die nächste Aussage an.

Sandra: *George sollte nicht denken, dass er durch seine Liebe und Leidenschaft für Linda wirklich sein Glück gefunden hat.*

Katie: Stimmt das? »Er sollte das nicht denken« – ist das wahr?

Sandra: Ich *will* nicht, dass er das denkt. Das ist die Wahrheit.

Katie: Stimmt das?

Sandra: Dass ich nicht will, dass er das denkt? Ja. Ich will es nicht. Ich will es nicht.

Katie: Kann irgendjemand *dein* Denken ändern?

Sandra: Ich kann es nicht ändern, aber ich will es auch nicht.

Katie: Wie fühlt es sich an, wenn du diesen Gedanken glaubst?

Sandra: Dass ich es nicht will? Mit deinen Worten: Ich befinde mich im Krieg.

Katie: Dann ist der Krieg genau das, was du bekommst. Nun – willst du das? Ist es das, was du willst?

Sandra: Nein. Das will ich nicht.

Katie: Ah! Das ist eine interessante *Work*. Deshalb liebe ich das, was ist. Ich will das, was *ist*, weil ich festgestellt habe, was du auch gerade festgestellt hast.

Sandra: Weil du dich nicht so fühlen willst.

Katie: Genau. Ich nenne das Eigenliebe. Lies die Aussage noch einmal.

Sandra: *George sollte nicht denken, dass er durch seine Liebe und Leidenschaft für Linda wirklich sein Glück gefunden hat.*

Katie: »Er sollte das nicht denken« – stimmt das? Kannst du absolut sicher wissen, dass das wahr ist? Das ist so, als würdest du sagen, der Baum sollte nicht dort draußen im Garten stehen.

Sandra: Richtig. Das ist richtig.

Katie: Wie reagierst du, wenn du den Gedanken glaubst, er sollte das nicht denken?

Sandra: Ich fühle mich ständig verkrampft und kampfbereit. So lebe ich im Moment.

Katie: Kannst du einen Grund erkennen, diesen Gedanken aufzugeben?

Sandra: Ja. [lachend] Ja, ich kann ihn erkennen. Und ich kann keinen Grund mehr sehen, an diesem Gedanken festzuhalten, ohne dass es mir dabei schlecht gehen würde.

Katie: Ja. Und wer wärst du ohne die Geschichte, dass die Leute ihre Gedanken nicht denken sollten?

Sandra: Sagen wir *diesen* Gedanken, wenn du nichts dagegen hast.

Katie: Überhaupt nicht.

Sandra: Okay.

Katie: Dieser Gedanke, jener Gedanke …

Sandra: Also … noch einmal, ich stehe vor einem Dilemma: Ich erkenne die Erleichterung, und doch halte ich verzweifelt an etwas dort draußen fest, das ich zu brauchen glaube. Wenn ich diesem Gedanken erlaube zu existieren, dann sehe ich mich selbst auf eine Weise, die mir nicht gefällt. Wenn ich mir erlaube zu denken, dass er sein Glück gefunden hat, dann empfinde ich alle diese Gedanken über mich selbst. Und dann könnte ich wahrscheinlich fragen: »Sind sie wahr?«

Katie: Das könntest du. Denn ihre Wahrheit müsste bewiesen werden. Ohne sie würde deine gesamte Klage zusammenbrechen.

Sandra: Das ist mein Problem.

Katie: Und wenn du dein Problem aufschreibst und deine Argumente überprüfst, stehst du am Ende ohne irgendeinen Beweis da. Aber es ist etwas, das du tun musst, es muss dir klar werden. Du kannst nicht einfach sagen: »Oh, ich erkenne es.« Das reicht nicht aus.

Sandra: *The Work*, so wie ich sie gewöhnlich zu praktizieren versuche, ist nach außen gerichtet. Ich nehme mir nicht mein inneres Denkmuster vor, dieses entsetzliche Programm, das der Grund dafür ist, warum ich keinen Frieden finde, weil ich die Hoffnung verliere, dass ich mich dabei am Ende als okay, akzeptabel oder geliebt erweisen könnte. Also – da ich nun hier sitze – kann ich eine *Work* mit dir machen über die Aussage: »Ich bin nicht gut genug«?

Katie: [zum Publikum] Sie geht wirklich ran, was?

Ja, du machst unsere *Work* für uns. Ich liebe deine sanfte Beharrlichkeit.

Sandra: Also, neben vielen anderen Gedanken ist der Gedanke »Ich bin nicht gut genug« eine Vorstellung, von der ich immer befürchte, sie könnte durch Georges Denken, dass er mit ihr glücklicher ist als mit mir, bestätigt werden. Denn wenn das so ist, dann …

Katie: Ja. Deine Geschichte besagt: »Er ist mit ihr zusammen und mit ihr glücklicher, weil ich nicht gut genug bin.«

Sandra: Richtig.

Katie: Kannst du wissen, dass das stimmt? Kannst du absolut sicher wissen, dass das wahr ist, dass er aus diesem Grund mit ihr zusammen ist?

Sandra: Also, okay, Augenblick mal ... ich glaube es, und das Schlimmste ist, dass es mir so vorkommt, als würde ich es glauben *wollen.* Ich *will* diesen Gedanken glauben, und ich weiß nicht warum.

Katie: Er gibt dir die Identität der Frau, die verletzt ist.

Sandra: Ja, er gibt mir eine Identität. Eine Sache, die ich bei *The Work* wirklich liebe – im Gegensatz zu vielen dieser anderen Ansätze – ist, dass man die ursprüngliche Aussage nicht einfach durch eine andere ersetzt. Man ersetzt sie nicht einfach durch »Ich bin okay«.

Katie: Ich liebe es, wenn du die ursprüngliche Aussage durch eine andere ersetzt. Die schauen wir uns dann eben auch an.

Sandra: Okay.

Katie: Kannst du absolut sicher wissen, dass er mit ihr glücklicher ist, weil du nicht gut genug bist?

[zu den Männern im Publikum] Männer, geht ihr auf Einkaufstour, um eine neue Frau zu finden? Schaut ihr nie nach anderen Frauen, bis ihr schließlich denkt: »Meine eigene ist nicht gut genug; jetzt besorge ich mir eine andere«? Funktioniert die Sache wirklich so?

Die Männer im Publikum: [wie aus einem Mund] Nein!

Katie: Nein. [Sandra bricht in Lachen aus.] Kurze Überprüfung, kurze Umfrage hier – eine kleine Volksbefragung. Also, wie reagierst du, wenn du diesen Gedanken glaubst?

Sandra: Oh, es ist schrecklich. Es ist ganz schrecklich. Ich fühle mich so erniedrigt, so miserabel.

Katie: Nicht gut genug?

Sandra: Ja.

Katie: Nicht wie *du selbst*?

Sandra: Nicht wie ich selbst … Ja, das stimmt wohl.

Katie: Und dann sagen wir: »Er tut mir das an.« Aber das ist eine Lüge. Es ist das Festhalten an einer nicht überprüften Geschichte: »Ich bin nicht gut genug.« Wer wärst du ohne dieses Mantra: »Ich bin nicht gut genug. Er ist mit ihr zusammen, weil ich nicht gut genug bin«?

Sandra: [Pause] Keine Ahnung. Keine Ahnung.

Katie: »Ich bin nicht gut genug« – dreh's um.

Sandra: Ich *bin* gut genug.

Katie: Das könnte genauso wahr sein.

Sandra: Ja, es könnte genauso wahr sein.

Katie: Welche Version fühlt sich wahrer an?

Sandra: »Ich bin gut genug« fühlt sich wahrer an.

Katie: Findest du das nicht grässlich? [Gelächter] Wir wissen es, wir wissen es. Wir benutzen unsere Geschichte über einen anderen Menschen, um uns selbst zu täuschen. Gestern habe ich gehört, wie eine Frau in einer Sitzung sagte: »Mir ist gerade klar geworden, dass mein Vater nicht wegen mir das getan hat, was er getan hat, sondern wegen seiner Geschichte.« Hast du das gehört?

Sandra: Ja, ich hab's gehört.

Katie: So einfach könnte die Sache also sein. Du tust, was du tust, wegen deiner Geschichte. Wegen deiner Geschichte greifst du ihn auf eine Weise an, die nicht zu dir passt. Und wegen seiner Geschichte – wer weiß? Das ist nicht deine Angelegenheit. Achte einfach nur auf deine eigene Geschichte. Und wenn sich etwas nicht richtig anfühlt, dann überprüfe die Vorstellung.

Sandra: Richtig. Ich verstehe.

Katie: Es sind immer nur Gedanken, die auf Gedanken treffen. Welch eine Verfolgungsjagd! Und sobald sie vorüber ist, trifft sich das Bewusstsein, das sagt »Ich bin nicht gut genug« mit dem Bewusstsein, das sagt »Ich bin gut genug«. Bewusstsein ist unendlich. Ich *bin* das unendliche Bewusstsein. Ich bin alles, einfach alles, und darin gibt es keine Verwirrung. Es herrscht Klarheit; es ist das Bewusstsein, das sich selbst trifft. Fragen, Antworten – sie sind nie wieder voneinander getrennt. Und schließlich weiß das Bewusstsein, dass es nichts ist und sich selbst nur sehen will, dass sein Spiegelbild deshalb so aussieht, als sei es etwas, aber es versteht – es ist nichts. Es sieht nur aus wie *das*.

Also, kannst du drei aufrichtige Beispiele dafür finden, wie die Umkehrung in deinem Leben genauso wahr ist? »Ich bin gut genug.«

Sandra: Na ja, gelegentlich fühle ich mich attraktiv – sogar sexy.

Katie: Gut. Und ein zweites Beispiel?

Sandra: Ich bin intelligent. Ich bin in meinem Beruf wirklich gut. Und das mag ich an mir.

Katie: Und kannst du noch ein drittes Beispiel finden?

Sandra: Ich bin ein gute Tochter. Ich bin eine gute Freundin … außer, wenn ich George gerade umbringen will. [Das Publikum lacht.]

Katie: Okay, Liebling, schauen wir uns die nächste Aussage an.

Sandra: Danke.

Katie: Aber gerne, mein Engel. Es ist ein Privileg, mir dir hier zu sitzen. Es ist alles so einfach, nicht wahr?

Sandra: Ja, das ist es. *George sollte sich wegen seines Verhaltens schlecht fühlen.*

Katie: Ist das wahr?

Sandra: Ich mag es nicht, wie ich mich fühle, wenn ich so denke, also …

Katie: Lass uns noch einmal zu der vorigen Aussage zurückgehen, direkt vor dieser, und sie umdrehen.

Sandra: Ich sollte nicht denken, dass ich durch meine Liebe und Leidenschaft für George wirklich *mein* Glück gefunden habe … Ja.

Katie: Du machst mit ihm, was *er* nicht tun soll.

Sandra: Das ist wahr!

Katie: Ja. Gut. Mir gefällt es, wenn du sagst: »Es ist okay für mich, aber nicht für dich, Schätzchen. Es funktioniert für mich, aber gib du es auf.« Lies jetzt die nächste Aussage vor.

Sandra: Okay. *Ich brauche es, dass George mir immer mit einem klaren Bewusstsein begegnet.*

Katie: Ist das wahr? Ist es das, was du brauchst?

Sandra: Nein. Ich erkenne, dass ich mich durch diese Forderung von dem Ort wegbewege, über den wir reden.

Katie: Wer wärst du ohne diese Geschichte.

Sandra: Es würde mir einfach gut gehen.

Katie: Ich verstehe diese Aussage so: »Wenn er aufhören würde, Marihuana zu rauchen, dann würde er dich ihr vorziehen.« Kannst du wirklich wissen, dass das stimmt? [Sandra lacht.] Ich mag diese kleinen Hintertüren, die wir uns offen halten.

Sandra: Richtig, denn wenn er aufhören würde, Marihuana zu rauchen, würde er zu Verstand kommen. [Das Publikum lacht.]

Katie: Richtig.

Sandra: Also, mal sehn. Na ja, das ist wahrscheinlich mal wieder dieselbe Hetzjagd.

Katie: Und wie reagierst du, wenn du das glaubst? Wie behandelst du ihn, wenn du glaubst, sobald er aufhören würde zu rauchen, würde er sich für dich entscheiden?

Sandra: Nun ja, selbstgerecht, strafend, besserwisserisch … Ah, in diesem Zustand bin ich keine attraktive Frau, weder für ihn *noch* für mich.

Katie: Ja. Und du spürst es, wenn du für dich selbst nicht attraktiv bist. Und wenn er dich anschaut, dann spiegelt er dir zurück, was du von dir selber hältst. Sogar wenn er lächeln würde, hättest du den Eindruck, dass er über das lächelt, was du innerlich empfindest.

Sandra: Ja.

Katie: Kannst du einen Grund erkennen, diese Geschichte aufzugeben?

Sandra: Ja.

Katie: Nenne mir einen stressfreien Grund, an dieser Geschichte festzuhalten. Nenne mir einen Grund, sie weiter als Instrument in deinem Leben zu benutzen.

Sandra: Instrument ist ein passender Ausdruck.

Katie: »Wenn er nicht rauchen würde« … Haben wir solche Sätze nicht immer instrumentalisiert, um unsere Grenzen zu schützen?

Sandra: Ja. Okay … Also soll ich dir jetzt einen stressfreien Grund nennen, an diesem Instrument festzuhalten?

Katie: Ja. »Er würde mich bevorzugen, wenn er mit dem Rauchen aufhören würde.«

Sandra: Es gibt keinen.

Katie: Wer wärst du in der Gegenwart von George ohne diese Geschichte?

Sandra: Ich würde mich sehr leicht fühlen.

Katie: Und seine Entscheidungen respektieren – bekifft oder nicht bekifft.

Sandra: Im Grund interessiert mich das gar nicht so sehr. Dieses schwarze Loch ist viel interessanter für mich.

Katie: Meine Güte! Du überprüfst deine Gedanken eine Weile, und kein Mensch kann mit dem konkurrieren, was du in deinem *Inneren* gefunden hast. Andere Leute sind nur eine Zugabe, weil sie dich wieder zu dir selbst zurückführen. Es gibt keine Trennung; alles ist in deinem *Inneren*, voll erwacht.

Sandra: Voll erwacht.

Katie: Das ist meine Erfahrung. Wovon du sprichst – das ist es. Er kann damit nicht konkurrieren.

Sandra: Richtig. Ich bringe das nur immer wieder ins Wanken, immer wieder.

Katie: Ist es nicht genau das?

Sandra: Ja.

Katie: Wir haben an allen falschen Orten nach Liebe gesucht, wirklich an *allen* falschen Orten. [Das Publikum lacht.] Okay, meine Süße, lass uns das umdrehen.

Sandra: Ich möchte mir selbst immer mit einem klaren Bewusstsein begegnen. Das ist wahr, das stimmt.

Katie: Es gibt noch eine andere Umkehrung.

Sandra: Ich möchte George – das ist wunderschön – immer mit einem klaren Bewusstsein begegnen.

Katie: Ja! Der Mann raucht – sieh das ganz klar. Er bevorzugt sie – sieh das ganz klar. Und du bevorzugst es, dir selbst mit einem klaren Bewusstsein zu begegnen.

Sandra: Ja.

Katie: Du hast deine Geliebte; er hat seine ... Für manche von uns ist es das höchste der Gefühle, sich in sich selbst zu verlieben. Es kann keinen anderen Geliebten geben.

Sandra: Aha.

Katie: Auch wenn es so aussieht, als hätten wir einen. Es gibt keine Konkurrenz.

Sandra: Das verstehe ich.

Katie: Nicht einmal unser eigener Körper kann mit dem konkurrieren, was du Bewusstsein nennst. Schauen wir uns die nächste Aussage an.

Sandra: *George ist verblendet, hemmungslos, sucht sein Glück in der äußeren Welt, er setzt nur auf die Ratio, weiß nicht, was er wirklich will, ist begeistert, glücklich und zufrieden.*

Katie: »George ist verblendet« – kannst du absolut sicher wissen, dass das stimmt?

Sandra: Ich erkenne, wie mich dieser Gedanke innerlich vergiftet.

Katie: Ja. »George ist verblendet« – kannst du mit absoluter Sicherheit wissen, dass das wahr ist? Auf mich wirkt er ziemlich eindeutig. Er will rauchen, er will sie …

Sandra: Ich weiß nicht, ob er verblendet ist oder nicht.

Katie: Ist das nicht in Ordnung?

Sandra: Ich meine, ich will es nicht mal wissen oder darüber spekulieren. Denn ich mag es nicht, wie ich mich fühle, wenn ich darüber spekuliere. Also warum sollte ich?

Katie: Ja, es ist Zeitverschwendung, wenn du dich aus deinem eigenen Inneren entfernst. Es passiert sowieso alles in dir selbst. Insofern kannst du dir den Aufwand auch gleich sparen.

Sandra: Du sagst also, dass die Überprüfung dich zu dir selbst zurückführt, richtig?

Katie: Nun, ich mache mir nicht mal die Mühe, das zu sagen. Ich stelle fest, dass es bei dir so ist. Also kannst *du* dich selbst fragen.

Sandra: Ja, ganz sicher ist es so. So war es ganz gewiss.

Katie: Da hast du's. Das ist auch meine Erfahrung.

Sandra: Ich würde sagen, dass meine Erfahrung damit, wenn ich alleine bin, flüchtiger ist. Und jetzt, wo wir wirklich konzentriert sind, erscheint sie mir weniger veränderlich.

Katie: Es gefällt mir, wie wir hier zusammensitzen. Weil ich mich nicht bewege, bekommst du einen Eindruck davon, was du in deinem Inneren bist, das sich ebenfalls nicht bewegt. Und wenn du dich zur Überprüfung hinsetzt, weißt du, welche Kraft darin steckt. Du weißt, dass du die Möglichkeit hast, einfach nur zu fragen: »Ist das wahr?« – einfach mit den Fragen dazusitzen, nach innen zu gehen, und dich als Fragesteller nicht zu bewegen, so wie ich es jetzt tue.

Sandra: Richtig.

Katie: Die Leute sagen: »Ich habe *The Work* gemacht, und es funktioniert nicht!« Nun, natürlich funktioniert es nicht. Es funktioniert nicht, wenn du die Fragen nicht wirklich beantwortest. Die Fragen sind nichts; auf die *Antworten* kommt es an!

Es ist wirklich toll zu beobachten, wie du das machst und dich nicht mit weniger zufriedengibst. Du zeigst uns, was möglich ist. Schauen wir uns die nächste Aussage an.

Sandra: *George ist hemmungslos.*

Katie: Nein, lass uns noch mal zurückgehen und die letzte umdrehen.

Sandra: Ich bin verblendet, wenn ich ihn für verblendet halte.

Katie: In dem Moment.

Sandra: Ja. Genau die Verrücktheit, die ich ihm vorwerfe, empfinde ich in meinem Denken, wenn ich ihn auf diese Weise betrachte.

Katie: »Er ist verrückt« – stimmt das? Kannst du wirklich wissen, dass das stimmt? Marihuana zu rauchen wäre für dich verrückt; wir können nicht wissen, was es für ihn ist. Wie behandelst du ihn, wenn du glaubst: »Er ist verrückt«?

Sandra: Ich mag ihn nicht anfassen oder ansehen.

Katie: Wer wärst du ohne die Geschichte, dass er oder irgendjemand sonst auf diesem Planeten verrückt ist?

Sandra: Hmm … Ich weiß nicht. Dafür brauche ich mehr Zeit.

Katie: Ist das nicht wunderbar?

Sandra: Ja.

Katie: Endlich ein Spiel, das wir verstehen können, weil diese Welt unmöglich zu verstehen ist, wenn wir sie als eine materielle Welt betrachten. Aber wenn wir anfangen, mit dem Bewusstsein zu arbeiten, ergibt alles langsam einen Sinn. Also arbeiten wir mit unseren Gedanken über die Welt, und wenn wir das tun, schließen wir die Welt darin ein. Ich liebe es; es ist ein Gleichgewicht. Auf diese Weise verlassen wir sie nicht; wir respektieren sie.

Also, »Er ist verrückt« – dreh's um.

Sandra: Ich bin verrückt, wenn ich ihn für verrückt halte.

Katie: Ja, der Mann ist auf seinem Weg. Dafür braucht er Marihuana. Das ist sein Job – er macht ihn. Dein Job ist es, *kein* Marihuana zu rauchen – du machst ihn.

Sandra: Richtig.

Katie: Wir alle haben unseren Job. Bis er sich verändert, machen wir ihn.

Sandra: Ich würde einfach sagen, indem ich hier sitze, habe ich die Wahl, mich zu verheddern oder entspannt zu sein. Und ich bin lieber entspannt. Und ich habe mich immer und immer wieder verheddert.

Katie: Ja. Und die nächste Aussage?

Sandra: George ist hemmungslos. Ich weiß nicht. Ich

meine, das ist mein Ausgangspunkt, ihn zu betrachten und mich beschissen zu fühlen, wenn ich so was denke.

Katie: Und hemmungslos.

Sandra: Und hemmungslos.

Katie: George-hemmungslos.

Sandra: George-hemmungslos. Ja! Das stimmt. Das ist wirklich wahr.

George sucht sein Glück in der äußeren Welt. Na ja, offensichtlich ... [Das Publikum lacht.]

Er rationalisiert, und ich kann im Grunde nicht sagen, ob ich wirklich weiß, dass das stimmt, obwohl ich vor einer halben Stunde noch gesagt hätte, dass ich genau weiß, dass es wahr ist. Und jetzt sehe ich, dass es eigentlich auf mich zutrifft – mit all meinen Rationalisierungen über ihn.

George weiß nicht, was er wirklich will. Das hat wieder mit dem zu tun, was ich will. Ich weiß nicht, ob er wirklich nicht weiß, was er will.

Katie: Klingt so, als wüsste er ziemlich genau, was er will: Er will rauchen; er will Sex mit Linda. Er macht den Eindruck, als wüsste er, was er will. Was du auch sagst oder tust, der Mann bewegt sich keinen Millimeter.

Sandra: Das stimmt.

Katie: Er weiß genau, was er will. Also dreh's um.

Sandra: Ich weiß nicht, was ich wirklich will.

Katie: Besonders im Hinblick auf George.

Sandra: Besonders im Hinblick auf George – das ist wahr. Genau dieses Gefühl will ich nicht zulassen. Genau das ist es, was ich nicht fühlen will. Du sitzt also hier und machst den Eindruck, als ginge es dir gut, du weißt, dass diese Sachen nachlassen, und du bist immer noch hier.

Katie: Nun ja, ob sie nachlassen oder nicht, ich bin immer noch hier. Es gibt zwei Möglichkeiten, hier zu sein: Entweder man fühlt sich gut, oder man fühlt sich so, wie wir es eben besprochen haben.

Sandra: Ja.

Katie: Und genauso gibt es zwei Möglichkeiten, mit George zusammen zu sein – oder sonst jemandem. Okay, Liebling.

Sandra: *George ist begeistert* – ich bin begeistert. Das bin ich wirklich … das stimmt.

George ist glücklich – ich bin glücklich … das stimmt.

George ist zufrieden – ich bin zufrieden. Das ist wahr. Das stimmt; das ist wahr. Man muss die Wahrheit nur erkennen.

Katie: Ich liebe es, wie du damit umgehst. Das ist wirklich das Ende des Kriegs. Sehen wir uns die nächste Aussage an.

Sandra: Das ist Nummer sechs. *Ich will nie wieder erleben, dass George Linda vorzieht.*

Katie: »Ich bin bereit …«

Sandra: Ich bin bereit, wieder zu erleben, dass George Linda vorzieht.

Katie: »Ich freue mich darauf …«

Sandra: Ich freue mich darauf, wieder zu erleben, dass George Linda vorzieht?

Katie: Ja, weil dir das zeigt, was von deinem verblendeten Denken noch übrig ist. Und es führt dich zu dem, was du liebst: zu dir selbst – und deiner Freiheit. Das ist der *einzige* Grund, warum er mit Linda zusammen sein würde. So ist das.

Sandra: Wow!

Katie: Er muss das so lange tun, bis du es verstehst. Und dann, wenn das für dich okay ist, dann ist er fertig. Also gut, freu dich drauf. Schöne *Work*.

Sandra: Danke.

Katie: Es ist wunderbar zu wissen, wie man den Ort im eigenen Inneren erreicht, der wahr und aufrichtig klingt.

Sandra: Danke, Katie.

5. Die Mieterhöhung

Im folgenden Dialog, der in Deutschland stattfand, lernen wir, dass eine Mieterhöhung ein Geschenk und das Gesetz ein Guru ist. Wer Veränderungen herbeiführen will, muss wissen, dass der vermeintliche Feind eigentlich ein Freund ist. Das wird bei der Überprüfung offensichtlich.

Ernst: *Ich bin wütend auf meinen Vermieter – die Bundesregierung –, weil sie versucht, meine Miete über das gesetzlich zugelassene Maß hinaus zu erhöhen.*

Katie: »Die Leute sollten das Gesetz nicht brechen«?

Ernst: Ja.

Katie: Also bezahlst du sie dafür, dass sie das Gesetz brechen.

Ernst: Ich will nicht zahlen!

Katie: Und zahlst du nun oder nicht?

Ernst: Vielleicht nicht. Ich versuche, gerichtlich dagegen vorzugehen.

Katie: Das klingt für mich sehr ehrlich.

Ernst: Aber ich fühle mich schlecht dabei. Es ist nicht nur ein Gedanke. Ich fühle mich persönlich dadurch verletzt.

Katie: Also: »Die Leute sollten das Gesetz nicht brechen« – stimmt das? *Brechen* sie das Gesetz?

Ernst: Ja.

Katie: Und: »Die Leute sollten die Miete nicht erhöhen« – ist das wahr?

Ernst: Es ist wahr, aber sie tun es trotzdem.

Katie: Für mich ist das wahr, was wirklich geschieht. Ob es dir nun gefällt oder nicht, sie erhöhen die Miete. In der Wirklichkeit gibt es kein *sollte* oder *sollte nicht*; die Wirklichkeit ist so, wie sie ist, und das gibt uns die Freiheit, effizient, eindeutig und vernünftig zu handeln. *Erhöhen* Sie also deine Miete?

Ernst: Ja.

Katie: Also *sollten* sie die Miete erhöhen. Warum? Weil sie es tun. Das ist die Wahrheit. Das ist es, was wir tun. Wir brechen das Gesetz. Wir erhöhen die Miete, bis wir damit aufhören. Und willst du dein Geld behalten?

Ernst: Ja.

Katie: Und *sie* wollen *ihr* Geld behalten. Also seid ihr euch darin absolut einig. Was passiert in deinem Inneren, wenn du dich an diese Lüge klammerst: »Die

Leute sollten die Miete nicht erhöhen«? Ich nenne das eine Lüge, denn wenn du dir die Realität anschaust, dann kannst du sehen, dass du im Widerstreit mit dem liegst, was ist.

Ernst: Das spüre ich in meinem Inneren.

Katie: Du klammerst dich an eine Lüge. Du glaubst tatsächlich, die Leute sollten die Miete nicht erhöhen, obwohl sie das in Wirklichkeit *tun*. Was richtig ist, findest du direkt vor deinen Augen. Und da steht die Nachricht – deine Miete ist erhöht worden. Wenn wir innehalten und unsere Gedanken überprüfen, dann kommen wir zu der Einsicht, dass wir lieben, was ist. Wer wärst du ohne deine Geschichte, dass die Leute die Miete nicht erhöhen sollten?

Ernst: Ich hätte mehr Zeit für andere Dinge. Ich würde mich freier fühlen.

Katie: Das klingt gut für mich. Kannst die Aussage umdrehen?

Ernst: *Ich* sollte die Miete nicht erhöhen?

Katie: Du erhöhst deine *innere* Miete, und das kostet dich eine Menge Zeit und Energie. Kannst du mir nun drei aufrichtige Beispiele nennen, wie diese Umkehrung genauso wahr oder noch wahrer ist als die ursprüngliche Aussage?

Ernst: Ich sollte meine innere Miete nicht erhöhen. Ja, das sehe ich ein.

Katie: Und zwei weitere Beispiele?

Ernst: Ich sollte die Miete nicht erhöhen, falls ich jemals Vermieter wäre. Hmm. Damit könnte ich ein Problem haben. [Das Publikum lacht.]

Katie: Oh, gut! Du könntest feststellen, dass es nicht leicht für dich ist, das zu tun, was sie deiner Meinung nach tun sollten, besonders wenn deine Kosten steigen. Aber das ist *deine* Philosophie. Also setze sie in die Praxis um. Und ein drittes Beispiel?

Ernst: Ich sollte die Miete für meine Freundin nicht erhöhen. Wenn ich mich über sie ärgere, dann sollte ich ihr in Gedanken nicht mehr vorwerfen, nicht mehr von ihr fordern oder meine schlechte Laune an ihr auslassen.

Katie: Gut, Liebling. Sehen wir uns die nächste Aussage an.

Ernst: *Ich will, dass sie sich an das Gesetz halten.*

Katie: Hoffnungslos. Dafür sind die Richter und die Gerichte zuständig. Dreh's um.

Ernst: Ich will, dass ich mich an das Gesetz halte. Aber ich *will* mich *nicht* unbedingt an das Gesetz halten. [Das Publikum lacht.]

Katie: [zum Publikum] Erkennt ihr euch darin wieder? [Das Publikum lacht erneut.]

[zu Ernst] An welche Gesetze willst du dich denn nicht halten?

Ernst: Parkverbote.

Katie: Ist das wahr? Willst du einen Strafzettel bekommen? Oder willst du dich an das Gesetz halten?

Ernst: Ich will mich nicht erwischen lassen.

Katie: [lachend] Das hast *du* gesagt. Sag mir, Liebling, was ist einfacher: dich auf diesen wunderbaren Platz im Parkverbot zu stellen und eine Knöllchen zu riskieren – oder nach einem freien Platz zu suchen, wo Parken erlaubt ist.

Ernst: Am einfachsten wäre es, so zu sein wie du. Jemand, der einem sagt: »Tu dies oder das«, und du tust es. Ganz einfach.

Katie: Nun, das Gesetz macht es ganz einfach. Wie ein großer Guru sagt es dir, was du tun sollst. Es ist absolut eindeutig. Parke hier, und du bekommst einen Strafzettel. Parke dort, und du bekommst keinen. So einfach. Es gibt nicht den geringsten Zweifel.

Wenn du aus einem Flugzeug springst und dein Fallschirm öffnet sich nicht, dann bekommst du Angst, weil du nun den Ersatzfallschirm öffnen musst. Also ziehst du die Leine, und wenn der Ersatzschirm sich ebenfalls nicht öffnet – dann war das dein letzter Versuch. Es gibt keine weitere Entscheidung zu treffen. Wenn du nichts mehr zu entscheiden hast, dann gibt es auch keine Angst mehr, also genießt du einfach den freien Fall!

Diesem Gesetz zu gehorchen bedeutet Frieden. Sich gegen dieses Gesetz zu wehren, jeder Versuch, irgendwie davonzukommen, bringt eine Menge Stress in dein Leben. Ich liebe unsere Gesetze. Sie vereinfachen mein Leben enorm. Und wenn du innerlich frei bist, gibt es keine Regierung, die dir diese Freiheit nehmen könnte. Also, lies deine nächste Aussage.

Ernst: *Sie sollten nicht versuchen, auf krummen Wegen an mein Geld zu kommen.*

Katie: Dreh's um.

Ernst: Ich sollte nicht versuchen, mein Geld auf krummen Wegen zu verlieren.

Katie: »Ich sollte nicht versuchen, mein Geld auf krummen Wegen zu *behalten.*«

Ernst: Ja. Und meine Umkehrung stimmt ebenfalls, denn wenn ich vor Gericht gehe, dann könnte sich das als teurer erweisen, als die höhere Miete zu zahlen.

Katie: Das ist ein gutes Argument. Bei manchen Aussagen findest du bis zu sechs Umkehrungen, und jede davon ist wahrer als das, was du ursprünglich aufgeschrieben hast. »Sie sollten nicht versuchen, an dein Geld zu kommen« – stimmt das?

Ernst: Nein.

Katie: Und wie reagierst du, wenn du den Gedanken

glaubst, dass sie versuchen, an dein Geld zu kommen?

Ernst: Jeden Monat, wenn ich ihnen Geld überweise, werde ich echt wütend – und wann immer ich daran denke.

Katie: Ja, und wie lebst du dann?

Ernst: Gestresst. Unglücklich.

Katie: Damit wird offensichtlich, dass ein Festhalten an einer unwahren Geschichte eine Menge Stress verursacht. Und Stress ist ein Geschenk. Er lässt uns wissen, dass unser Denken im Moment aus dem Gleichgewicht geraten ist. Jedes unangenehme Gefühl ist ein Geschenk. Seit Jahrhunderten versuchen wir, die Gefühle dadurch zu ändern, dass wir die Welt verändern, aber das funktioniert einfach nicht. Wenn wir aber den Gedanken überprüfen, der den Stress auslöst, dann verändert sich unser Fühlen von selbst, ganz zwangsläufig. Wir verändern den Projektor – das Denken –, und die projizierte Welt muss sich ebenfalls ändern. Wir empfinden nur dann Stress, wenn wir eine Geschichte glauben, die für uns nicht wahr ist.

Schauen wir uns deine nächste Aussage an.

Ernst: *Ich brauche es, dass sie – die Regierung – meine Rechte als Bürger respektiert.*

Katie: Und kannst du wissen, dass sie das nicht tut?

Ernst: Nein, nicht wirklich.

Katie: Wie reagierst du, wenn du den Gedanken glaubst, dass die Regierung deine Rechte als Bürger nicht respektiert?

Ernst: Ich fühle mich heimatlos.

Katie: Ja, diese dritte Frage kann dich für Stunden in dein Inneres führen. Du wirst zu einem heimatlosen Opfer, abhängig von der Gnade der Welt, die sich außerhalb deiner Kontrolle befindet. Das ist eine schreckliche Vorstellung, die alles und jedes überlagert. Hast du Kinder? Setze das Wort *Kinder* ein, und dann lies die Aussage noch einmal.

Ernst: Ich brauche es, dass meine Tochter meine Rechte als Vater respektiert.

Katie: Hoffnungslos! Und das hat nichts mit Liebe zu tun. Empfindest du diese Aussage als liebevoll?

Ernst: Nein.

Katie: Wie behandelst du deine Tochter, wenn du den Gedanken glaubst, sie sollte dich respektieren, und sie tut etwas, das du als Mangel an Respekt gegenüber deinen Rechten als Vater interpretierst?

Ernst: Wie eine Sache, nicht wie ein menschliches Wesen.

Katie: Und wie fühlst du dich dabei?

Ernst: Nicht gut.

Katie: Wer wärst du ohne die Geschichte, dass wir dich ständig respektieren sollten?

Ernst: Sehr frei.

Katie: Lass uns die Aussage umdrehen.

Ernst: Ich muss meine Rechte als Bürger respektieren.

Katie: Und ich erkenne, dass du das tust, wenn du vor Gericht gehst. Du überlässt es den Richtern; es ist ihre Angelegenheit. Meine Sache ist es, ihnen zu sagen, was ich denke, und dann ist der Fall für mich erledigt. Von diesem Moment an ist es nicht mehr meine Angelegenheit. Die Richter haben zu entscheiden, was sie für fair halten.

Es gibt noch eine weitere Umkehrung, und das gefällt mir immer besonders.

Ernst: Ich muss die Rechte der Regierung respektieren.

Katie: Ja, besonders in deinem Denken. Ich liebe diese Umkehrung, denn darin steckt ein kurioses Phänomen. Sie zeigt mir, wie ich frei leben kann. Wenn ich die Regierung nicht respektiere, ist das stressig. Und wenn ich feststelle, dass der Respekt vor ihr mir den Weg zum Glück zeigt, empfinde ich große Freude. Wenn ich sehe, wie sie die Straßen mit meinen Parkgebühren instandhält, weiß ich ihre Arbeit zu schätzen. Alles was ich in meinem Haus oder meiner Wohnung anfasse, wird von der Regierung und mir selbst zur Verfügung gestellt. Es ist eine vollkommene Einheit und Partnerschaft ohne Trennung. Es ist der Himmel. Es ist wahrhaft der Himmel.

Ernst: Das ist der seltsamste Weg zum Himmel, von dem ich je gehört habe.

Katie: Man bezeichnet ihn als Direktverbindung. Ich kann den Asphalt küssen. Ohne jede Trennung weiß ich, dass ich sogar das bin. Es ist genauso wie ein Kuss auf meinen eigenen Körper.

Sehen wir uns die nächste Aussage an.

Ernst: *Ich denke, sie sind habgierig, sie betrügen und sie suchen nach Schlupflöchern, um andere zu täuschen.*

Katie: Wessen Angelegenheit ist das?

Ernst: Ihre Angelegenheit.

Katie: Und wie fühlst du dich, wenn du dich gedanklich in die Angelegenheiten der Regierung einmischst? Wie ein hoffnungsloses Opfer?

Kannst du einen stressfreien Grund erkennen, dich gedanklich dort einzumischen?

Ernst: Nein, kann ich nicht.

Katie: Wer wärst du ohne deine Geschichte?

Ernst: Ich würde tanzen; ich wäre voller Freude. Ich wäre ein Clown, ein tanzender Derwisch statt eines Polizisten.

Katie: Ja, mein Engel. Also dreh's um.

Ernst: Ich bin habgierig, ich betrüge, und ich suche nach Schlupflöchern, um andere zu täuschen. Das stimmt.

Katie: Besonders die Regierung.

[Zum Publikum] Seid ihr nicht genauso? Das bedeutet, in einer mentalen Hölle zu leben. Wenn du willst, dass sich die Regierung ändert, dann dreh's um, und kandidiere für ein öffentliches Amt. Oder trage deinen Fall mit allen Informationen, die du dazu sammeln kannst, dem Gericht vor. Und bleibe in Gedanken bei deinen eigenen Angelegenheiten. Wenn du so lebst, werden wir dir folgen. Dann bist du ein lebendiges Vorbild. Wir lehren andere das, was wir leben, nicht das, was wir reden. Aber bis du das wirklich lebst, lehrst du uns nur, hoffnungslose Opfer der verlogenen Regierung zu sein, die du projizierst.

Ich fordere die Leute gerne auf, jeden Tag drei Dinge zu tun, die freundlich, gut und hilfreich sind, und von denen niemand etwas weiß, und falls jemand es herausfindet, ganz von vorne zu beginnen. Auf diese Weise können wir Freiheit lernen und damit beginnen, unserer eigenen Natur entsprechend zu leben. Dir würde ich empfehlen, jeden Tag drei Dinge zu tun, die der Regierung helfen, in deinem eigenen Interesse.

Wer *The Work* macht, beginnt, seine Schulden zurückzuzahlen. Das ist gefährlich. Wenn du Konkurs anmeldest, sagt die Bundesregierung, du hast keine Schulden mehr. Aber was sagst *du* selbst? Wenn du auch nur einen Dollar pro Monat zahlen kannst, dann tu das – in deinem eigenen Interesse. Es geht dabei nicht um die Bundesregierung, sondern um *deine* eigene Freiheit.

Also, Liebling, schauen wir uns die nächste Aussage an.

Ernst: *Ich will mich nicht mehr von anderen Leuten oder Institutionen betrügen lassen.*

Katie: »Ich bin bereit …«

Ernst: Ich bin bereit, mich von anderen Leuten oder Institutionen betrügen zu lassen.

Katie: Ja, denn es könnten nur deine eigenen Gedanken sein, die dich in diesem Moment um deine Freiheit betrügen. Und das ist nur ein Mangel an Verständnis. »Ich freue mich darauf …«

Ernst: Ich freue mich darauf, mich von anderen Leuten und Institutionen betrügen zu lassen. Warum auch nicht?

Katie: Ja, warum auch nicht? Denn wenn es wehtut, dann sind das nur deine eigenen Gedanken, die dich verletzen. Anders kann es gar nicht sein. Nach meiner Erfahrung gibt es von dieser Regel keine Ausnahme. Ich bin für meine eigene Freiheit verantwortlich, voll und ganz.

Und wenn irgendjemand mit deiner Wut oder deiner Traurigkeit sympathisiert, dann unterstützt er nur deinen Wahnsinn: »Ja, du hast Recht, die Bundesregierung betrügt dich. Die Welt ist unfair.« Und einen solchen Menschen bezeichnen wir als Freund. Ein Freund ist einfach jemand, der unsere Meinung teilt.

Ernst: Alle Freunde tun das.

Katie: Dann bring mir einen Feind. Feinde sagen mir ganz deutlich, was ich noch nicht bemerkt habe. Der Feind erweist sich als Freund. Wohin gehst du, an wen wendest du dich, wenn du nach einer Rechtfertigung für deine Vorstellungen suchst? Und wie lange dauert es, bis ihr die eine oder andere Meinungsverschiedenheit habt? Du bist deine eigene Freiheit.

6. Willkommen bei Al-Anon!

Was ist Nüchternheit? Wenn du willst, dass jemand nüchtern wird, dann versuche dich selbst von den stressigen Gedanken auszunüchtern, die dein Leben beherrschen.

Margaret: [liest von ihrem Arbeitsblatt] *Ich mache mir Sorgen und bin traurig über meinen Sohn Paul, weil er gerade versucht, seine Drogensucht zu überwinden, und Schwierigkeiten hat, sich in der Welt zurechtzufinden und wieder leben zu lernen.*

Katie: Ja, also: »Er findet sich nicht in der Welt zurecht« – stimmt das?

Margaret: Er muss alles wieder neu lernen, weil er bis vor kurzer Zeit Drogen genommen hat, so dass sein Leben jetzt wirklich ein Neuanfang ist, um den er echt kämpft.

Katie: Ja, das verstehe ich. Und »Er findet sich nicht in der Welt zurecht« – ist das wahr. Kann er essen?

Margaret: Er kann essen.

Katie: Kann er sich ohne Hilfe anziehen?

Margaret: Ja. Okay, er findet sich in der Welt zurecht. Okay, okay.

Katie: Wir alle wissen alles, was wir wissen müssen.

Margaret: Ahh! Aber weißt du … er muss wieder lernen, in einem Lebensmittelgeschäft einzukaufen. Ich meine diese ganz grundlegenden Dinge. Er ist erwachsen, und doch muss er all das wieder lernen.

Katie: Das ist wunderschön! Er findet sich in der Welt zurecht! Du wächst und du lernst – so findet man sich in der Welt zurecht. Wenn die Leute aufhören zu wachsen und zu lernen, dann wird die Welt ein Ort, den man wirklich fürchten muss. »Er lernt, sich in der Welt zurechtzufinden« bedeutet, dass er weiß, wie man sich in der Welt zurechtfindet – indem man wächst und lernt und bereitwillig ist. Es klingt so, als würde er das tun.

Margaret: Okay. Danke.

Katie: Wie reagierst du, wenn du den Gedanken glaubst: »Er findet sich nicht in der Welt zurecht«? Wohin wandert dein Bewusstsein, wenn du diesen Gedanken glaubst?

Margaret: Eine Menge Angst. Eine Menge Schmerz.

Katie: Dann schließe jetzt deine Augen. Welche Bilder

von ihm siehst du, wenn du den Gedanken glaubst: »Er findet sich nicht in der Welt zurecht«?

Margaret: Einfach total traurig und verängstigt und elend – verwirrt.

Katie: Wer wärst du denn ohne den Gedanken »Er findet sich nicht in der Welt zurecht« – während du ihn beobachtest, wie er frühstückt, sich die Schuhe anzieht, in den Lebensmittelladen geht?

Margaret: Ich wäre frei. Ja, ich wäre ein freier Mensch.

Katie: Ja. Du wärst frei festzustellen, dass er gut in der Welt zurechtkommt.

Margaret: Ich wäre frei festzustellen, dass er weiß, wie man isst und wie man sich anzieht. Und ich könnte mich stärker darauf konzentrieren …

Katie: Und er weiß, wie man lernt. Das ist erstaunlich! Nicht jeder Sohn geht in ein Lebensmittelgeschäft.

Margaret: [lachend] Okay.

Katie: Also, »Er findet sich nicht in der Welt zurecht« – dreh's um.

Margaret: Ich finde mich nicht in der Welt zurecht.

Katie: Du findest dich nicht mehr in der Welt zurecht, seit dein Sohn keine Drogen mehr nimmt.

Margaret: Das stimmt – ich finde mich nicht mehr zurecht.

Katie: Weißt du denn, wie man isst?

Margaret: Ja.

Katie: Und weißt du, wie man sich die Schuhe anzieht?

Margaret: Ja.

Katie: Okay, in diesem Sinne findest du dich also auch jetzt in der Welt zurecht, wo dein Sohn keine Drogen mehr nimmt.

Margaret: Oh Gott …

Katie: Du isst einfach, und du ziehst dir die Schuhe an. Wenn er ins Zimmer kommt, sagst du »Hallo« oder auch nicht. Wenn er fragt: »Wie geht es dir?«, dann antwortest du. Wenn er sagt: »Ich habe diese Nacht miserabel geschlafen, Mom«, dann fragst du: »Kann ich dir irgendwie helfen?« Und wenn er sagt: »Nein«, dann glaube ihm. Wenn er sagt: »Ja«, dann höre ihm zu. So kommt man mit einem neugeborenen Sohn in der Welt zurecht. Wie alt ist er?

Margaret: Er ist 34, erwachsen.

Katie: Er ist wie ein neugeborenes Baby.

Margaret: Ja, das ist er wirklich.

Katie: Ja. Und er ist wiedergeboren, und er lernt zu krabbeln. Also wie war dein Leben mit ihm, als er klein war und krabbelte?

Margaret: Ich war da, um ihm zu helfen.

Katie: Und wenn er hinfiel?

Margaret: Dann habe ich ihn aufgehoben.

Katie: Und hast du gelacht?

Margaret: Ja.

Katie: Und mit ihm gespielt?

Margaret: Ja, wir haben gespielt und gelacht.

Katie: Also weißt du genau, wie man mit einem neugeborenen Sohn in der Welt zurechtkommt.

Margaret: Aber ein Teil des Problems besteht für mich darin, mich aus der Geschichte rauszuhalten und ihm die Freiheit zu lassen, mit seinem AA-Programm zu arbeiten, mit seinem Betreuer, mit den Leuten im Programm und all das. Und für mich geht es wirklich darum, mich da rauszuhalten.

Katie: Das klingt nach einer Erleichterung.

Margaret: Das ist für mich gerade der schwierige Teil. Das ist der Teil, mit dem ich nicht zurechtkomme.

Katie: »Das ist der schwierige Teil« – dreh's um.

Margaret: Okay. Das ist der einfache Teil.

Katie: Ja. Du bist nicht dafür verantwortlich.

Margaret: Ah!

Katie: Es ist das, was er will!

Margaret: [lachend] Wenn er über ein Problem redet, dann ist es meine Aufgabe – das habe ich bei Al-Anon gelernt –, nicht seine Probleme zu lösen, sondern ihm zu erlauben, seine eigene Lösung zu finden.

Katie: Das klingt wunderbar. Es ist nicht dein Problem.

Margaret: Richtig.

Katie: Er denkt nicht, dass es dein Problem ist. Al-Anon denkt nicht, dass es dein Problem ist. Du bist die Einzige, die denkt, dass es dein Problem ist.

Margaret: Oh Gott! Du lässt das so einfach klingen!

Katie: Nun, es ist wirklich einfach, nicht das Leben eines anderen Menschen zu führen. Es reicht, dich um dein eigenes Leben zu kümmern.

Margaret: Ja, ja, vollkommen. Soll ich den nächsten Teil vorlesen?

Katie: Lass uns einen Dialog führen, okay?

Margaret: Okay.

Katie: Er hat ein großes Problem und spricht mit mir darüber, und ich übernehme deine Rolle. Stell dir eine Situation vor, die dich wirklich fertigmacht – und dabei übernimmst du seine Rolle.

Margaret: Okay. [als ihr Sohn] »Also, ich mag nicht zu meinem Betreuer gehen, weil ich meine Hausaufgaben nicht gemacht habe, und deshalb lasse ich mich lieber nicht bei ihm blicken.«

Katie: [als Margaret] »Ja, Liebling, ich verstehe, dass du deinen Betreuer nicht besuchen willst. Und ich bin froh, dass du mit mir darüber sprichst.«

Margaret: »Und ich fühle mich immer noch nicht wirklich zu Hause bei den AA – das ist mir alles noch fremd. Ich bin wirklich daneben – ich kann einfach nicht klar denken.«

Katie: Nun ja, das ist verständlich, Schätzchen. Kann ich dir irgendwie helfen?«

Margaret: »Nein, ich glaube nicht.«

Katie: Okay. Ich liebe dich.

Margaret: Okay.

Katie: »Es muss hart sein, wenn man so verwirrt ist und sich nicht zugehörig fühlt.«

Margaret: [als sie selbst] Und was ist, wenn er Ja sagt? Okay, also ich bin jetzt wieder er.

»Ja, es *gibt* etwas, womit du mir helfen könntest.«

Katie: »Gut. Und was wäre das?«

Margaret: »Ich weiß nicht.«

Katie: »Na ja, wenn du es weißt, dann sag es mir einfach.«

Margaret: Okay.

Katie: »Und wenn ich es für richtig halte, dann werde ich es tun.«

Margaret: [als sie selbst] Die Schwierigkeit liegt für mich darin, als Mutter den Mund zu halten, wenn ich den Eindruck habe, dass er etwas tut, das nicht gut für ihn ist.

Katie: Nun, er wollte nicht einmal seinen Betreuer besuchen! Das habe ich gerade von ihm gehört. Wo ist dein Problem? Er ist derjenige, dem das Schwierigkeiten macht. Ich habe ihm das einfach nur wiederholt. Meine Aufgabe als Mutter besteht darin, ihm zuzuhören. Die Lösungen für seine Lebensprobleme liegen in seinem Inneren. Also finde deine eigenen in deinem Inneren, und dann wirst du das verstehen.

Margaret: Es geht also nicht darum, irgendwelche Ratschläge zu geben.

Katie: Nur wenn du sie dir selbst gibst.

Margaret: Oh Gott!

Katie: Und das lässt mich zu Hause ziemlich still sein. [Das Publikum lacht.]

Margaret: Okay, danke. Ja, das klingt alles so anders, wenn ich es jetzt lese. *Er zeigt Verhaltensweisen, die ihn vielleicht dazu verführen könnten, wieder Drogen zu nehmen.*

Katie: Dreh's um.

Margaret: Ich zeige Verhaltensweisen, die mich vielleicht dazu verführen könnten, wieder Drogen zu nehmen. Was soll das bedeuten?

Katie: Ich weiß nicht. Sag du es mir. Nenne mir ein konkretes Beispiel.

Margaret: Na ja, ich zeige Verhaltensweisen, die mich dazu verführen könnten, meine eigene Droge zu nehmen, und das ist Besessenheit.

Katie: Du bist besessen von ihm.

Margaret: Ja, von ihm und seinem Leben, ja.

Katie: Ja, er ist besessen von Alkohol und Drogen. Und du bist besessen von ihm. Er ist deine Droge.

Margaret: Ja. Okay, okay.

Katie: Also sag es noch einmal, genau so. Ich …

Margaret: Ich zeige Verhaltensweisen, die mich vielleicht dazu verführen könnten, wieder Drogen zu nehmen.

Katie: … wieder meinen *Sohn* zu nehmen.

Margaret: Zu was?

Katie: … wieder meinen Sohn zu missbrauchen.

Margaret: Oh! Ich zeige Verhaltensweisen, die mich dazu verführen könnten, wieder meinen Sohn zu missbrauchen?

Katie: Ja. Kannst du Beispiele dafür finden?

Margaret: Ich versuche, ihm Ratschläge zu geben, wenn ich eigentlich selbst einen guten Rat gebrauchen könnte.

Katie: Gut.

Margaret: Und ich habe auch das Gefühl, wenn ich weiterhin an dieser Angst und Besessenheit festhalte, wird ihn das dazu veranlassen, wieder Drogen zu nehmen, weißt du?

Katie: Nun ja, er wird dir deinen eigenen Mangel an Nüchternheit zurückspiegeln, ja.

Margaret: Also könnte ich ihn dazu veranlassen, wieder Drogen zu nehmen.

Katie: Ich habe die Erfahrung gemacht, dass andere Leute mir mein Leben zurückspiegeln.

Margaret: Wow! Okay.

Katie: Ich meine, wenn du dir ständig Sorgen machst, dann ist es mit deiner Nüchternheit nicht weit her.

Margaret: Ja, aber andererseits muss ich wissen, dass ich nicht dafür verantwortlich bin, dass er Drogen nimmt. Ich meine diese ganze Geschichte, dass niemand einen anderen dazu bringen kann, irgendetwas zu tun – und das verwirrt mich.

Katie: Ja, das sehe ich auch so.

Margaret: Aber …

Katie: Werde nüchtern, das ist alles, was ich sage. Wenn du willst, dass er keine Drogen mehr nimmt, dann musst du zuerst damit aufhören.

Lies deine nächste Aussage vor.

Margaret: Okay. Deshalb bin ich ja hier. Okay! *Ich habe Angst, dass er sterben oder wieder auf der Straße landen könnte.*

Katie: Und was stört dich daran, wenn er wieder auf der Straße landet?

Margaret: Es ist entsetzlich für mich, wenn ich nicht weiß, wo er ist, oder ob er tot oder lebendig oder betrunken ist.

Katie: Deine Geschichte lautet also: »Ich muss wissen, wo er ist.« Angenommen, er ist betrunken, er nimmt Drogen, er treibt sich herum, er liegt auf der Straße. »Du musst wissen, wo er ist« – stimmt das? Du bist zu Hause und hast es bequem; er ist dort draußen. »Du musst wissen, wo er ist« – ist das wahr?

Margaret: Nein, ich *muss* nicht …

Katie: Woher ist jetzt das *Nein* gekommen?

Margaret: Das *Nein* kam aus der Erinnerung an eine Zeit, als ich nicht wusste, wo er war, und ich wusste, dass er sich in Gefahr befand, aber ich konnte nichts dagegen tun. Ich konnte nichts daran ändern, dass er Drogen nahm. Und wenn er nicht in meiner Nähe war, konnte ich wirklich an meinem Leben arbeiten, weil ich seinen Drogenmissbrauch nicht immer vor Augen hatte. Und so konnte ich ein wenig Freude in *mein* Leben bringen, obwohl ich nicht wusste, wo er war.

Katie: Wunderbar.

Margaret: Das ist die Wahrheit.

Katie: Ja. Ich weiß nicht, ob du das verstehen kannst, aber wenn ich das brauchen würde, und wenn mein Sohn mich wirklich lieben würde, dann würde er mir genau das geben.

Margaret: Sag das bitte noch einmal.

Katie: Wenn ich einfach voll daneben wäre und Hilfe brauchen würde, und wenn mein Sohn mich *wirklich* lieben würde, und wenn dieses Verhalten die einzige Möglichkeit wäre, mir zu helfen, dann würde mein Sohn einfach genauso leben wie deiner. Interessant, was? Es gibt im Universum keinen Fehler. Alles geschieht für dich. Hast du schon mal gehört, dass jemand sagt: »Ich würde für dich sterben«? Nun, so sind die Menschen in unserem Leben, und so sind wir selbst.

Was brauchst du, um nüchtern zu werden?

Margaret: Na ja, darum dreht sich die ganze Geschichte.

Katie: Ich würde es mal so ausdrücken: Wenn der Weg deines Sohnes für dich die einzige Möglichkeit wäre, zu Gott zu finden, würdest du ihn dann gehen?

Margaret: Wenn der Weg meines Sohnes für mich die einzige Möglichkeit wäre, zu Gott zu finden, würde ich ihn dann gehen?

Katie: Wenn das deine einzige Möglichkeit wäre, zu Gott zu finden, würdest du dich dafür entscheiden? Würdest du dich für diesen Sohn und diesen Schmerz entscheiden?

Margaret: Ich habe meinen Weg, und in dieser Hinsicht hält er viel Schmerz für mich bereit. Und auf diesem Weg *bin* ich dabei, Gott zu finden, mehr von Gott. Das ist also mein Anteil daran.

Katie: Ja, also danke Gott dafür. Danke deinem Sohn. Darum dreht sich alles. So ist die Sache. Ohne jeden Zweifel.

Margaret: Okay. Es gibt keinen Zweifel, dass er draußen auf der Straße lag?

Katie: Es geschieht alles für dich.

Margaret: Genau wie für jeden von uns. Es geschieht alles für uns.

Katie: Es geschieht alles für dich. Für jeden von uns? Auch das geschieht alles für dich. Du bist gerade wieder in die Angelegenheiten deines Sohnes zurückgefallen. Du hast dich wieder um ihn gekümmert.

Margaret: Soll das, anders ausgedrückt, heißen, dass wir immer bekommen, was wir brauchen?

Katie: Ja, das ist ein Beispiel dafür.

Margaret: Ich *habe* das gebraucht – dass er nicht in meiner Nähe war, solange er Drogen nahm.

Katie: Also: »Du musst wissen, wo er ist« – er ist dort draußen, trinkt, nimmt Drogen, liegt auf der Straße. »Du musst wissen, wo er ist« – wie reagierst du, wenn du diesen Gedanken glaubst und nicht weißt, wo er ist?

Margaret: Voll panisch. »Ist er tot? Lebt er noch? Hat er Schmerzen?«

Katie: Schau dir alle Bilder an, die damit zusammenhängen – während du zu Hause bist und denkst: »Ich muss wissen, wo er ist. Er ist tot; er braucht mich« – alle diese Bilder.

Margaret: Oder: »Ich sollte etwas unternehmen.« Das geht mir immer durch den Kopf: »Oh, mein Gott, ich bin seine Mutter. Ich sollte etwas unternehmen, und ich sollte ihm helfen …«

Katie: Das ist ein gutes Beispiel. Und es gibt noch ein anderes: »Wenn ihm etwas passiert, ist das meine Schuld. Ich bin seine Mutter.« Das ist ein sehr mächtiger Gedanke.

Margaret: Das ist ein großes Thema für mich. Absolut. Es ist meine Schuld, also muss ich es in Ordnung bringen.

Katie: Ja. Also noch einmal, es hat überhaupt nichts mit anderen Leuten zu tun. In Wirklichkeit geht es immer um uns. Wenn ihm etwas passiert – was werden sie dann über mich als Mutter sagen?

Margaret: Ja.

Katie: Wir trauern nicht lange.

Margaret: Wow! Oder man fragt sich: »Was sage *ich* dann über mich?« Das ist es, was mich verrückt macht.

Katie: Okay, also: »Ich muss wissen, wo er ist« – nenne mir einen friedlichen Grund, das zu glauben.

Margaret: Damit ich weiß, dass er in Sicherheit ist … und lebt.

Katie: Das ist kein besonders friedlicher Grund, wenn du nicht weißt, wo er ist, ob er trinkt und Drogen nimmt. Nichts daran ist friedlich. Nenne mir einen friedlichen Grund zu glauben: »Ich muss wissen, wo er ist« – wenn du nicht weißt, wo er sich aufhält.

Margaret: [nach einer Pause] Es gibt keinen. Es gibt keinen friedlichen Grund.

Katie: Wer wärst du ohne diesen Gedanken, der nur dazu gut ist, dich leiden zu lassen? »Ich muss wissen, wo er ist« – wer wärst du, wenn du das nicht glauben würdest?

Margaret: Ich wäre frei und voller Freude und würde mein eigenes Leben führen.

Katie: »Ich muss wissen, wo er ist« – dreh's um.

Margaret: Ich muss nicht wissen, wo er ist.

Katie: Ja, und das würde der Realität entsprechen. Wenn du nicht weißt, wo er ist, dann musst du es auch nicht wissen. Das bedeutet nicht, dass du nicht herumtelefonierst und nach ihm suchst. Und schließlich, wenn du nicht weißt, wo er ist, dann weißt du es eben nicht. Und Panik hilft dir nicht dabei, klar zu denken.

Margaret: Nein.

Katie: Du hast nicht besonders viele Optionen. Jetzt nenne mir drei Beispiele dafür, wie diese Umkehrung in deinem Leben wahr ist.

Margaret: Nun, ich muss nicht wissen, wo er ist, denn selbst wenn ich es wüsste, könnte ich nichts daran ändern, dass er Drogen nimmt. Und zweitens bin ich manchmal glücklich, wenn ich nicht weiß, wo er ist.

Katie: Das sind zwei Beispiele, Liebling. Kannst du noch ein drittes finden?

Margaret: Ich muss nicht wissen, wo er ist, weil er auch in der Vergangenheit ohne mich zurechtgekommen ist.

Katie: Großartig! Kannst du für »Ich muss wissen, wo er ist« noch eine weitere Umkehrung finden?

Margaret: Ich muss wissen, wo *ich* bin?

Katie: Ja. Werde nüchtern. Und erkenne einfach, wo *du* bist und was dir hilft, den Boden, der dich trägt, oder den Stuhl, auf dem du sitzt, oder die Luft, die du atmest – die ganze Schönheit des Augenblicks. Und während du feststellst, was dir hilft, weißt du auch, dass der Boden ihn trägt, dass die Luft ihn mit Sauerstoff versorgt; du weißt, dass er alles hat, was er braucht.

Ist dir das klar? Ihm muss es nicht klar sein. Du weißt, dass alles, was für dich da ist, auch für ihn da ist. Das zu erkennen, ist eine wunderbare Sache. Denn du weißt, dass für ihn gesorgt ist, du weißt, wo er ist. Er wird versorgt. Lebendig oder tot – er wird versorgt.

Margaret: Ahh! Okay, verstanden.

Katie: Dann lies weiter.

Margaret: Ich will noch etwas sagen. Seit er keine Drogen mehr nimmt, habe ich festgestellt, dass es mich in seiner Gegenwart, also wenn er bei mir ist, total durcheinanderbringt, dass ich immer noch solche Befürchtungen habe. Ich möchte dahin kommen, dass ich ihn einfach nur grenzenlos liebe.

Katie: Nun, das ist Zukunftsmusik.

Margaret: Okay.

Katie: Also lass uns weitermachen. Lies die nächste Aussage.

Margaret: *Ich will, dass er nicht diese Krankheit der Drogenabhängigkeit hat.*

Katie: Dreh's um. »Ich will, dass ich …«

Margaret: Ich will, dass *ich* nicht diese Krankheit der Drogenabhängigkeit habe. Womit ich meine Besessenheit in Bezug auf seine Drogenabhängigkeit meine.

Katie: Nun, du willst also, dass du nicht diese Krankheit der Drogenabhängigkeit hast. Das ist dein Weg. Es ist jetzt nicht seiner, aber es ist dein Weg.

Margaret: Ja.

Katie: Also versuche: »Ich will nicht, dass ich diese Krankheit der *Sohnes*abhängigkeit habe.« Wenn es ihm nicht gut geht, geht es dir nicht gut.

Margaret: Wow!

Katie: Aber warum sollte es ihm gut gehen, damit es dir gut geht? Warum verzichtest du nicht einfach auf den Vermittler und lässt es dir gut gehen?

Margaret: Ja, ja, ja. Das gefällt mir.

Katie: Entscheide dich für den direkten Weg, denn schließlich willst du glücklich sein. Wenn du selbst glücklich bist, ist es so viel einfacher, den Menschen, die du liebst, Gutes zu tun.

Margaret: Mann!

Katie: Ich habe mich mal mit jemandem herumgetrieben, der sah aus wie ein sehr alter Mann. Er hatte einen Bart, er roch nicht gut, und es war ungefähr zwei Uhr nachts, und ich befand mich in einer interessanten Gegend in einem dieser Parkhochhäuser. Und es war dunkel, und ich war auf dem Weg zu meinem Auto, und da sah ich ihn.

Und ich dachte – ich weiß nicht mehr, was es war. Es schien mir ein guter Platz zum Sitzen zu sein. Also setzte ich mich neben ihn und griff unter einer Art von Plane nach seiner Hand und saß da und legte seine Hand in meinen Schoß und saß einfach in diesem Parkhaus. Und ich verstehe, warum Leute in Parkhäusern sitzen. [Margaret lacht.]

Das war sehr angenehm, weißt du. Und wie sich herausstellte, war er ein *junger* Mann, Anfang 20 oder sogar ein Teenager. Und er sah einfach nur so aus – so alt und so wunderschön.

Und wir haben geredet, einfach nur geredet. Und es war für ihn nicht so schrecklich, wie man sich das vorstellen würde. Das ist es, was ich von ihm gehört habe. Und er war meilenweit weg von seinem Zuhause, Staaten weit weg. Er kam aus New York oder so. Aber er hatte kein entsetzliches Leben – das hat er jedenfalls gesagt. Es war sein Leben. Was weiß ich?

Was ich weiß, ist, dass ich seiner Wirklichkeit zugehört habe. Er hat *gerne* mit mir über sein Leben gesprochen. Aber seine Mutter – wenn sie so denkt wie du – kann diese Erfahrungen nicht mit ihm teilen. Er würde sagen: »Ich habe die Nacht in einem Parkhaus verbracht, ohne Essen, in der Kälte, alleine.« Und die Mutter gerät vielleicht in Panik, weil sie ihm nicht zuhört. Sie denkt vielleicht, dass es schrecklich ist, allein zu sein. Sie denkt vielleicht, dass es entsetzlich ist, in einem Parkhaus zu schlafen.

Margaret: Und für ihn war es das nicht?

Katie: Ganz und gar nicht! Das ist nicht ungewöhnlich. Man nennt das Zuhören. Was für dich die Hölle ist, mag für einen anderen Menschen etwas anderes sein.

Margaret: Aber für meinen Sohn war es die Hölle. Ich meine, er hat mir gesagt, dass es für ihn die Hölle war.

Katie: Wenn du dich zu ihm setzen und wirklich mit ihm reden würdest, dann könntest du vielleicht feststellen, das er auch andere Dinge zu erzählen hätte. Und ich verstehe, dass es für ihn die Hölle war. Aber wenn du ihm zuhörst – das ist wundervoll.

Ich kann immer nur berichten, was die Leute mir erzählen. Ich sitze in Ländern, wo Kinder sehr hungrig sind, und auf ihren Gesichtern liegt ein strahlendes Lächeln. Sie spielen; sie sind wundervoll. Was weißt du schon über sie?

Mit anderen Worten: Kümmere dich um deine eigene Wirklichkeit. Nach allem, was du weißt, war dein Schmerz größer als der Schmerz deines Sohnes, so miserabel es ihm auch ging. Schmerz ist Schmerz. Das ist es, was ich weiß.

Margaret: Ja. Na gut, er stand unter Drogen, und deshalb hat er den Schmerz nicht so gespürt wie ich.

Katie: Wer weiß? Also sorge dafür, dass du selbst nüchtern bist. Das ist es, was du hier tust. Schätzchen. Es geht hier darum, nüchtern zu werden, dein süchtiges Verlangen nach deinem Sohn aufzugeben, deine Abhängigkeit von ihm, in deinem eigenen Interesse, damit du glücklich sein kannst. Dein Verhalten wäre okay, wenn es gütig wäre. Aber es ist eben nicht gütig – nicht dir gegenüber, nicht ihm gegenüber.

Margaret: Ja, das stimmt.

Katie: Denn wenn bei ihm etwas schiefläuft, dann muss er sich Sorgen um dich machen. Das ist schlecht. Du hast ihm beigebracht, dass du davon abhängig bist, dass er auf eine bestimmte Weise lebt. Das ist keine Nüchternheit.

Ich hatte einen Vetter, der mich mitten in der Nacht anrief. Das Telefon klingelte, ich wachte auf, nahm den Hörer ab, und er sagte: »Ich habe eine geladene Pistole im Mund, und sie ist entsichert.« Er war schwer betrunken. Und er sagte: »Wenn du mir jetzt nicht einen Grund nennen kannst, warum ich mich nicht umbringen sollte, dann drücke ich ab.«

Und ich wartete und wartete und wartete. Und ich wartete einfach weiter auf einen guten Grund. Und ich konnte keinen finden. Und schließlich sagte ich: »Weißt du, Liebling, mir fällt kein einziger Grund ein, warum du es nicht tun solltest.« Und er brach in Tränen aus. Er sagte, das sei die ehrlichste Antwort, die er je gehört habe. Später fand er zu den AA, und er starb nüchtern.

Ich war einfach nur ehrlich. Ich konnte keinen Grund finden. Aber worauf es eigentlich ankommt: Weil ich nicht von anderen Leuten abhängig bin, brauchen sie nicht für mich zu leben. Ich bin frei.

Margaret: Na ja, es war toll, als du gesagt hast: »Er ist nicht hier, um dich mit seinem Leben oder Sterben glücklich zu machen.« Das hat wirklich eingeschlagen. Wenn er stirbt, dann ist es sein Recht zu sterben! Ich will das zwar nicht, aber ich erkenne jetzt, wie respektlos es ist …

Katie: Ihn für dein persönliches Glück zu benutzen.

Margaret: Ihn auf irgendeine Weise für mein persönliches Glück zu missbrauchen.

Katie: Das ist es, was Süchtige tun, und Süchtige lehren ihre Kinder, ebenfalls süchtig zu werden.

Margaret: Guter Gott!

Katie: Ja, Gott ist gut.

Margaret: Mein Sohn ist drogensüchtig, und ich bin süchtig nach ihm. Also sind wir beide süchtig. Ganz klar.

Katie: Sehr gut. Willkommen bei Al-Anon. Nun lies die nächste Aussage.

Margaret: *Ich will, dass er ein leichtes Leben hat.*

Katie: Nein, nein, nein, nein, nein. Dreh's um. Du kümmerst dich nicht um sein Leben. Dreh's um. »Ich will, dass *ich* ...«

Margaret: Ich will, dass ich ein leichtes Leben habe.

Katie: Ja, und du denkst, er muss für dich leben, damit du das hast. Du forderst von ihm, dass er lebt und nüchtern ist, damit du das hast.

Margaret: Ja. Ich erkenne das.

Katie: Und damit machst du ihm das Leben schwer.

Margaret: Ooooh! Lass mich das aufschreiben.

Katie: »Das fordere ich von dir, damit ich ein leichtes Leben haben kann.«

Margaret: Oh Gott!

Katie: Ja.

Margaret: Oh Mann! [Das Publikum lacht.] Okay.

Katie: [lacht mit dem Publikum] Ich denke, sie wird nüchtern. Was meint ihr?

Er lernt durch dein Beispiel, ein leichtes Leben zu führen. Auf diese Weise lernen unsere Kinder – durch Beispiele. Sie tun nicht, was wir ihnen sagen. Wir werden wütend und sagen: »Tu dies!« Und daraus lernen sie: »Wenn ich wütend genug werde, bringe ich die Leute dazu, bestimmte Dinge zu tun.« Weil wir ständig lehren – nicht durch das, was wir sagen, sondern durch das, was wir tun.

Margaret: Aber ich will es doch nicht zu diesem Zweck, das leichte Leben. Weißt du? – Denn dann wäre es Manipulation. Meine Gedanken sind immer noch auf ihn gerichtet.

Katie: Es gibt noch eine andere Umkehrung. »Ich will *nicht*, dass er …«

Margaret: Ich will nicht, dass er ein leichtes Leben hat?

Katie: Na ja, offensichtlich: Schau dir an, was du alles von ihm forderst.

Margaret: Oh Mann! Der arme Junge! [Margaret lacht mit dem Publikum.] Oh. Werden diese Einsichten mir denn helfen, mein Verhalten zu ändern?

Katie: Sag mir Bescheid. Weil belastende Gefühle dich darüber informieren werden, wenn sich dein Verhalten nicht ändert. Deine belastenden Gefühle lassen dich erkennen, wenn dein Denken nicht in Ordnung ist. Und wenn dein Denken nicht in Ordnung ist, dann ist es Zeit für *The Work*.

Margaret: Okay.

Katie: Also: »Ich will nicht, dass er ...« und weiter.

Margaret: Ich will nicht, dass er ein einfaches Leben hat.

Katie: Und jetzt nenne mir drei konkrete Beispiele dafür, wie diese Umkehrung für dich stimmt.

Margaret: Na ja, wie du gerade gesagt hast, schau dir an, was ich alles von ihm fordere.

Katie: Ja, und ein zweites Beispiel?

Margaret: [Pause] Also, wenn ich wirklich darüber nachdenke, ist es arrogant von mir, ein leichtes Leben für ihn zu wollen. Woher soll ich wissen, was in seinem besten Interesse ist? Vielleicht soll sein Leben schwierig sein. Vielleicht hilft ihm das am meisten.

Katie: Ja. Wie ich oft sage, wer braucht Gott, wenn wir unsere eigene Meinung haben? Und ein drittes Beispiel?

Margaret: Mal sehen. Ich will nicht, dass er ein leichtes Leben hat, denn wenn ich das will und sein Leben ist nicht leicht, gerate ich total aus der Fassung. Es macht *mein* Leben so schwierig.

Katie: Gut, Liebling. Lies weiter.

Margaret: *Ich will, dass er lebt und am Leben bleibt.*

Katie: Und nun dreh das um.

Margaret: Ich will nicht, dass er lebt und am Leben bleibt und Freude daran hat?

Katie: Nicht auf *seine* Weise zu leben und auf *seine* Weise Freude daran zu haben. Du willst, dass er *dein* Leben lebt. Das ist es, was du von ihm forderst.

Margaret: Oh.

Katie: Lies weiter.

Margaret: *Er sollte nicht diese Krankheit der Drogensucht haben.*

Katie: Ist das wahr?

Margaret: Nein. Ich *will* nicht, dass er sie hat.

Katie: Kannst du absolut sicher wissen, dass er sie nicht haben sollte?

Margaret: Nein, das kann ich nicht wissen.

Katie: Wer braucht Gott, wenn wir unsere Meinung haben?

[Als Margaret] »Er sollte nicht drogensüchtig sein – ich *weiß* das.«

Margaret: Wow!

Katie: Und das Ich-weiß-Denken ist sehr schmerzhaft. Es versucht, die Dinge wie ein Diktator zu lenken, und das Leben geht ohne es weiter. Und alle Traurigkeit ist ein Trotzanfall. Sie ist ein Krieg mit Gott, ein Krieg mit der Wirklichkeit – *alle* Traurigkeit. Und du verlierst diesen Krieg.

Also dreh's um.

Margaret: Er *sollte* diese Krankheit der Drogensucht haben.

Katie: Ja, willkommen in der Wirklichkeit. Du holst ihn ein. Du hörst auf zu leugnen. Er *sollte* sie haben, weil er sie hat.

Margaret: Okay. Und dann habe ich geschrieben: *Er sollte sie nicht so schlimm haben.*

Katie: Dreh's um.

Margaret: Er *sollte* sie so schlimm haben.

Katie: Ja. Das Universum macht keinen Fehler. Es gibt noch eine andere Umkehrung.

Margaret: *Ich* sollte sie nicht so schlimm haben?

Katie: Du bist nicht diejenige, die drogensüchtig auf der Straße liegt. Aber du lebst mit demselben Schmerz, als ob du es wärst. Und du wirfst dich auf die Straße. Während er dich für clean und nüchtern hält, wirfst du ihn in Gedanken auf die Straße, als wäre das tatsächlich die Realität, aber das ist es nicht.

Margaret: Ich hasse das.

Katie: Nun ja, nimm es einfach zur Kenntnis. Sei freundlich und sage dir: »Oh, Liebling, du wirfst deinen Sohn wieder auf die Straße.« Und komm einfach zurück in die Gegenwart. Und sieh deinen wirklichen Sohn, der vor dir steht, nicht den in deiner Einbildung. Und leg deine Arme um ihn, und danke ihm einfach dafür, dass er hier vor dir steht.

Das habe ich geliebt, wenn meine Tochter nach Hause kam. Sie war 16 und nach ihrer eigenen Aussage eine Alkoholikerin, und sie kam ins Zimmer und warf mir einen Blick zu wie »Bäääähh!« Sie schaute mich einfach an, als könne sie es nicht ertragen, mich zur Mutter zu haben. Und ich wusste warum. Ich hatte *The Work* gemacht. Sie sah den Menschen vor sich, der ich früher gewesen war, sorgenvoll und furchtsam. Und sie hatte jedes Recht, mich so anzuschauen.

Aber sie erkannte nicht, wer wirklich dort saß. Das war eine andere Mutter. Mir war klar geworden, wer die Frau war, die sie zu sehen glaubte. Und so war die Wirklichkeit meiner Gegenwart dies: Sie war zu Hause, sie war bei mir, sie lebte. »Oh mein Gott, ein weiterer Augenblick mit diesem wunderbaren Geschöpf.«

Bevor ich zu dieser Erkenntnis gekommen war, hatte ich sie in meiner Vorstellung tausendfach umgebracht, aber hier war sie und lebte. Und auf diese Weise habe ich gelernt, dass die Wirklichkeit immer freundlicher ist als meine Geschichte. Das war nur ein erster Eindruck.

Margaret: Das ist es, was ich am meisten hasse – dass er hier ist und dass ich nicht weiß, wie lange er hier sein wird. Wir wissen nicht, wie lange irgendjemand hier sein wird, aber …

Katie: »Das ist es, was ich am meisten hasse« – dreh's um.

Margaret: Das ist es, was ich am meisten liebe.

Katie: Ja. Dass er hier ist.

Margaret: Er ist hier. Aber …

Katie: Und hier ist der einzige Ort, wo er jemals sein wird.

Margaret: Nun ja, ich will auch hier sein.

Katie: Du bist auf dem richtigen Weg, Schätzchen. Und nun lies weiter.

Margaret: *Er sollte ehrlich sein und sich wirklich auf sein Reha-Programm einlassen und mit seinem Betreuer arbeiten.*

Katie: Nein, nein, nein, nein, nein. Dreh das um.

Margaret: *Ich* sollte ehrlich sein und wirklich *meine Work* machen und mit *meinem* Betreuer arbeiten.

Katie: Ja. Arbeitest du mit deinem Betreuer?

Margaret: Ja.

Katie: Arbeitest du eng mit ihm zusammen?

Margaret: Jeden Tag.

Katie: Sehr gut. Also folgst du deinem …

Margaret: Ich folge meinem eigenen Rat.

Katie: Sehr gut. Das hält dich gedanklich von den Angelegenheiten deines Sohnes fern und bei deinen eigenen. Du führst ein glückliches Leben und bist dadurch ein positives Beispiel. Nüchternheit ist sehr attraktiv.

Margaret: Und früher war ich nicht nüchtern.

Katie: Nein, das warst du nicht.

Margaret: Jetzt wird mir alles ganz klar. *Er sollte diese Krankheit nicht haben* ... Ich werde mit dem, was ich da geschrieben habe, nicht glücklich werden, weil es nicht funktioniert. *Er sollte diese Krankheit nicht haben, sondern vollkommen nüchtern sein und sein Programm durchführen. Damit ich in meinem Leben nüchtern sein und leben und Freude empfinden kann.* Mensch! Das ist unmöglich; ganz und gar unmöglich.

Katie: Sehr gut. Das waren deine Forderungen ... nun, jetzt verstehst du es.

Margaret: Es ist schrecklich.

Katie: Na ja, wie du gesagt hast – es ist nicht möglich, bis jetzt.

Margaret: Nein. Er hat nun mal diese Krankheit. Da gibt es nichts zu leugnen. Ich kann es nicht ändern; niemand kann es ändern, und sogar in vollkommener Nüchternheit – er ist nüchtern, er tut sein Bestes. Und es ist so klar, dass *er* mich nicht glücklich machen kann – egal was er tut, niemals.

Weißt du, wenn ich mir weiterhin Sorgen darüber mache, ob er lebt oder stirbt, ob er nüchtern ist oder nicht, oder ob er wieder auf der Straße landet, dann kann ich nicht glücklich sein – auf keinen Fall. Also *muss* sich das alles auf mich beziehen. Es *muss* sich auf meine eigene Nüchternheit beziehen – und das bedeutet, dass ich an meinem eigenen Leben arbeiten muss und ich meine Besessenheit in Bezug auf ihn nicht als Droge nutzen darf.

Katie: Ihn nicht als Droge nutzen. Okay, also dreh's um.

Margaret: Er sollte nicht …

Katie: »Ich sollte nicht …«

Margaret: Oh. *Ich* sollte nicht diese Krankheit haben und vollkommen nüchtern sein und an meinem Programm arbeiten. Um selbst in meinem Leben nüchtern zu sein. Ja. Wow! Das ist eine große Sache.

Katie: Und es gibt noch eine weitere Umkehrung: »Er *sollte* …«

Margaret: Ohhh. Ja, die ist gut. Er sollte diese Krankheit haben, und er muss nicht vollkommen nüchtern sein und sein Programm durchführen. Er muss in meinem Leben nicht nüchtern sein … Diesen letzten Satz kann ich jetzt zwar leicht dahersagen, aber wenn er tatsächlich wieder Drogen nehmen würde, könnte das ein Problem für mich sein.

Katie: Oh, du hast einen Plan. »Ich denke, ich werde das planen.« [Margaret lacht.] Wenn du wissen willst, was du planst, dann schau dir deine Gedanken an. Sie zeigen deine Pläne. »Das wird ein Problem für mich sein.« Du hast einen Plan.

Margaret: Okay.

Katie: Okay, und die nächste Aussage?

Margaret: *Er ist liebevoll, leidenschaftlich, traurig, findet sich im Alltag nicht zurecht, ist verwirrt, verängstigt, freundlich, klug, intelligent, urkomisch.*

Katie: Ja. Kein Wunder, dass du ihn so sehr liebst.

Wenn ich den Gedanken hätte: »Ich weiß nicht, was ich ohne meine Tochter tun würde« – dann wäre das eine Lüge. Früher oder später würde ich zur Toilette gehen müssen. Dann würde ich etwas essen. »Ich weiß nicht, was ich ohne sie tun würde«? Natürlich weiß ich das! Es ist eine Lüge. Es sind unsere Gedanken, die uns verrückt machen, nicht der Tod, nicht der Verlust eines Kindes, nicht das Leben als solches. Unsere Gedanken über das Leben – das ist ein Mangel an Nüchternheit, das ist *der* Mangel an Nüchternheit. Unsere belastenden Gedanken – solange wir sie nicht überprüfen, sind wir betrunken.

Okay, sehen wir uns die nächste Aussage an.

Margaret: *Ich will nie wieder erleben, dass er auf der Straße liegt und ich mich frage, ob er noch lebt oder verletzt ist, und dass ich nicht weiß, wo er sich aufhält.*

Katie: »Ich bin bereit …«

Margaret: Ich bin bereit, wieder zu erleben … würg! Okay, ich kann sagen: »Ich bin bereit.« Ich bin bereit, wieder zu erleben, dass er auf der Straße liegt …

Katie: Wie oft hast du heute das Bild vor Augen gehabt, dass er auf der Straße liegt?

Margaret: Ein paarmal.

Katie: Und er ist nüchtern! Genau darum geht es bei der Nummer sechs. »Ich bin bereit, wieder zu erleben, dass er auf der Straße liegt« – na ja, du warst gerade bereit dazu! Jedes Mal, wenn du ihn dir dort vorstellst, wirfst du ihn auf die Straße, und das spürst du. Und du fängst an, dir Sorgen zu machen, wirst traurig und stehst unter Stress. Also nimm einfach zur Kenntnis, dass er sich nicht selbst in diese Situation bringt; *du* wirfst ihn auf die Straße. Nimm das einfach zur Kenntnis, lächle und komm zurück in die Realität.

Margaret: Ja.

Katie: Okay. »Ich bin bereit …«

Margaret: Ich bin bereit, wieder zu erleben, dass er auf der Straße liegt und ich mich frage, ob er noch lebt oder verletzt ist, und dass ich nicht weiß, wo er sich aufhält.

Katie: Ja. Entweder in deiner Vorstellung oder in seinem Leben, das spielt keine Rolle – es ist genauso schmerzhaft, weil er nüchtern ist und du immer noch leidest. Ob in der Realität oder in deiner Vorstellung, du spürst es. Und wenn du diese Gefühle wahrnimmst, dann ist es Zeit, wieder *The Work* zu machen. Überprüfe deine Gedanken, und dreh sie um.

Also: »Ich freue mich darauf …«

Margaret: Ich freue mich darauf, wieder zu erleben, dass er auf der Straße liegt … Okay.

Katie: Es könnte in deinen Gedanken wieder passieren. Und es könnte auch in der Realität wieder passieren. Es gibt diese beiden Möglichkeiten, wie es dazu kommen könnte. In dem einen Fall bist du vernünftig, im anderen verrückt. In jedem Fall gilt: Das Leben geschieht. Und das Denken geschieht.

Es ist so, als wären wir abergläubische Höhlenmenschen. Wir glauben das wirklich, wenn wir sagen »Ich bin bereit; ich freue mich darauf, wieder zu erleben, dass er auf der Straße liegt«; dann wird das auch geschehen. Das ist ein urtümliches Denken. Aber so funktioniert die Sache nicht. Auf diese Weise fördern wir die Verleugnung. »Oh, ich würde nicht wagen, das zu denken, sonst könnte es wirklich passieren!«

Nun, ich sage: Stelle deine Integrität über den Aberglauben. Und sieh der Wirklichkeit einfach ins Gesicht. »Ich bin bereit, ich freue mich darauf …« Es könnte geschehen. Das nennt man Leben. Und wenn es nicht im Leben geschieht, dann eben in meinen Gedanken. So oder so tut es weh. Wer wird so dumm sein, einfach darauf zu warten, dass es passiert, um bis ans Ende seiner Tage darunter zu leiden?

Also tu's jetzt – nimm das Leben vorweg, und du bist vorbereitet. Deine Arme sind dafür geöffnet.

Meine Einstellung heißt: Ich liebe Gott. Und für mich ist die Realität Gott. Ich liebe Gott.

Margaret: Egal was um dich herum passiert?

Katie: Ich liebe Gott. Und Gott ist das, was ist. Meine Hingabe treibt mir die Tränen in die Augen. Weil das Gute darin mir so klar ist. Nichts geschieht, was nicht zum Guten wäre. Und wenn ich das nicht erkenne, dann bin ich geistig krank, und ich leide. Weil ich alles durch mein verzerrtes Denken sehe und das Geschenk des Lebens verloren habe.

Die Leute sagen: »Öffne dich für die Schönheit.« Na ja, das würde wohl jeder tun, wenn er es könnte, und genau darum geht es bei *The Work*. Die Antworten in unserem Inneren warten nur darauf, dass die Fragen gestellt werden. Und während du diese vier Fragen stellst, können die Antworten leben und dich erkennen lassen, was du schon weißt. Und es ist völlig ausgeschlossen, einen Sohn oder eine Tochter zu verlieren, bis die Zeit dafür gekommen ist.

Margaret: Punkt.

Katie: Punkt.

Margaret: Unter allen Umständen.

Katie: Unter allen Umständen. Wenn wir aufhören, unsere Kinder zu benutzen, erkennen wir, wer sie wirklich sind. Und dann wissen wir, was wahre Liebe ist. Und Abhängigkeit ist keine Liebe. Danke, Liebling.

Margaret: Ja. Vielen Dank, Katie.

7. Frank kommandiert mich herum

Ein anderer Mensch ist niemals dein Chef. Also bleibst nur du als dein Chef übrig, einer, dem du immer zustimmen möchtest.

Katie: Was hast du geschrieben?

Gene: [Liest von seinem Arbeitsblatt] *Ich bin frustriert über meinen Kollegen Frank, weil er sich als Chef aufspielt und versucht, mir Vorschriften zu machen. Gleichzeitig zieht er sich zurück und übernimmt keine Verantwortung.*

Katie: Lies weiter.

Gene: *Ich will, dass Frank mich respektvoll behandelt.*

Katie: Und weiter.

Gene: *Ich will, dass Frank aufhört, sich als Chef aufzuspielen und mir Vorschriften zu machen.* Wenn wir etwas zu tun haben, spielt er den Chef und sagt: »Du machst jetzt das und das und das.« Mich stört nicht so sehr, was ich zu tun habe, sondern eher die Art und Weise, wie er es sagt. Und ich sage: »Ja, einverstanden«, und anschließend bin ich wütend auf mich selbst, dass ich Ja gesagt habe, weil ich eigentlich Nein sagen wollte.

Katie: Ah, du hast also gelogen, als du Ja gesagt hast.

Gene. Ja.

Katie: Ich konnte mich auch nicht leiden, wenn ich das getan habe. Und dann habe ich anderen Leuten die Schuld in die Schuhe geschoben. Aber in Wirklichkeit war ich mir selbst gegenüber nicht ehrlich gewesen. Statt anderen die Schuld zu geben, schaue ich jetzt einfach auf mich selbst, stelle fest, was ich getan habe und fange von vorne an.

Mein Name ist »Ja«. Ich liebe es, auf diese Weise zu leben. Ich sage Ja zu allem. Wenn du mich beispielsweise bittest, etwas für dich zu tun, und ich will das, dann sage ich Ja. Wenn ich es nicht will, sage ich Nein – und damit sage ich Ja zu *mir* selbst. Ich lebe als ein inneres Ja, weil ich etwas in meinem *Inneren* anerkenne, das nichts mit dir zu tun hat.

Es ist so spannend sich anzusehen, welche Antwort auf seine Frage in meinem Inneren liegt. Ich denke nicht: »Wird das seine Gefühle verletzen? Was wird er mir dafür geben? Wird er mich für nett halten? Wird er enttäuscht sein?« Stattdessen denke ich: »Was ist meine Antwort auf diese Frage?«

Das ist sehr spannend. Du weißt nie, welche Antwort es sein wird. Also gehst du einfach durchs Leben und wartest darauf, dass die Leute dich um etwas bitten, damit du die Sprache deines eigenen Herzens und deiner eigenen Klugheit hören kannst.

Okay, Liebling, lies es noch einmal von vorne.

Gene: *Ich bin frustriert über meinen Kollegen Frank, weil er sich als Chef aufspielt und versucht, mir Vorschriften zu machen.*

Katie: Also: »Er spielt sich als Chef auf« – ist das wahr?

Gene: Ja.

Katie: Gib mir ein Beispiel.

Gene: Er sagt: »Tu das und das und das.«

Katie: Also, dann sag das zu mir.

Gene: [als Frank] »Gib mir das Glas da drüben.«

Katie: [als Gene] [Schweigen]

Gene: »Du hast doch gehört, was ich gesagt habe – gib mir das Glas!«

Katie: »Ich habe dich verstanden.«

Gene: »Ich bin hier federführend, und du hast zu tun, was ich dir sage.«

Katie: [Schweigen]

Gene: »Wir haben eine Aufgabe zu erfüllen, und wir müssen damit fertig werden.«

Katie: [Schweigen]

Gene: »Du hast vielleicht Nerven! Wenn wir nicht fertig werden, dann ist das deine Schuld.«

Katie: »Das sehe ich ein. Ich fand es einfach nicht richtig, dir das Glas zu reichen, wo es doch ganz in deiner Nähe stand. Willst du sonst noch irgendwas? Hast du irgendwelche anderen Ideen?«

Gene: »Erstens muss der Rasen gemäht werden. Und wenn du das getan hast, kannst du vorne trimmen.«

Katie: »Großartig. Ich werde trimmen, nachdem du gemäht hast.«

Gene: »Nein, du wirst beides tun. Das ist deine Aufgabe.«

Katie: »Ich werde trimmen, nachdem du gemäht hast.«

Gene: »Ich habe was anderes zu tun.«

Katie: »Das verstehe ich. Wann, denkst du, wirst du mit dem Mähen fertig sein. Ich möchte das wissen, weil ich meine Aufgabe so schnell wie möglich erledigen will.«

Gene: »Du hast mich nicht verstanden! Ich habe meinen Job, und du hast diese beiden Jobs. Und wenn du mit beiden fertig bist, dann habe ich noch eine dritte Aufgabe für dich.«

Katie: »Ich verstehe das, und ich werde trimmen, nachdem du gemäht hast.«

Gene: [nach einer Pause] »Darüber muss ich noch mal nachdenken.«

Katie: »Gut! Sag mir Bescheid, denn ich möchte so schnell wie möglich trimmen. Und dann könnte ich auch für den anderen Job offen sein, den du erwähnt hast. Ich arbeite wirklich gerne mit dir zusammen. Du bist ein bisschen langsam, aber …«

Gene: [nach einer langen Pause] »In Ordnung, vielleicht sollten wir zusammenarbeiten.«

Katie: »Ich liebe das. Das ist Zusammenarbeit, wirklich gleichberechtigt. Wenn du mir jetzt den anderen Job geben willst, während du mähst, dann bin ich bereit zu trimmen, und wir werden in kürzester Zeit fertig sein. Ich arbeite gerne mit dir zusammen.«

[Als sie selbst] Verstehst du, was passiert ist? Ich habe nicht geglaubt, dass ich tun müsste, was er sagt. Und ich höre, dass er wirklich einen guten Überblick hat, was getan werden muss, so dass ich mich darauf einlassen kann. Aber auf welche Weise die Aufgaben zu erledigen sind – darüber kann ich mit entscheiden. Und weil ich fair bin, möchte ich meinen Teil der Arbeit übernehmen.

Aber wenn ich Ja zu ihm sage, ohne es für mich selbst wirklich zu meinen, dann bin ich es, die das Gleichgewicht stört, nicht er. Außerdem: Wenn ich Ja sage, aber eigentlich Nein meine, dann trainiere ich ihn darauf, mich herumzukommandieren. Warum sollte er mich nicht herumkommandieren, wenn ich ständig Ja sage? Verstanden?

Gene: Ja.

Katie: Danke. Also die nächste Aussage, Nummer zwei?

Gene: *Ich will, dass Frank mich respektvoll behandelt.*

Katie: Stimmt das?

Gene: Nein. Ich will, dass ich mich selbst respektvoll behandle – indem ich Nein sage, wenn ich Nein meine.

Katie: Und indem du offen bist! Nein ist das freundlichste Wort, wenn es ehrlich gemeint ist. Es muss nicht herrisch und hart sein – nur ehrlich.

Gene: Ich habe die Vorstellung, dass wir zu streiten beginnen, wenn ich Nein sage.

Katie: Na ja, das könnte passieren. Also habe ich nicht Nein gesagt. Ich habe dir nur gesagt, was ich tun oder nicht tun würde. Und wenn du mir gesagt hast, was ich tun sollte, habe ich einfach gewartet. Du hast mich aufgefordert, dir das Glas zu geben. Und ich habe mir deinen Wunsch einfach angehört. Aber ich habe ihn nicht wirklich geglaubt. Denn wenn du das Glas wirklich brauchtest, dann würdest du schlicht die Hand ausstrecken und es nehmen.

Gene: Das stimmt.

Katie: Du bist sehr schnell, ein sehr ehrlicher Mann. Es ist ein Privileg, hier mit dir zu sitzen. Und wie reagierst du, wenn du den Gedanken glaubst: »Er sollte mich respektieren«?

Gene: Und er tut es nicht?

Katie: Ja, er kommandiert dich herum.

Gene: Ich werde wütend – frustriert! Und innerlich führe ich Krieg mit ihm.

Katie: Wer wärst du ohne den Gedanken »Er sollte mich respektieren«, wenn er dich herumkommandiert?

Gene: In Frieden. Ich würde ihm zuhören. Und ich wäre offen für beide Antworten.

Katie: Oh, ja. »Er sollte mich respektieren« – dreh's um.

Gene: Ich sollte mich respektieren.

Katie: Ja, und wenn du ihm unehrlich mit Ja antwortest, dann verlierst du den Respekt vor dir selbst. Nächstes Mal, wenn das passiert, wirst du den Mangel an Respekt spüren. Und in diesem Moment kannst du deine Meinung ändern, wenn du willst. Du bist frei.

Jetzt nenne mir drei konkrete Beispiele dafür, wie die Umkehrung genauso wahr oder wahrer ist als deine ursprüngliche Aussage.

Gene: Oh. Na ja, mein Respekt ist das Wichtigste. Wenn ich mich selbst nicht respektiere, wie kann ich dann ein positives Selbstgefühl haben?

Katie: Ja, Liebling. Das ist so wahr. Und ein zweites Beispiel?

Gene: Wenn ich mich selbst nicht respektiere, glaube

ich anderen Leuten nicht, wenn sie mir sagen, dass sie mich respektieren, so dass es überhaupt keinen Respekt gibt.

Katie: Kannst du ein drittes Beispiel finden?

Gene: Ich muss mich selbst respektieren, wenn ich am Arbeitsplatz und in meiner Familie einen guten Job machen will.

Katie: Gut. Kannst du noch eine weitere Umkehrung für »Er sollte mich respektieren« finden?

Gene: Ich sollte ihn respektieren.

Katie: Ja. Er war einfach ein Mann, der das Glas wollte. Er war einfach ein Mann, der wollte, dass der Job gemacht wurde – ohne ihn selbst zu machen! Jeder hat das Recht, das zu wollen. Solche Wünsche werden nur nicht immer erfüllt.

Gene: Als ich seine Rolle übernommen habe, ist mir aufgefallen, dass eine gute Absicht dahinterstand.

Katie: Du bist klasse. Du bist gigantisch. Ich denke, das weißt du. Ich liebe es zu beobachten, wie du dir das zu eigen machst. Ich liebe es, wie du dich aus deinem Käfig befreist. Danke, Liebling.

8. Meine Mutter manipuliert mich

Sie ist geistig und körperlich krank. Sie beschuldigt ihren Sohn der Kindesmisshandlung. Sie erlegt ihr Leiden den Menschen in ihrer Umgebung auf, und sie fühlen sich dafür verantwortlich, sie glücklich zu machen. Nun ja, wir alle haben die perfekte Mutter.

Doug: *Ich bin wütend auf meine Mutter, weil sie ihre Geisteskrankheit benutzt, um mich und meine Familie zu manipulieren. Ich ertrage es nicht, wie sie mir ihre vielen Krankheiten vorhält – und sie hat jede nur erdenkliche Krankheit –, sobald ich sie zur Rede stellen will, und wie sie mir dann sagt, ich hätte keine Ahnung.*

Katie: Liebling, warum kommst du nicht hier herauf in meinen Salon? Wir wollen hier eine kleine Operation durchführen. Welch ein Mutter! Wir alle haben die perfekte Mutter. Lass uns mal sehen, ob das stimmt.

Doug: Okay. [Kommt auf die Bühne und setzt sich Katie gegenüber.]

Katie: Also lies es noch einmal vor.

Doug: *Ich bin wütend auf meine Mutter, weil sie ihre Geisteskrankheit benutzt, um mich und meine Familie zu manipulieren.*

Katie: Also: »Sie benutzt ihre Geisteskrankheit, um dich und deine Familie zu manipulieren« – stimmt das?

Doug: Es sieht so aus, ja.

Katie: Das heißt also ja.

Doug: Ja.

Katie: Okay. Ein Ja ist gut; ein Nein ist gut. Dies ist eine persönliche *Work*, nämlich deine. Vielleicht neigst du dazu, so zu antworten, wie du es gelernt hast. Und vielleicht gibt es Antworten, die tiefer in deinem Inneren liegen, an die du herankommst, wenn du einfach abwartest und ihnen erlaubst, an die Oberfläche zu steigen. *The Work* ist Meditation. Bei *The Work* wollen wir, dass alles herauskommt, was unter der Oberfläche liegt. Als würden wir sagen: »Komm heraus, komm heraus, wo immer du bist.« Geh dieses Risiko einfach ein. Also: »Deine Mutter benutzt ihre Geisteskrankheit, um dich und deine Familie zu manipulieren« – kannst du mit absoluter Sicherheit wissen, dass es stimmt, dass sie ihre Krankheit wirklich benutzt, um dich und deine Familie zu manipulieren?

Doug: Nein.

Katie: Und wie reagierst du, wenn du diesen Gedanken glaubst, und du bist allein in deinem Zimmer, wo du vielleicht in deinem Lieblingssessel sitzt? Wie reagierst du, wenn du diesen Gedanken denkst und ihn glaubst?

Doug: Dann würde ich am liebsten den Fernseher aus dem Fenster werfen.

Katie: So ungefähr.

Doug: Ich bin dann wirklich wütend, weil es schon lange Zeit so geht und ich nicht mehr weiß, was ich noch tun soll.

Katie: Ja, ja. Also wenn ich jetzt *The Work* machen würde, wenn ich über diese vier Fragen nachdenken würde, dann würde ich mir genau in diesem Moment am Rand notieren: »Ich muss wissen, was ich tun soll.« Und ich würde diesen Gedanken später bei der Überprüfung wieder aufgreifen. Und »Ich weiß nicht mehr, was ich noch tun soll« – diesen Gedanken würde ich später ebenfalls überprüfen und umkehren.

Wenn wir *The Work* machen, tauchen einige wunderbare Vorstellungen auf, die den Gedanken stützen, mit dem wir arbeiten. Ohne diese anderen Vorstellungen kann er nicht existieren. Unser Verstand hat eine Aufgabe: Er ist ein Suchender; er sucht nach der Wahrheit. Er denkt beispielsweise: »Meine Mutter manipuliert mich.« Dann kommen Bilder und Vorstellungen, die diesen Gedanken verstärken. Wie könntest du ihn sonst glauben?

Wer wärst du also ohne diesen Gedanken? Schließe die Augen, und stell dir deine Mutter vor. Schau sie dir mit allen ihren Krankheiten an. Beobachte sie dabei, wie sie zu manipulieren versucht, ohne eine Geschichte. Sie macht das gut, oder? Schau ihr einfach in die Augen, ins Gesicht, ohne deine Geschichte. Gib deine Geschichte auf. Was siehst du?

Doug: Ich sehe dort die gesamte Welt. Einfach jede Emotion, die höchsten und die niedersten … von den schönsten bis zu solchen, die mich rasend machen. Es ist einfach … alles in ihrem Inneren, genau da.

Katie: Ja, sie deckt das alles ab.

Doug: Ja, das volle Programm; es ist alles vorhanden. Und ohne die Geschichte, ich kann dem beiwohnen; ich kann das einfach wahrnehmen.

Katie: Ja, ja, das ist wunderbar. Ist es nicht das, was du immer gewollt hast, einfach bei ihr sein ohne all das in deinem *Inneren*?

Doug: Ja, aber ich will ihr immer noch helfen und sie retten und es besser machen.

Katie: Das würde ich aufschreiben und später *The Work* damit machen: »Ich muss meine Mutter retten.« Außerdem würde ich aufschreiben: »Es ist möglich, meine Mutter zu retten.« Und ich würde mit der Aussage arbeiten: »Meine Mutter muss gerettet werden.«

Doug: Alle Leute denken das!

Katie: Das ist deren Sache. Hier geht es um dich und das, was *du* glaubst. Also: »Meine Mutter benutzt ihre Geisteskrankheit, um mich und meine Familie zu manipulieren« – dreh's um.

Doug: Ich benutze die Krankheit meiner Mutter, um meine Familie zu manipulieren?

Katie: »Dich und deine Familie.«

Doug: Mich und meine Familie – ich benutze die Krankheit meiner Mutter, um mich und meine Familie zu manipulieren. Sicher … das passiert fast unverzüglich. Ich meine, ich verfalle in alle möglichen Stimmungen.

Katie: Also tust du genau das, was deine Mutter mit dir und deiner Familie macht. Einer in der Familie reicht. Nun gibt es zwei – zwei, die ihre Geisteskrankheit benutzen, um dich und deine Familie zu manipulieren.

Doug: Also, ich versuche das zu kontrollieren …

Katie: … dich und deine Familie durch ihre Geisteskrankheit.

Doug: Ja, das ist einfach mein Beschützerinstinkt.

Katie: Kannst du für »Meine Mutter benutzt ihre Geisteskrankheit, um mich und meine Familie zu manipulieren«, noch eine weitere Umkehrung finden?

Doug: Meine Mutter benutzt ihre Geisteskrankheit nicht, um mich und meine Familie zu manipulieren.

Katie: Und jetzt nenne mir ein Beispiel dafür, wie das wahr ist.

Doug: Sie ist gerne mit uns zusammen. Sie liebt es total, mit uns zusammen zu sein. Also weiß ich, dass sie bei uns ist, weil ihr das gefällt.

Katie: Finde ein weiteres Beispiel dafür, dass sie ihre Geisteskrankheit nicht benutzt, um dich und deine Familie zu manipulieren.

Doug: Sie hilft uns oft. Sie kann sich um die Kinder kümmern, was wirklich erstaunlich ist. Sie macht das manchmal richtig gut. Ich erzähle eine Geschichte darüber, dass sie es nicht kann, aber für gewöhnlich macht sie es gut.

Katie: Nett, dass du deine eigene Geisteskrankheit für einen Augenblick durchbrichst und das erkennst. [Das Publikum und Doug lachen.]

Doug: Ich bin wirklich geisteskrank, wenn ich denke, dass meine Mutter geisteskrank ist.

Katie: Das habe ich gemerkt. Okay, Liebling, du bist jetzt deine Mutter, einfach total abgedreht und geisteskrank, und du manipulierst mich. Ich bin ihr Sohn –

ich bin jemand, der sie aus tiefstem Herzen liebt. Ich bin ihr Sohn; ich bin du.

Doug: [als seine Mutter] »Ich komme euch zu Thanksgiving nicht besuchen, denn du und Susan, ihr misshandelt mich, und ihr misshandelt eure Kinder, und ich kann das nicht mehr aushalten.«

Katie: [als Doug] »Ich verstehe das wirklich, Mutter. Ich liebe es, wie du für dich selbst sorgst. Kann ich dir später etwas zu essen bringen?«

Doug: »Nein, weil ich wahrscheinlich wegen meiner Fibromyalgie ins Krankenhaus gehe, und dort werde ich wahrscheinlich etwas zu essen bekommen.«

Katie: »Oh, gut. Ich bin froh, dass du gut für dich sorgst und ins Krankenhaus gehst, wenn es nötig ist.«

Doug: »Ich habe niemanden, der mich fährt. Also weiß ich nicht, wie ich dort hinkommen soll.«

Katie: »Soll ich dich fahren?«

Doug: »Nein, ich möchte dich wirklich im Moment nicht sehen.«

Katie: »Soll ich dir ein Taxi bestellen?«

Doug: »Ich habe kein Geld für ein Taxi.«

Katie: »Soll ich dir ein Taxi bestellen und die Fahrt bezahlen?«

Doug: »Mach doch, was du willst.«

Katie: »Mom, es ist *so* einfach, mit dir auszukommen.« [Das Publikum lacht und applaudiert.]

[als sie selbst] Gute alte Mom!

[als Doug] »Wenn du also ins Krankenhaus fahren möchtest, dann ruf mich an, und ich werde dir sofort ein schon bezahltes Taxi schicken.«

Doug: »Das wäre nett.«

Katie: »Okay, Mom, wenn du mich brauchst, dann melde dich. Ich bin hier. Und wir werden dich beim Dinner zu Thanksgiving wirklich vermissen.«

Doug: »Okay ... nun ja, ich wünschte, es würde mir besser gehen.«

Katie: »Du weißt ja, Mom, genau das wünsche ich dir auch. Ich liebe dich. Bis bald.«

Katie: [als sie selbst] Mir ist nicht aufgefallen, dass deine Mutter zu manipulieren versucht hat. [Das Publikum lacht.] Überhaupt nicht. Ich habe nur gehört, wie ein sehr liebevoller Sohn die Wünsche seiner Mutter respektiert hat. Deine Mutter möchte nicht kommen. Sie meint, dass du und deine Frau die Kinder unfreundlich behandeln. Gibt es Situationen, in denen du deine Kinder unfreundlich behandelst?

Doug: Ja, sicher.

Katie: Okay, dann kannst du auch sagen: »Weißt du, Mom, du hast Recht. Wir *sind* manchmal unfreundlich zu unseren Kindern.«

Doug: Okay, aber wenn du jemanden hast, der die Tatsachen immer wieder verdreht – und seien sie noch so harmlos –, und wenn du ihr dann so was sagst, dann hast du das Gefühl, sie würde gleich losrennen und allen Tanten und Onkeln erzählen: »Doug hat endlich zugegeben, dass er seine Kinder misshandelt!« [Das Publikum lacht.]

Katie: Okay, dann lass uns diesen Teil auch durchspielen. Du verkörperst alle deine Verwandten, nachdem deine Mutter ihnen eine Gehirnwäsche verabreicht hat. Und ich bin du.

Doug: Okay.

Katie: [als Doug] »Klingeling. Hallo Verwandte!«

Doug: [als alle seine Verwandten] »Wie geht es dir, Doug?«

Katie: »Gut, vielen Dank.«

Doug: »Also weißt du, deine Mutter zieht hierher. Ich habe ihr ein Ticket für den Flug geschickt. Sie verlässt dich, weil du, wie ich gehört habe, einige familiäre Probleme hast, und sie sagt, sie kann es nicht mehr ertragen, mit anzusehen, wie du ... deine Kinder misshandelst, was ich nur schwer glauben kann; aber ich habe dich ja eine Weile nicht gesehen, und ich hoffe, alles ist in Ordnung.«

Katie: »Du weißt, dass es das ist. Es ist wirklich nett von dir, ihr ein Flugticket zu schicken und ihr beim Umzug nach dort zu helfen. Du bist wunderbar.«

Doug: »Na ja, ich will mich nicht in dein persönliches

Leben einmischen, aber ist wirklich alles in Ordnung? Ich meine, sie hat es auch den Vettern und Kusinen und Tanten erzählt, und alle machen sich jetzt Sorgen, dass man dir die Kinder wegnehmen könnte.«

Katie: »Nun, das erlebe ich ganz anders. Interessant, nicht wahr?«

Doug: »Dann geht es den Kindern gut? Sie werden zu Hause nicht misshandelt? Ist Susan nur ausgerastet, und es gibt keine Probleme?«

Katie: »Es gibt keine Probleme, und ich habe festgestellt, dass ich manchmal wirklich wütend auf meine Kinder bin. Ich verstehe, wieso Mom das auf diese Weise darstellt.«

Doug: »Hmm … das klingt so, als *hättest* du doch Probleme.«

Katie: »Wahrscheinlich nicht mehr als alle anderen Leute auch …«

[Als sie selbst] Das ist für mich wirklich schwer zu beantworten, Schätzchen, weil ich nicht weiß, ob dir gelegentlich die Hand ausrutscht. Ich habe keine Ahnung, und deshalb kann ich nicht wahrheitsgemäß antworten.

Doug: Ja, das verstehe ich.

Katie: Ja. Aber wenn sie fragen würden: »Hast du dein Kind geschlagen?«, und ich hätte das wirklich getan, dann würde ich sagen: »Ja, und ich bin wirklich auf der Suche nach Hilfe.«

Doug: Ja, ich würde das auch sagen. Ich liebe *The Work*. Ich habe nur ein Problem damit, wenn es um meine Mutter geht. Deshalb bin ich wirklich froh, dass ich hier heraufgekommen bin und diese *Work* mit dir machen kann. Und ich weiß, dass unsere gesamte Wirklichkeit nur aus einer Art ausgedachter Projektionen besteht …

Katie: Nein, nicht »aus einer Art«. Es *sind* tatsächlich Projektionen.

Doug: Du hast Recht. Es fühlt sich an wie … Es ist wirklich beängstigend, wenn man ihr gegenüber offen ist. Es ist wirklich beängstigend, das zu tun, was *The Work* empfiehlt.

Katie: Nun, *The Work* empfiehlt dir nicht, irgendetwas zu tun. Bei *The Work* geht es nur um vier Fragen und eine Umkehrung, und die benutzt du oder nicht. Das ist alles. Und manchmal spreche ich über meine Erfahrungen.

Doug: Gibt es eine Situation, in der ich das Gefühl haben sollte, dass es nicht sicher oder nicht gut ist, sich jetzt in der Nähe dieser Person aufzuhalten? Das verwirrt mich immer, weil es mir so vorkommt, als sei das das Problem.

Katie: Na ja, es gibt immer Leute, die sich in der Gegenwart bestimmter anderer Leute unsicher fühlen, und jede Art von Krieg gehört aufs Papier. Und es ist gut, dass du es aufgeschrieben und überprüft und umgedreht hast, bis du den Unterschied erkennen konntest zwischen dem, was deine Mutter sagt, und dem, was sie deiner Ansicht nach meint. Denn genau darum geht es für dich. Das ist bisher deine Hölle.

Bei unseren fiktiven Dialogen war sie überhaupt nicht manipulierend. Wenn ich so denken würde wie du – ungeprüfte Gedanken, die dir den Eindruck vermitteln, dass sie wirklich meint, was du ihr unterstellst, dann würde ich mich allmählich in die Überzeugung hineinmanipulieren, dass sie so denkt und nicht ich. Und das ist die Verwirrung. Und wenn meine Mutter nicht erfahren sollte, dass ich meine Kinder irgendwie misshandelt habe, und sie würde sagen: »Du misshandelst deine Kinder!«, dann könnte ich antworten: »Danke für deine Einschätzung.« Und dann würde ich mir die Sache wirklich ansehen. Und ich würde dabei nicht vergessen, wie klug meine Mutter ist.

Doug: Aber sie denkt, dass wir unsere Kinder misshandeln, weil wir sie nicht zu ihr lassen, weil wir denken, dass sie selbstmordgefährdet ist.

Katie: Also: »Deine Mutter ist selbstmordgefährdet.«

Doug: Das sagt sie mir jedenfalls.

Katie: »Deine Mutter ist selbstmordgefährdet« – stimmt das? Kannst du absolut sicher wissen, dass es stimmt, dass sie selbstmordgefährdet ist? Und ich sage nicht, dass sie es nicht ist; ich frage dich, ob du absolut sicher wissen kannst, dass sie es ist?

Doug: Nein.

Katie: Und wie reagierst du, wenn du den Gedanken glaubst: »Meine Mutter ist selbstmordgefährdet«?

Doug: Ich glaube den Gedanken nicht. Ich denke, sie benutzt ihn, um uns zu manipulieren. Ich glaube nicht, dass sie sich wirklich umbringen würde, weil sie es schon so oft gesagt hat.

Katie: Also, wer wärst du ohne den Gedanken »Meine Mutter ist selbstmordgefährdet«, wenn sie sagt: »Ich will Thanksgiving nicht zu euch kommen«?

Doug: Wer wäre ich ohne diesen Gedanken?

Katie: Ja. »Meine Mutter ist selbstmordgefährdet.«

Doug: Und sie will uns zu Thanksgiving nicht besuchen?

Katie: Ja.

Doug: Wenn ich nicht an diesem Gedanken festhalten würde, hätte ich ein nettes Thanksgiving.

Katie: Nun, wenn du ihn nicht glauben würdest, wie könntest du daran festhalten? Du kannst nicht an etwas festhalten, das du nicht glauben kannst.

Doug: Richtig, das ist genau der Unterschied.

Katie: Also: »Meine Mutter ist selbstmordgefährdet« – dreh's um.

Doug: Ich bin selbstmordgefährdet.

Katie: Dann erzähl mir etwas darüber.

Doug: Ja, sicher. Manchmal will ich einfach, dass alles aufhört, ein Ende hat.

Katie: Da bist du richtig bei *The Work*. Niemand hat mir gesagt, dass es außer dem Tod einen Ausweg gibt. Ich dachte, man müsste sterben und diesen Körper verlassen, damit es ein Ende hat. Und dann habe ich meine Gedanken überprüft und dabei festgestellt, dass es einen völlig anderen Ausweg gibt. Und so bin ich wirklich dabeigeblieben und habe meinen Ausweg gefunden.

Also: »Meine Mutter ist selbstmordgefährdet« – kannst du eine weitere Umkehrung finden?

Doug: Meine Mutter ist nicht selbstmordgefährdet.

Katie: Das könnte genauso wahr sein – wer weiß? Und wenn du keinen anderen Ausweg finden könntest? Denk nur daran, wie quälend deine Gedanken manchmal waren, und stell dir vor, es gäbe keinen Ausweg. Solche Leute begehen Selbstmord, weil sie keine andere Lösung für ihre Probleme sehen. Als ich selbst keine andere Lösung gesehen habe, ist mir das wie eine Gnade erschienen. Und dann habe ich doch einen anderen Ausweg gefunden.

Doug: Ja, ich weiß, dass es für sie genau darum geht.

Katie: Liebling, ich hatte dabei jetzt mehr an dich gedacht.

Doug: In dem Sinne, dass ich Selbstmord begehen will? Darüber muss ich nachdenken. ... Ja, okay, Ja.

Katie: Kennst du den Unterschied zwischen den verschiedenen Angelegenheiten – meine, ihre und Gottes?

Doug: Nein.

Katie: Es gibt im Universum nur drei Arten von Angelegenheiten: meine, deine und Gottes. Ich setze das Wort *Gott* mit »Realität« gleich. Die Realität ist Gott, weil sie herrscht. Alles, was außerhalb meiner Kontrolle liegt, was keiner von uns kontrollieren kann – Erdbeben, Überschwemmungen, Kriege oder der Zeitpunkt meines Todes –, nenne ich Gottes Angelegenheiten. Wenn ich mich gedanklich in deine oder Gottes Angelegenheiten mische, dann entsteht daraus Trennung. Wenn ich mich früher beispielsweise gedanklich in die Angelegenheiten meiner Mutter gemischt habe, etwa mit der Idee: »Meine Mutter sollte mich verstehen«, dann habe ich mich sofort einsam gefühlt. Und mir ist klar geworden, dass ich mich jedes Mal, wenn ich mich verletzt oder einsam fühlte, in die Angelegenheiten anderer Leute eingemischt hatte.

Wessen Sache ist es also, ob du Selbstmord begehst?

Doug: Meine.

Katie: Und wessen Angelegenheit ist es, ob deine Mutter Selbstmord begeht?

Doug: Ihre.

Katie: Danke für die Unterscheidung. Meine Sache ist es zu lieben. Und wenn ich all das glaube, dann fällt es mir schwer, meine Mutter zu lieben. Sehen wir uns die nächste Aussage an.

Doug: *Ich will, dass meine Mutter erkennt, wie viel wir ihr geholfen haben.*

Katie: Warum?

Doug: Warum? Weil sie dann aufhören würde, uns anzugreifen und uns als Feinde abzustempeln.

Katie: Also: »Wenn sie erkennen würde, wie sehr du ihr geholfen hast, dann würde sie aufhören, dich anzugreifen« – stimmt das? Kannst du absolut sicher wissen, dass das wahr ist?

Doug: Nein, wahrscheinlich würde sie nicht damit aufhören.

Katie: Also: »Deine Mutter erkennt nicht, wie sehr du ihr hilfst« – stimmt das?

Doug: Nein, nein, vielleicht erkennt sie es. Wahrscheinlich erkennt sie es.

Katie: So viel dazu. Lies weiter vor.

Doug: Das ist ein ziemlicher Brocken:

Ich will, dass sie erkennt, wie sehr wir sie geliebt, unterstützt und zu verstehen versucht haben. Sie soll erkennen, dass wir uns krummgelegt haben, um sie glücklich zu machen.

Katie: Dreh's um.

Doug: Ich will, dass ich erkenne, dass ich mich krumm gelegt habe, um mich selbst glücklich zu machen? Wie hart ich daran arbeite, mich selbst glücklich zu machen.

Katie: »Wir wollen sie verändern, dann werde ich glücklich sein.«

Doug: Genau.

Katie: »Ich werde mein Leben ihrem Glück widmen, *dann* werde ich glücklich sein.«

Doug: Richtig.

Katie: Ich habe eine Redensart: Verzichte auf den Mittelsmann; finde auf dem direkten Weg zum Glück. Hast du bemerkt, dass du dein gesamtes Leben dem Glück deiner Mutter widmest, und sie ist deiner Meinung nach immer noch nicht glücklich?

Doug: Die Geschichte kommt in die Jahre. *Ich* komme in die Jahre. Ich kann einfach nicht mehr so weitermachen – weißt du, das sind jetzt 40 Jahre.

Katie: Also: »Du brauchst es, dass deine Mutter glücklich ist« – stimmt das?

[Zum Publikum] Denkt an einen Menschen in eurem Leben, auf den das eurer Meinung nach passt. Denkt an den Menschen in eurem Leben, der glücklich sein sollte, damit ihr glücklich sein könnt.

[Zu Doug] »Du brauchst es, dass deine Mutter glücklich ist« – stimmt das?

Doug: Wahrscheinlich nicht. Ich würde nicht einmal wissen, wie sich das anfühlt. Ich habe es nie erlebt.

Katie: Dann finde einen solchen Moment. Schließe die Augen und schau, ob du einen Moment finden kannst, in dem deine Mutter glücklich war.

Doug: In Ordnung.

Katie: Okay. Hat dich das nun glücklich gemacht? Bist du glücklich.

Doug: Sicher! Es lässt mich lächeln.

Katie: Ja, und bist du für immer glücklich?

Doug: Nein.

Katie: Ich meine, hat es wirklich den Zweck erfüllt?

Doug: Nein.

Katie: Nun, das reicht für mich und mein Leben. Hoffnungslos.

Doug: Richtig.

Katie: »Du brauchst es, dass deine Mutter glücklich ist« – kannst du absolut sicher wissen, dass das stimmt? Ich liebe diese Frage. Kannst du absolut sicher wissen, dass es das ist, was du brauchst?

Doug: Nein, ich kann es nicht absolut sicher wissen.

Katie: Wenn meine Mutter nicht so unglücklich gewesen wäre, könnte ich hier und heute nicht mit dir zusammensitzen.

Doug: [lachend] Das ist wahr.

Katie: Das ist der Weg.

Doug: Aber es scheint immer schlimmer zu werden.

Katie: Dann würde ich das aufschreiben: »Es wird immer schlimmer.« Damit würde ich später *The Work* machen. Wirklich reizvolle kleine Gedanken, oder? Alles universell, keine neuen belastenden Vorstellungen, alles recycelt, alles schon da gewesen. »Du brauchst es, dass deine Mutter glücklich ist« – wie reagierst du, wenn du den Gedanken glaubst, und sie ist nicht glücklich?

Schau dir dein Leben an; schließe deine Augen. Schau dir an, wie du lebst, wenn du den Gedanken glaubst: »Ich brauche es, dass meine Mutter glücklich ist«, und sie ist nicht glücklich.

Doug: Ich kann kaum atmen. Ich bin einfach total verspannt.

Katie: Und wie behandelst du deine Mutter, wenn du so verspannt bist und den Gedanken glaubst: »Ich brauche es, dass meine Mutter glücklich ist«?

Doug: Ich melde mich ab. Ich bin überhaupt nicht bei ihr. So als würde ich dir jetzt nicht folgen.

Katie: Nun, das wird sie bestimmt glücklich machen. [Das Publikum bricht in Gelächter aus.] Verbreite ein wenig Freude, verbreite ein wenig Freude! Das wird sie lehren, glücklich zu sein!

Doug: Ich habe gehofft, sie würde erkennen, wie neutral ich bin oder so. Ah, das ist ein großer Blödsinn.

Katie: Also: »Ich brauche es, dass meine Mutter glücklich ist« – stell dir dein Leben ohne diesen Gedanken vor. Wer wärst du ohne diesen Gedanken, wenn sie euch zu Thanksgiving nicht besuchen wollte? Wenn sie sagt: »Ich will ins Krankenhaus«?

Doug: Ich wäre wirklich glücklich. Ich wäre echt erleichtert und glücklich.

Katie: Und genau darum dreht sich alles.

Doug: Ja, ich weiß. Ich dachte, ich wüsste es.

Katie: Es ist so, als würdest du warten und dein Leben dem Glück deiner Mutter widmen, damit du glücklich sein kannst. Und wer wärst du ohne diesen Gedanken? Glücklich.

Doug: Richtig.

Katie: Also: »Ich brauche es, dass meine Mutter glücklich ist« – dreh's um.

Doug: Ich brauche es nicht, dass meine Mutter glücklich ist.

Katie: Nenne mir drei Gründe, warum das stimmt. Drei

Beispiele, warum du es nicht brauchst, dass deine Mutter glücklich ist.

Doug: Vielleicht *ist* sie glücklich. Ich weiß wirklich nicht, was sie glücklich macht. Vielleicht ist das alles Glück für sie, ich weiß es nicht. Mir ist wirklich klar, dass es im Moment keine Möglichkeit gibt, sie glücklich zu machen.

Katie: Ich würde sagen, das sind zwei Gründe.

Doug: Okay, gut. Weil ich ein großartiges Leben habe, wirklich.

Katie: Bis du dich in Gedanken in ihre Angelegenheiten einmischst.

Doug: Ja, ja.

Katie: Wie behandelst du deine Familie, wenn du den Gedanken glaubst: »Ich brauche es, dass meine Mutter glücklich ist«? Ihr feiert Thanksgiving, ein wunderschöner Tag – wie behandelst du deine Familie, wenn du den Gedanken glaubst: »Ich brauche es, dass meine Mutter glücklich ist«, und sie will nicht kommen?

Doug: Ich bin angespannt und mache mir Sorgen. In Gedanken führe ich einen Monolog, was ich ihr sagen werde und was sie erwidern wird, und was ich ihr darauf sagen werde und wie ich die Sache diesmal in Ordnung bringen werde oder nicht – oder sie zum Schweigen bringen werde.

Katie: Also sitzt du zu Thanksgiving beim Essen, und deine Gedanken sind bei deiner Mutter, während dein Körper bei deiner Familie ist.

Doug: Aber will sie nicht genau das erreichen? *Tut* sie es nicht aus genau diesem Grund?

Katie: Wessen Angelegenheit ist das? Junge, das ist richtig gut! Das würde ich auf alle Fälle überprüfen und dann umdrehen.

Doug: Umdrehen zu »Will ich nicht genau das erreichen«?

Katie: Tust *du* es nicht aus genau diesem Grund?

Doug: Tue ich es mir nicht genau deshalb selbst an?

Katie: Ja, in ihrem Namen.

Doug: Richtig, ja.

Katie: Schauen wir uns die nächste Aussage an.

Doug: *Mutter sollte uns nicht angreifen, wenn sie unglücklich ist. Sie sollte uns nicht als Feinde betrachten. Sie sollte nicht so paranoid sein, und sie sollte erkennen, dass die Leute wirklich freundlich zu ihr sind.*

Katie: Also: »Deine Mutter sollte dich nicht angreifen« – stimmt das? *Greift* sie dich an?

Doug: Ja.

Katie: »Deine Mutter sollte dich nicht angreifen« – ist das wahr? Wer von euch hat noch nie jemanden angegriffen – würdet ihr bitte mal die Hand heben? [Sie schaut sich im Publikum um.] Also niemand. ... Oh, da ist einer, der hat die Frage falsch verstanden. [Das Publikum lacht.] Also …

Doug: Nein, ich kann nicht wissen, dass das stimmt.

Katie: … du erwartest, dass deine Mutter anders ist als alle Leute hier im Saal!

Doug: Richtig.

Katie: Und ich habe diese Frage überall auf der Welt gestellt. Es haben nur Leute die Hand gehoben, die diese Frage missverstanden haben. So ist das. Was ist, das ist.

Doug: Richtig. Sie sollte mich angreifen, weil sie es tut.

Katie: Wunderbar. Du hast es verstanden. Das ist es, was sie bisher getan hat.

Doug: Ja … und zwischendurch ist sie auch liebevoll.

Katie: Also: »Deine Mutter sollte dich nicht angreifen« – wie reagierst du, wenn du den Gedanken glaubst, und sie greift dich an?

Doug: Ich will sie nie wieder sehen!

Katie: Und wie fühlt sich das an?

Doug: Echt kalt, wirklich herzlos.

Katie: Und wer wärst du ohne den Gedanken, ohne diese Lüge »Meine Mutter sollte mich nicht angreifen«?

Doug: Ich denke, ich würde mich stärker fühlen, weil ich damit umgehen könnte.

Katie: Wenn du wirklich einen Ausweg finden willst,

wenn du ein Wahrheitssucher bist, wenn du wirklich frei sein willst, dann freu dich über die Angriffe.

Doug: Ja.

Katie: Weil wir Leute, die uns angreifen, als Feinde betrachten, aber eigentlich sind sie Freunde. Sie lassen uns all die tiefen Geheimnisse erkennen, die wir vor uns selbst verbergen. Bevor diese Geheimnisse nicht ans Licht gekommen sind, haben wir keine Möglichkeit, sie zu erkennen, und deshalb können wir unsere Verhaltensmuster auch nicht ändern. Das ist ausgeschlossen, weil die Ursachen unter der Oberfläche verborgen sind. Das Wort dafür heißt Verleugnung.

Doug: Ich verstehe.

Katie: Leute, die uns angreifen, öffnen unsere Augen für diese Geheimnisse. Mütter können das gut. Genauso unsere Partner und unsere Kinder. Wenn du dich angegriffen fühlst, dann verteidigst und rechtfertigst du dich, damit du nicht hinschauen musst. Und dann sagst du, dass sie diejenigen sind, die dein Elend verursachen, aber es ist genau umgekehrt. *Du* selbst verursachst dein Elend, weil du nicht zulässt, dass die Wahrheit an die Oberfläche kommt.

Ein Beispiel dafür ist die Aussage: »Deine Mutter sollte dich nicht angreifen.« Was sagt sie, wenn sie dich angreift?

Doug: Oft erfahre ich es von meiner Frau oder meinem Bruder. Ist das okay?

Katie: Oh, ja. Angriff ist Angriff. Und du meinst, das kommt von deiner Mutter.

Doug: Ja. »Doug und Susan wissen mich nicht zu schätzen; sie tun überhaupt nichts für mich.«

Katie: Und hat sie Recht ? Gibt es Zeiten, in denen ihr sie nicht zu schätzen wisst?

Doug: Ja.

Katie: Also hat sie Recht. »Sie hat dich angegriffen« – stimmt das? Sie hat einfach die Wahrheit gesagt, und damit kannst du nicht gut umgehen. Sie sagt, dass ihr sie nicht zu schätzen wisst, und ich höre von dir, dass sie Recht hat. Also wo ist der Angriff?

Doug: Das verstehe ich.

Katie: Nenne mir ein anderes Beispiel dafür, wie deine Mutter dich angreift. Was sagt sie sonst noch gegen dich?

Doug: »Doug lässt seine Wut an mir aus. Doug hat seine Wut an mir ausgelassen.«

Katie: Und hast du deine Wut an ihr ausgelassen. Hat sie damit wieder Recht ?

Doug: Wahrscheinlich könnte man mein Verhalten so interpretieren.

Katie: Also, Liebling –

Doug: Aber es ist so, als würdest du am Boden liegen

und zusammengeschlagen werden. Es ist wie ein Schrei nach …

Katie: Du klingst genau wie deine Mutter! Lässt du deine Wut an ihr aus? Hast du deine Wut an ihr ausgelassen? Also, Liebling, sie hat wieder Recht. Was sie sagt, ist die Wahrheit, und die hast du gerade gefunden. Nimm dir einfach einen Moment Zeit für diese Erfahrung.

Doug: [weinend] Es ist einfach herzzerreißend – diese Fähigkeit, offen zu sein, den Schmerz auszuhalten – statt ihn in Wut umzusetzen. Und ich fühle das. Ich spüre, dass ich genau das tue.

Katie: Du *tust* genau das, weil du keine andere Möglichkeit kennst. Und du musst es tun, du musst, bis du einen anderen Weg findest.

Doug: Richtig.

Katie: Ich bin zu der Einsicht gelangt, dass Verteidigung der erste Akt des Krieges ist.

Doug: Genauso ist es.

Katie: Wenn meine Mutter zu mir sagen würde: »Katie, du weißt mich nicht zu schätzen«, dann könnte ich in mein Inneres schauen und sehen, wo sie Recht hat. Ich könnte mich an eine Zeit erinnern, als ich sie überhaupt nicht zu schätzen wusste. Das würde mir Tränen in die Augen treiben. Es ist so, als würde man sterben. So fühlt es sich an, wenn die Identifikation zu sterben beginnt.

»Ich bin die Frau, die von ihrer Mutter misshandelt wird« – das war einmal meine Identität. Wenn sie abzufallen beginnt, ist das so, als wärst du der Verlierer. Sie gewinnt und du verlierst. Aber dann wird daraus eine Erfahrung, die dich unendlich demütig und nachgiebig macht. Es ist wirklich ein Tod. Und dann gehst du zurück, um mehr zu finden, denn sie bringt tatsächlich all das Zeug an die Oberfläche, an das du nicht herangekommen bist. Ich hätte es mir sonst nicht vornehmen können, weil ich viel zu schwer von Begriff war.

Und du sagst: »Mutter, gib mir mehr.« Wende dich einfach wieder nach innen deinem Herzen zu, oder sage: »Erzähl mir alles, ich bin jetzt offen. Ich will es hören.« Und während sie es dir dann erzählt, läuft wieder derselbe Prozess ab. Es ist wie Sterben, und es hat nichts mit Gemeinheit zu tun. Du sitzt deinem wahren Guru zu Füßen. Deine Mutter, dein Vater, deine Schwester, dein Bruder, dein Kind, dein Feind – sie sind deine wahren Lehrer.

Wenn meine Mutter also sagen würde: »Katie, du weißt mich nicht zu schätzen«, dann würde ich in mein Inneres schauen. Jetzt haben wir eine Menge gemeinsam, weil ich sehe, wo sie Recht hat, und ich sage: »Mutter, du hast Recht.« Nun sind wir einer Meinung. Sie erkennt, dass ich sie nicht zu schätzen weiß; ich erkenne, dass ich sie nicht immer zu schätzen wusste. Und unser gemeinsames Wissen erzeugt eine Intimität. Und ich kann sie bitten, mich jedes Mal darauf aufmerksam zu machen, wenn sie das erlebt. Denn ich brauche eine Lehrerin. Auf diese Weise arbeiten wir beide an meiner Entwicklung.

Doug: Wow!

Katie: Nun gibt es noch eine andere Möglichkeit, den alten Weg. Diesen Weg sind die Menschen lange Zeit gegangen, und wir haben immer noch Krieg in der Welt. Meine Mutter sagt: »Katie, du weißt mich nicht zu schätzen.« Und sofort hake ich ein: »Wie meinst du das, ich weiß dich nicht zu schätzen? Ich weiß dich sehr wohl zu schätzen!« Und ich arbeite meine Liste ab, nehme die übliche Haltung ein, verteidige und rechtfertige mich.

Wer hat den Krieg angefangen? Sie hat mir einfach die Wahrheit gesagt. Und ich fange an, sie dafür zu bestrafen, dass sie die Dinge klarer sieht als ich. Wenn es einen Krieg in meinem Leben gibt, dann habe ich ihn selbst begonnen. Ausnahmslos. Und wenn der Krieg in meinem Leben endet, dann beende ich ihn. Entweder ich beende ihn selbst, oder er endet nicht. Ausnahmslos.

Doug: Einfach nur zu erkennen, dass du das tun könntest, ist ein unglaubliches Gefühl. Das ist wirklich das höchste Ziel. Das einfach zu verstehen – und ja, es tun zu können, ein kleines bisschen.

Katie: Man kann es nicht *tun*. Es ist etwas, wofür du offen sein musst. Du überprüfst deine Gedanken, und du öffnest dich. Du überprüfst deine Gedanken erneut, und du öffnest dich wieder. Und das lässt dich immer wieder zu deinem Feind zurückkehren. Wenn der Krieg nicht in deinem Inneren endet, dann endet er auch nicht in der Welt.

Doug: Er geht einfach immer weiter.

Katie: Deshalb sitze ich so gerne hier mit dir, Liebling. Wenn du es nicht schaffst, dann schafft es niemand. So ist das. Es gibt keine Hoffnung für deine Kinder, keine Hoffnung für irgendjemanden, keine Hoffnung für die Menschheit, wenn du es nicht schaffst. Auf dich kommt es an. Und was ich daran so liebe, ist die Tatsache, dass du es nicht tun *musst*. Es ist Bestandteil unserer inneren Suche, dass der Feind die Antworten für uns bereithält. Wenn wir in Eile sind, hat er die Antworten.

Doug: Du sagst, wir müssen es nicht tun. Meinst du damit, dass es uns einfach irgendwann zufällt?

Katie: Oh ja, immer wieder. Der Name für diese Gnade lautet »Mutter«. Sie kommt durch die Telefonleitung zu uns, oder sie tritt durch die Tür. Du musst nicht wissen, was du zu tun hast. Das Leben wird es dir zeigen, genau zur richtigen Zeit. Du musst nicht danach suchen; es kommt zu dir. Deshalb liebe ich *The Work*: Beurteile deinen Nächsten, schreib es auf, stell die vier Fragen, und dreh's um.

Und eins kann ich dir außerdem noch sagen, Liebling. Du machst diese *Work* nicht mit deiner Mutter, sondern mit deinen Gedanken. Körper können das nicht tun. Körper brauchen das nicht. Du arbeitest mit deinen Gedanken, und dann folgt die Liebe deiner Mutter. Wir können *The Work* nicht mit unseren Müttern machen; das hast du selbst festgestellt.

Doug: Ja. Ich habe es versucht, aber es funktioniert nicht.

Katie: Sie lässt sich nicht darauf ein. Sie will nur das Wahre, und das Echte.

Doug: Je mehr man es versucht, desto schlimmer wird es.

Katie: Lies die gesamte Aussage noch einmal.

Doug: *Meine Mutter sollte uns nicht angreifen, wenn sie nicht glücklich ist. Sie sollte uns nicht zu Feinden machen. Sie sollte nicht so paranoid sein, und sie sollte erkennen, dass die Leute wirklich freundlich zu ihr sind.*

Katie: Das ist hoffnungslos, hoffnungslos. Sie tut, was sie tut. Dreh's um.

Doug: Ich sollte uns nicht angreifen, wenn ich nicht glücklich bin.

Katie: Ich sollte meine Mutter nicht angreifen …

Doug: Ich sollte meine Mutter nicht angreifen, wenn ich nicht glücklich bin, ich sollte sie nicht zum Feind machen, ich sollte nicht so paranoid sein und erkennen, dass andere … [weinend] Gott, das ist so wahr … und erkennen, dass andere Leute wirklich freundlich zu mir sind. Das stimmt; ich sollte nicht so paranoid sein. Das ist wirklich gut.

Katie: Was empfindest du jetzt? Du wirkst so verletzlich.

Doug: Mir ist so bewusst, wie zornig und wütend ich war, und wie ich immer wieder versucht habe, alles in Ordnung zu bringen. Aber ich verstehe jetzt auch wirklich, wie schön es ist, sich zu ergeben. Und wenn du anfängst, darüber zu reden, dann ist es einfach zu gewaltig. Es ist so viel.

Katie: Ich habe einen Ausdruck dafür: »Lass dich von der Liebe umbringen.«

Doug: Es fühlt sich so an, als würde sie das wirklich versuchen. Wenn du die Wahrheit sagst, dann ist das so wunderschön. Sofort verständlich. Es könnte gar nicht anders sein. Aber in der nächsten Sekunde spucke ich meinen Kram aus, um in Sicherheit zu sein. Ich versuche, das nicht zu tun, aber ich tu's trotzdem, um die Familie zu schützen und mich sicher zu fühlen.

Katie: Dich sicher zu fühlen – wofür?

Doug: Meine Familie.

Katie: Oh, lassen wir die Familie mal außen vor, Liebling. Es geht um *deine* eigene Sicherheit. Deine Familie soll sicher sein, damit du sicher bist. Deine Identität – »Ich bin ein Mann mit Familie« – soll sicher sein. Es geht immer nur um dich selbst. Ich sorge für die Sicherheit meiner Familie, und dann bin ich sicher.

Doug: Dann betrachte ich es als …

Katie: Du machst mit ihnen dasselbe, was du auch mit deiner Mutter machst.

Doug: Oh.

Katie: Wenn sie glücklich ist, dann bist du glücklich. Wenn sie glücklich und sicher sind, dann bist du glücklich und sicher. Dein Leben ist sicher; es geht alles nur um dich, ausnahmslos. Nimm das einfach zur Kenntnis.

Wie reagiere ich, wenn ich den Gedanken glaube: »Meine Familie muss sicher sein«? Oh mein Gott! Das schaut nicht gut aus.

Doug: Ich verstehe. Es ist dasselbe.

Katie: Ich muss sie genauso manipulieren wie ich meine Mutter manipuliere. Das ist hoffnungslos. Und wenn sie nicht glücklich sind, bin ich so schockiert – nach allem, was ich für sie getan habe!

Doug: Ja.

Katie: Also lass uns noch eine weitere Umkehrung mit derselben Aussage versuchen.

Doug: Ich sollte uns nicht angreifen …

Katie: Ich sollte mich nicht angreifen, wenn ich nicht glücklich bin. Ich sollte mich nicht zum Feind machen. Ich sollte nicht so paranoid sein, und ich sollte erkennen, dass die Leute wirklich freundlich zu mir sind. Das würde ich so unterschreiben.

Katie: Darin liegt so viel Weisheit.

Doug: Ja.

Katie: Sehen wir uns die nächste Aussage an.

Doug: *Ich brauche es, dass meine Mutter genießt, was wir ihr zu bieten haben, die Zeit zu schätzen weiß, die wir ihr widmen, und uns so offen liebt, wie wir sie lieben. Ich brauche es, dass sie …*

Katie: Du klingst wie ein Diktator!

Doug: [lachend] Das ist verrückt!

Katie: Lies es noch einmal; schau, ob du es hören kannst: »Mutter, ich brauche es, dass du …« Ich meine, sieh doch nur mal, was du dieser armen Frau zumutest!

Doug: »Mutter, ich brauche es, dass du genießt, was wir dir zu bieten haben …«

Katie: »Genieße, was wir dir zu bieten haben, oder ich werde einfach … »

Doug: »… die Zeit zu schätzen weißt, die wir dir widmen …«

Katie: »Oder du kannst zusehen, wo du bleibst!«

Doug: »… und uns so offen liebst, wie wir dich lieben.«

Katie: Junge, was für eine Reihenfolge!

Doug: »Ich brauche es, dass du bei Sinnen und nicht verrückt bist. Ich brauche es, dass du keine verzerrte Realität erfindest.«

Katie: »Das ist doch nicht viel verlangt, oder? [Das Publikum lacht.]

Doug: Sie ist schließlich meine Mutter!

Katie: Sie hat eine Menge zu bewältigen. Mit dir zu leben ist hart!

Doug: Ja, das sehe ich ein.

Katie: Also, du brauchst all das von ihr – stimmt das?

Doug: Jetzt scheint es nicht mehr so ganz zu stimmen.

Katie: Kannst du absolut sicher wissen, dass du all das von ihr brauchst?

Doug: Nein. Nein, das erkenne ich jetzt.

Katie: Wenn du wieder zu Hause bist, könntest du lange über diese Frage nachdenken: »Kann ich absolut sicher wissen, dass es wahr ist, dass ich genau das in meinem Leben brauche?

Doug: Stimmt.

Katie: Also, Liebling, wer wärst du, wenn du ohne den

Gedanken leben würdest, dass du all das brauchst, was du wie ein Diktator forderst?

Doug: Ich denke, ich könnte einfach ganz echt – nicht irgendwie fabriziert – offen sein und erwachsen genug, um sie wirklich zu lieben.

Katie: Ja, ob sie nun glücklich ist oder nicht.

Doug: Richtig!

Katie: Schätzchen, wenn du unglücklich bist, brauchst du dann jemanden, der gemein und kaltherzig zu dir ist, oder hättest du lieber, dass die Leute ein bisschen fürsorglicher mit dir umgehen?

Doug: Fürsorglicher, absolut, ja.

Katie: Sie ist genauso.

Doug: Das verstehe ich.

Katie: Lies die Aufzählung noch einmal, aber sage stattdessen: »Ich brauche es, dass meine Kinder …« Denn wenn du glaubst, dass diese Vorstellungen für eine Person gelten, dann glaubst du, dass sie für alle Menschen gelten. Weil es hier um Ideen geht und nicht um Menschen.

Doug: »Ich brauche es, dass meine Kinder genießen, was wir ihnen zu bieten haben …«

Katie: Wehe, wenn nicht.

Doug: Oh, das ist so wahr. Ich erkenne das. Junge … »Ich brauche es, dass meine Kinder die Zeit zu schätzen wissen, die wir ihnen widmen …«

Katie: Wehe, wenn nicht!

Doug: »Dass sie uns so offen lieben, wie wir sie lieben …«

Katie: Oh ja!

Doug: »Ich brauche es, dass meine Kinder nicht verrückt sind und keine verzerrte Realität erfinden.«

Katie: Nun, sie werden ihr eigenes Leben führen. Also lass uns das umdrehen und sehen, was möglich ist. Mit deiner Mutter geht das nicht – sie hat ihren eigenen Weg; mit deinen Kindern geht das nicht – sie haben ihren eigenen Weg. Lass es uns umdrehen und sehen, auf wessen Weg du Einfluss *hast*. Was du beeinflussen kannst, ist deine Wahrnehmung – und das ist *alles*, was du beeinflussen kannst.

Doug: Ich muss genießen, was ich zu bieten habe; ich muss die Zeit genießen und zu schatzen wissen, die ich mir widme; ich muss mich selbst so offen lieben, wie ich andere liebe; ich muss bei Sinnen sein und nicht verrückt; ich darf keine verzerrte Realität erfinden. Ja, genau darum geht es.

Katie: Wenn du sie zu verändern versuchst, dann brauchst du nicht an dir selbst zu arbeiten. Eine üble Falle! Und da es mit ihr hoffnungslos ist, kommst du nie zu dir selbst.

Doug: Witzig, wie wir das machen. Es ist so schwer zu erkennen, wenn man mittendrin steckt.

Katie: Nun, wir beginnen jetzt. Das liebe ich so am Jetzt; genau da beginnen wir immer. Es ist der einzige Ort, wo wir beginnen *können*. Ich kann nicht morgen anfangen, denn was ist das mehr als ein Traum? Was ist das mehr als eine Theorie? Und ich könnte nicht in der Vergangenheit begonnen haben, denn das habe ich nicht getan. Hier und jetzt, da steht es in meiner Macht.

Also lass uns eine weitere Umkehrung finden: »Ich muss …«

Doug: Ich muss … Ich muss genießen, was wir zu …

Katie: »Was meine *Mutter* …«

Doug: Ich muss … oh.

Katie: Das ist die letzte Version, die wir uns ansehen.

Doug: Wow! Ich muss genießen, was meine Mutter zu bieten hat, und die Zeit zu schätzen wissen, die sie uns widmet. Ich muss meine Mutter so offen lieben, wie sie uns liebt. Ich muss …

Katie: Das ist eine Lebensaufgabe.

Doug: Ich muss bei Sinnen sein und nicht verrückt, und ich darf keine verzerrte Realität erfinden.

Katie: … im Hinblick auf deine Mutter. Ich habe sie bisher als eine Frau kennengelernt, die dir sagt, was sie erkennt, und nach allem, was ich bisher gehört habe, hat sie Recht. Sie ist eine sehr aufmerksame Frau.

Doug: [lachend] Kann sein.

Katie: Sehen wir uns die nächste Aussage an.

Doug: *Meine Mutter ist eine ichbezogene, narzisstische, selbstsüchtige Egomanin.* [Das Publikum lacht.]

Katie: Kannst du absolut sicher wissen, dass das stimmt?

Doug: Nicht absolut.

Katie: Gib mir ein Beispiel dafür. Übernimm ihre Rolle. Gib mir ein Beispiel für ihre Ichbezogenheit.

Doug: [als seine Mutter] »Weißt du, im Moment bin ich ein Kindermädchen für diese Leute. Ihnen ist gar nicht klar, dass ich in Wirklichkeit ihre Kinder erziehe, und sie wissen mich nicht zu schätzen. Ich bin wirklich diejenige, die den Kindern das Laufen und das Radfahren beigebracht hat. Und sie kommen heim und sind wütend auf mich, weil ich eine Festung errichtet habe, und die Kinder aus dieser Festung nicht herauskommen wollen, denn sie wissen, dass ihre Eltern nicht so nett sind wie ich. Die Eltern erkennen nicht, dass es *mein* Verdienst ist, dass ihre Kinder so großartig sind wie sie sind – sie verstehen das nicht. Aber ich verstehe es, nur weißt du, es bedeutet nichts anderes, als ein Kindermädchen zu sein!«

Katie: Weißt du, was ich höre? Sie könnte Recht haben! Vielleicht teilt sie dir einfach ihre Beobachtungen mit! Sie könnte Recht haben – wer weiß?

Doug: Könnte sie, natürlich.

Katie: Ziemlich einfach, oder?

Doug: Sehr einfach, aber gigantisch.

Katie: Und du brauchst nur mit einem einzigen Gedanken anzufangen, der dich belastet.

Doug: Wenn du sagst, du hast gelernt, deine Gedanken zu lieben, meinst du dann auch diese verrückten, kranken, irrsinnigen Gedanken?

Katie: Welche kranken, verrückten Gedanken? Mir ist seit Jahren kein einziger kranker, verrückter Gedanke begegnet. Gedanken sind wie Kinder – man muss sie lieben. Sie sind Kinder. Sie schreien, damit wir sie hören, und sie schreien und schreien und schreien. Und wir bringen sie zum Schweigen; wir schicken sie weg; wir unterdrücken sie, verleugnen sie und versuchen so zu tun, als ob sie nicht vorhanden wären. Doch wenn wir sie ans Licht bringen, so wie du es hier getan hast, wenn wir sie überprüfen und umdrehen, dann beginnen die Kinder ruhig zu werden. Und wir fangen an, sie kennenzulernen.

Sehen wir uns die nächste Aussage an.

Doug: *Ich will mich nie wieder von ihr angegriffen fühlen, wütend und traurig darüber werden, dass sie nicht erkennt, wie sehr unsere Familie sie liebt. Ich will nie wieder das Gefühl haben, dass ich der böse Bube in ihrem Leben bin.*

Katie: »Sie erkennt nicht, wie sehr deine Familie sie liebt« – stimmt das?

Doug: Nein.

Katie: Damit lässt sich sehr gut arbeiten. Dreh's um. »Ich erkenne nicht …«

Doug: Ich erkenne nicht, wie sehr –

Katie: »… wie sehr sie …«

Doug: … wie sehr sie uns, mich liebt … Ja.

Katie: Es gibt noch eine weitere Umkehrung. »Ich erkenne nicht, wie sehr …«

Doug: Ich erkenne nicht, wie sehr …

Katie: »Ich erkenne nicht, wie sehr ich …«

Doug: Ich erkenne nicht, wie sehr ich *sie* liebe. Ja.

Katie: So sieht bedingungslose Liebe aus. Lies noch einmal vor, was du *brauchst*.

Doug: *Ich brauche es, dass meine Mutter genießt, was wir ihr zu bieten haben, die Zeit zu schätzen weiß …*

Katie: »Ich brauche es nicht …« Ich will, dass du das verinnerlichst.

Doug: Ich brauche es *nicht*, dass meine Mutter genießt, was wir ihr zu bieten haben; ich brauche es *nicht*, dass sie die Zeit zu schätzen weiß, die wir ihr widmen; ich brauche es *nicht*, dass sie uns so offen liebt, wie wir sie lieben; ich brauche es *nicht*, dass sie bei Sinnen und nicht verrückt ist; ich brauche es *nicht*, … sie kann ruhig verdrehte Realitäten erfinden.

Katie: Das ist bedingungslose Liebe. Und das drückt aus, wie sehr du sie liebst, und das ist die Richtung, in die du gehst.

Doug: Ich bin echt froh, dass ich das tun darf.

Katie: Darüber bin ich auch wirklich froh, Schätzchen. Du bist erstaunlich. Und jetzt kommt die Nummer sechs: »Ich bin bereit …«

Doug: Ich bin bereit, mich wieder von ihr angegriffen zu fühlen, ihren Zorn zu spüren und traurig darüber zu werden, dass sie nicht erkennt, wie sehr unsere Familie sie liebt, und ich bin bereit, wieder das Gefühl zu haben, dass ich der böse Bube in ihrem Leben bin.

Katie: Ja, ja. Denn solange du sie auf diese Weise siehst, weißt du, dass deine *Work* noch nicht beendet ist. Genau darum geht es. Und jetzt: »Ich freue mich darauf …« Und lies es noch einmal.

Doug: Ich freue mich darauf, mich wieder von ihr angegriffen zu fühlen …

Katie: Spannend, was? Weißt du, dass mich niemand angreifen kann?

Doug: Das stimmt. Das ist richtig. Ich freue mich darauf, wenn sie mich wieder angreift. Ich freue mich darauf, wenn sie zornig wird.

Katie: Was wäre das Schlimmste, was sie dir bei einem solchen Angriff sagen könnte, was dich wirklich wie ein Messer ins Herz treffen würde?

Doug: »Du bedeutest mir nichts ...« Ich freue mich darauf, wenn sie das sagt? [Das Publikum lacht.] Denn vielleicht wird sie es sagen ...

Katie: Wer weiß? Wenn meine Kinder sagen würden: »Mutter, du bedeutest mir nichts«, dann würde ich denken: »Mein Gott, sie sind endlich frei!« [Gelächter] Also: »Ich freue mich darauf ...«

Doug: Ich freue mich darauf, mich wieder von ihr angegriffen zu fühlen, ihren Zorn zu spüren und traurig darüber zu werden, dass sie nicht erkennt, wie sehr unsere Familie sie liebt; und ich freue mich darauf, wieder das Gefühl zu haben, dass ich der böse Bube in ihrem Leben bin.

Katie: Das ist sehr spannend. Also: »Sie denkt, dass du der böse Bube in ihrem Leben bist« – stimmt das?

Doug: Nein.

Katie: Nein. Weißt du, was mir hier von Anfang bis Ende klar geworden ist, das ist die Art und Weise, wie du sie liebst – das scheint durch alles hindurch. Das ist es, worum sich alles dreht.

Doug: Es kommt durcheinander.

Katie: Ja, es kommt durcheinander. Und jetzt erkennen wir, wie das passiert. Es ist ein Privileg, hier mit dir zu sitzen.

Doug: Es war mir eine Ehre. Vielen Dank, Katie.

Katie: Gern geschehen, Liebling.

Doug: Danke.

Katie: Wenn er es schafft, können wir es auch schaffen. Und er schafft es.

9. Der Krebs hat mein Leben ruiniert

Im Spiegel siehst du Narben, aber ein Spiegel reflektiert lediglich deine Gedanken. Es gibt nur eine einzige Sache, die deinen Körper oder sogar dein Leben ruinieren kann, und das ist nicht der Krebs.

Katie: Okay, Liebling, was hast du aufgeschrieben?

Emma: *Ich bin wütend auf den Krebs, weil er mein Leben ruiniert hat. Ich will, dass der Krebs nie wieder zu mir oder irgendeinem anderen Menschen zurückkehrt. Ich will nicht den Rest meines Lebens in Angst verbringen. Der Krebs sollte mich nicht so verändert zurücklassen, so traumatisiert, entstellt, befangen und menschenscheu.*

Katie: Du willst also nicht mit der Angst vor Krebs leben. Okay, dann sag mir, was ist schmerzhafter, die Angst vor Krebs oder der Krebs?

Emma: Na ja, ich bin erst vor einer Woche aus der Therapie entlassen worden, also weiß ich es nicht.

Katie: Dann denk darüber nach.

Emma: Okay.

Katie: Deine Angst, dass der Krebs zurückkehrt, oder der Krebs selber. Was ist schmerzhafter?

Emma: Verglichen mit der Realität? Verglichen mit meiner Erfahrung?

Katie: Verglichen mit der Realität, Krebs zu haben.

Emma: Beides scheint gleich schlimm. Ich kann nicht mal –

Katie: Also gleichwertig. Das ist erstaunlich.

Emma: Ja!

Katie: Also kannst du dich um die eine Hälfte kümmern.

Emma: Ich kann mich um die eine Hälfte kümmern?

Katie: Ja, wenn sie gleichwertig sind – der Krebs und deine Angst davor. Weißt du, du kannst dich um deine Angst vor dem Krebs kümmern, und dann ist die Sache für dich erledigt, weil du ja keinen Krebs mehr *hast*.

Emma: Okay, und wie fange ich das an?

Katie: Lies weiter.

Emma: Okay. *Der Krebs sollte mich nicht so verändert zurücklassen, so traumatisiert, entstellt, befangen und menschenscheu. Ich muss sicher sein, dass er weg ist und nicht* *zurückkehrt, oder ich muss mit dem Gedanken zurechtkommen, dass er zurückkehren könnte. Krebs ist die Hölle! Er schwächt, entstellt, traumatisiert und hinterlässt permanente Angst. Ich will nie wieder eine Chemo machen müssen. Ich will nie wieder eine Glatze haben. Ich will mich nie wieder so schwach fühlen. Ich will meinen Anblick nie wieder hassen müssen. Ich will nie wieder ein Jahr verlieren. Ich will nie wieder so viele Operationen haben müssen. Mein Sohn und meine Familie sollen das nie wieder miterleben müssen.*

Katie: Danke, Liebling. Dann lass uns mal ganz oben anfangen, okay? Und lies bitte alles noch einmal, und dann werden wir etwas anderes damit machen.

Emma: Okay. *Ich will, dass der Krebs nie wieder zu mir zurückkehrt.* Ich meine: *Ich bin wütend auf den Krebs, weil er mein Leben ruiniert hat.*

Katie: Okay. Jetzt dreh's um. Und für das Wort *Krebs* setzt du *mein Denken* ein.

Emma: Ich bin wütend auf mein Denken, weil es mein Leben ruiniert hat.

Katie: Ist das genauso wahr?

Emma: Ja.

Katie: Das ist schon ein großer Teil der Geschichte. Für mich ist das die ganze Geschichte. Aber aus deiner Sicht ist es ein großer Teil davon. Also: »Der Krebs hat dein Leben ruiniert« – stimmt das?

Emma: Nun, ich habe doch wohl ein Leben, also ...

Katie: »Er hat dein Leben ruiniert« – ist das wahr?

Emma: Es kommt mir so vor.

Katie: Stimmt es, dass er dein Leben ruiniert hat? Du bist hergekommen. Du hast immer noch deine Familie.

Emma: Er hat mein Leben *verändert*. Er hat es vielleicht nicht ruiniert, aber verändert.

Katie: Ist das wahrer?

Emma: Es ist wahrer.

Katie: Ja. Wie reagierst du, wenn du den Gedanken glaubst: »Der Krebs hat mein Leben ruiniert«? Was passiert mit dir, wenn du diesen Gedanken glaubst? Was geschieht dann mit deinem Körper? Spür das.

Emma: Ich verstecke mich; ich verstecke mich einfach.

Katie: Und wo fühlst du das? »Der Krebs hat mein Leben ruiniert« – wo fühlst du das in deinem Körper? Wo erlebst du diesen Gedanken körperlich?

Emma: Überall. Es ist überall. Es wirkt einfach abstumpfend.

Katie: Also: »Der Krebs hat dein Leben ruiniert« – bringt dieser Gedanke Frieden oder Stress in dein Leben?

Emma: Nein, es ist lächerlich; er bringt nichts als Stress.

Katie: Dann nenne mir einen friedlichen Grund zu glauben, dass der Krebs dein Leben ruiniert hat. Während du hier sitzt und umwerfend aussiehst. Nenne mir einen friedlichen Grund, den Gedanken zu glauben: »Der Krebs hat mein Leben ruiniert.«

Emma: Es gibt keinen.

Katie: Wer wärst du ohne den Gedanken »Der Krebs hat mein Leben ruiniert«? Wer wärst du, wenn du das nicht glauben würdest, und die Leute würden sagen: »Oh, du hattest Krebs«?

Emma: Wahrscheinlich wäre ich so wie ich eben bin.

Katie: Wenn jemand sagen würde: »Oh, du hattest Krebs«, dann könntest antworten: »Ja, aber er hat mein Leben nicht ruiniert.« »Der Krebs hat mein Leben ruiniert« – dreh's um.

Emma: Der Krebs hat mein Leben nicht ruiniert.

Katie: Jetzt nenne mir drei Beispiele dafür, wie dein Leben besser geworden ist, weil du Krebs hattest. Drei wunderbare Dinge, die daraus entstanden sind.

Emma: Nun, ich habe meine Beziehung zu meiner Mutter wieder in Ordnung bringen können, weil sie sich auf eine Weise für mich eingesetzt hat, die ich mir nie hätte vorstellen können.

Katie: Wow!

Emma: Ja, sie hat mich und meinen Sohn ein ganzes Jahr lang voll unterstützt, hat die Nächte im Krankenhaus verbracht und sich einfach ganz erstaunlich verhalten. Mein Sohn war im Alter zwischen 14 und

15, und er hat mir auch viel geholfen und dabei wirklich gelernt, was es heißt zu helfen. Und ich weiß, die Erfahrung wird sich positiv auf meine Arbeit auswirken. Ich arbeite mit Parkinson-Patienten, und darauf wird es sich nur positiv auswirken. Und ich werde auch anderen Frauen helfen können, wenn ich das durchstehen kann – wenn ich das durchstehe.

Katie: Nun, du hast es eigentlich schon durchgestanden. Außer in deinen Gedanken.

Emma: Außer in meinem Denken.

Katie: Ja. Sie sagen, du bist frei von Krebs, aber in deinem Denken bist du es nicht.

Emma: Ich bin es nicht.

Katie: Also hast du sogar dann Krebs, wenn du keinen Krebs hast. In deinen Gedanken. Es ist nicht gut, frei von Krebs zu sein, weil du es nicht wirklich bist.

Emma: Na ja, ich habe dieses Gen, und deshalb sind sie so besorgt, und jetzt muss ich ständig irgendwelche Tests machen. Ja, ich muss vorankommen. Deshalb bin ich hier, um ein neues Jahr zu beginnen, wieder zu arbeiten und … – es ist gerade so, als würde man in die Hölle geschleudert und dann von einer riesigen Zange gepackt, die sagt: »Okay! Geh los!«

Katie: »Das ist die Bestimmung, die deine Mutter hat, die dein Sohn hat, und das ist der Sinn des Ganzen: den Menschen zu helfen. Also geh los, Mädchen!«

Emma: Und ich bin einfach … während ich dort drüben saß, erschien mir das Bild – ich weiß nicht warum – einer kleinen, nassen, schwarzen Katze nach einem Unwetter, die einfach zittert, einfach bebt, einfach weitergeht. »Au!«

Katie: Ja. Und welche anderen guten Dinge sind aus diesem Krebs noch entstanden? Warum ist es gut, dass du Krebs hattest? Was ist daraus Gutes hervorgegangen?

Emma: Ich bin meiner Zwillingsschwester nähergekommen. Sie musste sich nach mir ebenfalls prophylaktisch beide Brüste abnehmen lassen. Also hat sie bei mir gewohnt und sich von meinen Ärzten und Chirurgen behandeln lassen.

Katie: Wow!

Emma: Und wir haben wieder zueinandergefunden. Wir haben viele Jahre lang nicht im selben Staat gewohnt, und nun haben wir das gemeinsam durchgestanden.

Katie: Also: »Der Krebs hat dein Leben ruiniert« – stimmt das?

Emma: Nein, er hat nur meinen Körper ruiniert!

Katie: »Der Krebs hat deinen Körper ruiniert« – stimmt das?

Emma: Ja! Das stimmt ganz definitiv! Ich sehe so aus, als wäre ich einem Schlachter in die Hände gefallen. Das ist hart.

Katie: Ich weiß, ich weiß, Schätzchen. Also: »Der Krebs hat deinen Körper ruiniert« – stimmt das?

Emma: Er hat ihn verändert.

Katie: »Der Krebs hat deinen Körper ruiniert« – ist das wahr?

Emma: Ja! Es *ist* wirklich wahr! Ich meine, wahrscheinlich hängt es davon ab, wer –

Katie: Hat der Chirurg denn gesagt: »Ich werde dich operieren, ob du willst oder nicht!«? Oder warst du damit einverstanden?

Emma: Ich hatte keine Wahl. Es hat nicht so funktioniert, wie es geplant war.

Katie: Und warst du mit dieser Operation, diesen Operationen einverstanden? Hast du dich ins Auto gesetzt? Du bist hingefahren, und hast sie *bezahlt*, damit sie dich operieren.

Emma: Ja.

Katie: Okay. Also: »Der Krebs hat deinen Körper ruiniert« – stimmt das? Du hast gesagt, du hattest keine Wahl. Welche andere Möglichkeit gab es?

Emma: Dann habe *ich* eben meinen Körper ruiniert!

Katie: Du hast gesagt, du hattest keine Wahl. Welche andere Möglichkeit gab es. Tu's oder …

Emma: Tod, Tod.

Katie: Also hast du die Entscheidung getroffen. Niemand hat dich dazu gezwungen; es war deine Entscheidung. »Der Krebs hat deinen Körper ruiniert« – stimmt das?

Emma: Na ja, hätte ich den Krebs nicht bekommen, dann hätte ich den Operationen nicht zustimmen müssen.

Katie: »Der Krebs hat deinen Körper ruiniert« – stimmt das?

Emma: Es kommt mir immer noch so vor.

Katie: Du hättest sterben können.

Emma: Ja.

Katie: Aber wie hast du dich entschieden? Für die Operationen.

Emma: Richtig.

Katie: Was tun sie im Operationssaal? Sie haben dort Messer.

Emma: Ja.

Katie: »Der Krebs hat deinen Körper ruiniert« – stimmt das?

Emma: Ich kann nicht *Nein* sagen!

Katie: Das ist okay. Und wie reagierst du, wenn du den Gedanken glaubst: »Der Krebs hat meinen Körper ruiniert«? »Das war nicht ich! Ich hatte nichts mit der Operation zu tun, das war der Krebs!« Wie reagierst du, wenn du den Gedanken glaubst: »Der Krebs hat meinen Körper *ruiniert*«? Du kannst Krebs haben und es *nicht* tun.

Emma: Ich kann mich an keine Wahl erinnern.

Katie: Zu sterben war die Alternative.

Emma: Ja, dafür habe ich mich nicht entschieden.

Katie: Nein, du hast eine sehr freundliche Entscheidung getroffen.

Emma: Also, okay.

Katie: Verstanden?

Emma: Ja.

Katie: Gut. Oh Schätzchen, wir sind nirgendwo Opfer. Wir sind Güte in Aktion. Wir können niemals sagen: »Der Krebs hat mein Leben ruiniert.« *Ich* habe das getan. Es war eine kluge, liebevolle, fürsorgliche Entscheidung. Der Krebs hat keine Macht über mich.

Emma: Ja.

Katie: Wer wärst du also ohne deine Geschichte »Der Krebs hat meinen Körper ruiniert«?

Emma: Ich wäre einfach ich, wahrscheinlich etwas unsicherer, aber nicht ruiniert.

Katie: Ich habe mir gerade vorgestellt, wie du nackt vor uns stehst und sagst: »Seht ihr das? Ich habe das getan. Ich habe mein Leben gerettet. Das ist der Preis dafür. Seht ihr das? Das ist ein Akt der Liebe.«

Emma: Es fällt mir schwer, mir das im Spiegel anzuschauen.

Katie: Ja, gewiss, weil du gedacht hast, dein Körper, so wie er vorher war, würde dir Vorteile bringen. Er ist ein Handelsgut, das man gegen Liebe und Anerkennung eintauscht, aber du hast deine … Währung verloren.

Emma: Ja, es ist jetzt eine völlig andere Sache, mit Männern auszugehen.

Katie: Ja. Kannst du dir jemanden vorstellen, der geistig so offen ist wie du? Weißt du, wenn jemand meinen Körper nicht absolut schön findet, dann denke ich, er hat ein Problem.

Emma: Na ja, und die Männer müssten auch ziemlich außergewöhnlich sein.

Katie: Ja! Und ist es nicht genau das, was du willst?

Emma: Nun, das ist alles, was sein kann, weil es meine Realität ist.

Katie: Ach, wirklich? Wir werden sehen. Nur einen Augenblick noch. Wir werden dazu kommen. Also: »Der Krebs …«

Emma: Nein. Ich meine, diese Entstellung ist meine Realität, also wird es auch ihre sein müssen.

Katie: Ja. Also du könntest mit jemandem zusammen sein, dem dein Körper nicht gefällt. Und du könntest ihn verstecken und den Mann irgendwie täuschen.

Emma: [lachend] Okay.

Katie: Uns fallen immer irgendwelche Tricks ein. Bis wir uns entscheiden, uns einfach mit dem einzig Wahren zufriedenzugeben. Du weißt schon: »So ist es. Was hältst du davon?«

Emma: Ja. Sie müssen es ja nicht sofort erfahren … Ich weiß nicht …

Katie: Nein. Wir wissen es nicht.

Emma: Ich habe wirklich noch keine Erfahrung damit.

Katie: Ja, okay. Also: »Der Krebs hat meinen Körper ruiniert« – dreh's um.

Emma: Ich habe meinen Körper ruiniert.

Katie: Ja.

Emma: Ich habe ihn aufgegeben …

Katie: … aus einem sehr guten Grund.

Emma: Ja.

Katie: Also schauen wir uns das mal an: »Dein Körper ist ruiniert« – stimmt das? Ist er ruiniert als *Währung*, oder ist er ruiniert als … Auf welche Weise ist er ruiniert? Was kostet dich das, abgesehen von der Handelsware?

Emma: Ich hatte ohnehin nicht vor, als Model im *Playboy* zu erscheinen.

Katie: Also: »Dein Körper ist ruiniert« – ruiniert für welchen Zweck? Lass uns konkret werden.

Emma: Nun, er ist ruiniert, weil ich ihn nicht mag. Ich meine, ich mag ihn wirklich nicht. Ich kann ihn nicht mal anschauen.

Katie: Ruiniert für welchen Zweck?

Emma: Um mich nackt zu zeigen!

Katie: Ja, denn wenn dich jemand so *sieht*, dann bekommst du von ihm nicht das, was du willst. Das ist es, was du glaubst.

Emma: Na ja, das ist es wohl, was mit mir passiert.

Katie: Das ist es. Und lass uns am Anfang beginnen.

Emma: Okay.

Katie: Da wird es geboren: in dir. Ich meine, *du* schaust deinen Körper nicht gerne an, und das projizierst du auf andere. Und wenn du projizierst, dass andere deinen Körper nicht gerne anschauen, dann verlierst du deinen Glauben. Du verlierst die Sicherheit, mit der du dir vorgestellt hast, du könntest deinen Körper, so wie er früher war, als Handelsware einsetzen.

Emma: Gut, aber ich *hatte* ihn! Ich hatte ihn, weißt du, es ist wie …

Katie: Du hattest was?

Emma: Einen hübschen Körper.

Katie: Ja.

Emma: Aber … ich weiß. Na gut, ich meine wirklich, du hast Recht. Ich bin hier, um darüber zu reden, also …

Katie: Also: »Dein Körper ist ruiniert« – stimmt das?

Emma: Ich gebe mich damit zufrieden zu sagen: »Mein Körper sieht seltsam aus.«

Katie: Okay. Und wie reagierst du, wenn du den Gedanken glaubst: »Mein Körper ist ruiniert«? Was empfindest du dabei innerlich?

Emma: Oh, es ist entsetzlich. Ich verstecke mich einfach. Ich bleibe einfach zu Hause.

Katie: Schließe jetzt die Augen. Welche Bilder siehst du, wenn du den Gedanken glaubst: »Mein Körper ist ruiniert«? Wohin wandert dein Bewusstsein? Schau dir die belastenden Gedanken an; schau dir die Bilder an, die dich überfallen.

Emma: Es läuft einfach alles darauf hinaus, ständig allein zu sein. Immer allein.

Katie: Wer wärst du ohne die Geschichte »Mein Körper ist ruiniert«? Wie würdest du ohne diesen Gedanken leben?

Emma: Ich wäre einfach – wie alle anderen. Ich wäre wieder ich selbst.

Katie: Während du dein Leben lebst, ja – dein sehr produktives, wunderbares Leben, mit einem Körper, der stark ist, der zur Arbeit gehen kann, der Mahlzeiten kochen kann, der für sich selbst sorgen kann, der dahin geht, wo deine Gedanken ihn hinschicken.

Emma: Ja, ich kann einfach weitergehen.

Katie: Und zwar mit einem Körper, der bereit ist, das zu tun! »Mein Körper ist ruiniert« – stimmt das?

Emma: Nein.

Katie: Nein, du hast eine Aufgabe zu erledigen. Und dein Körper ist dazu fähig.

Emma: Ja.

Katie: Wenn ich denke, dass mein Körper dazu dienen soll, Männer anzuziehen, was ist das für ein eingeschränktes Leben! Oder Freunde anzuziehen, was für ein eingeschränktes Leben! Wir haben Aufgaben zu erfüllen. Unsere Aufgabe besteht darin, zu lieben und *The Work* zu machen.

Emma: Ja. Ich denke wirklich nicht so sehr an andere, sondern achte mehr darauf, was mit mir passiert, wenn ich in den Spiegel schaue, und ich kann einfach nicht akzeptieren …

Katie: Was du siehst.

Emma: Was ich sehe.

Katie: Und doch hast du selbst die Entscheidung getroffen. *Du* hast dich dafür entschieden, dein Leben zu retten! Diese Narben zeigen, auf welche Weise du dein Leben gerettet hast, um deine Aufgabe in dieser Welt zu erfüllen.

Emma: Ja.

Katie: Und nun nenne mir drei schöne Dinge im Zusammenhang mit diesen Narben. Drei schöne Dinge, die damit zu tun haben, wie dein Körper nach den Operationen aussieht.

Emma: Jetzt setzt du mich aber wirklich unter Druck. [Gelächter]

Katie: Also schließe die Augen, und schau dich an. Drei schöne Dinge.

Emma: Es ist *nichts* Schönes dran.

Katie: Sie haben dein Leben gerettet.

Emma: Richtig.

Katie: Was ist sonst noch schön daran? Ich sehe nichts als Schönheit. Achte darauf, wie sie heilen. Siehst du das? Oder hast du den Narben nicht mal genug Aufmerksamkeit geschenkt, um zu sehen, wie sie heilen, um dieses Wunder zu sehen?

Emma: Nein. Eine von ihnen ist absolut scheußlich geworden: Sie reagiert auf gar nichts, ist einfach total verrückt.

Katie: Und heilt sie?

Emma: Sie wird nicht heilen. Wenn ich will, kann ich sie nachoperieren lassen, aber ich will nicht, und deshalb werde ich einfach damit leben müssen … wie sie eben ist.

Katie: Kannst du denn sehen, wo es *tatsächlich* heilt?

Emma: Ich sehe die Narben heilen.

Katie: Gut, danke.

Emma: Keine Ursache.

Katie: Findest du das nicht sehr schön?

Emma: Nein!

Katie: Dass sie heilen?

Emma: Ja.

Katie: Das ist doch ein Wunder, dass die Chirurgen uns aufschneiden, und dann verheilen die Wunden. Ich finde das einfach wunderschön.

Emma: Ja, ich werde … jeden Tag kann ich meinen Arm ein bisschen besser bewegen.

Katie: Findest du das nicht wunderbar?

Emma: Ja, wenn ich nur nicht solche Angst hätte, dass er nie wieder voll beweglich sein wird.

Katie: Während du deinen Arm jeden Tag ein wenig mehr bewegen kannst.

Emma: Ein wenig.

Katie: Ja, wir werden das nicht schön finden. Wir werden stattdessen daran denken, was du noch *nicht* wieder kannst.

Emma: Ja. Weil du nicht weißt – weil ich nicht weiß –, ob die volle Beweglichkeit zurückkommt.

Katie: Oder eben nicht.

Emma: Richtig.

Katie: Also dein Arm – du kannst ihn ein bisschen besser bewegen, ein bisschen besser. Findest du das nicht wunderbar?

Emma: Hmm … halbwegs zufriedenstellend. [Gelächter] Aus physiotherapeutischer Sicht ist es ein Flop!

Katie: Es ist ein Flop, dass du deinen Arm jedes Mal ein bisschen besser bewegen kannst?

Emma: Nein, das ist eine gute Sache.

Katie: Eine gute Sache! Okay. Ich finde das erstaunlich. Es ist erstaunlich! Erst kannst du ihn überhaupt nicht bewegen, dann ein bisschen, und dann immer weiter und besser. Das ist erstaunlich.

Emma: Ja.

Katie: Aber dein Verstand sagt, dass der Arm dies oder jenes noch nicht kann … Wenn du dabei hängenbleibst und deine Gedanken dir das eifrig beweisen, dann bleibt kein Raum dafür, die Wirklichkeit zu würdigen, die so aussieht, dass du deinen Arm immer besser bewegen kannst, ganz egal, was du denkst. Trotz deiner Überzeugungen macht der Arm seinen Job. Die Narben heilen. Und der Arm wird immer beweglicher.

Emma: Ja, ich kann mich darauf konzentrieren, über diese kleinen Fortschritte glücklich zu sein.

Katie: Ja. Dein Arm macht bessere Fortschritte als *du*.

Emma: Ja, das tut er!

Katie: Ich freue mich, dass du dabei bist aufzuschließen.

Emma: Ja, zu meinen Gedanken, ja. Zu meinem Körper.

Katie: Vor dem Spiegel zu stehen und das Wunder zu

sehen, dass du dein Leben gerettet hast, und das Wunder der Heilung zu sehen, wie es dir alles zurückgibt, was es kann. Und wie du es nicht zu schätzen weißt, und wie du es *doch* würdigst. Also: »Mein Körper ist ruiniert« – dreh's um.

Emma: Er ist nicht ruiniert.

Katie: Kannst du mir ein Beispiel dafür nennen, wie das stimmt?

Emma: Nun, es war absolut die richtige Entscheidung, die ich getroffen habe. Es war meine eigene Entscheidung. Niemand hat mir das angetan; der Krebs hat mich nicht verfolgt. Es war keine Strafe; es war nichts, was passiert ist, weil ich etwas falsch gemacht habe.

Katie: Nein.

Emma: Das ist schwer zu glauben. Ich weiß, jeder sagt, dass ich ein Geschenk darin sehen soll.

Katie: Nun, das habe ich aus deinem eigenen Mund gehört.

Emma: In Bezug auf meine Mutter und meinen Sohn?

Katie: Ja.

Emma: Meine Schwester …

Katie: Ja. Und im Hinblick auf deinen Job.

Emma: Ja. Aber das hätte ich auch ohne den Krebs haben können.

Katie: Oh, wirklich?

Emma: Ja! Ich denke schon!

Katie: »Mutter, komm für ein ganzes Jahr hierher, sorge für mich und …«

Emma: Sie lebt hier.

Katie: Okay, also: »Sorge ein ganze Jahr lang für mich.«

Emma. Ja, finanziell. Ja.

Katie: Und dein Sohn. Ich bin sicher, er hätte auch ohne deine Krankheit alle diese Aufgaben übernommen.

Emma: Den Müll so rausgetragen? Ich weiß aber nicht, ob das alles es wert war, dafür Krebs zu bekommen.

Katie: Nun, frag dich selbst. Wenn das die einzige Möglichkeit war … wenn du nur auf diese Weise die Erfahrung machen konntest, wie sehr deine Mutter sich wirklich um dich kümmert und wie sie dich sieht … wenn das die *einzige* Möglichkeit war. Spiel damit. Wo ist dein Körper also nicht ruiniert?

Emma: Wo er nicht ruiniert ist?

Katie: Ja.

Emma: Meine Zehen … alles. Außer einer Reihe von Narben, von denen eine anders aussieht als die anderen, und ich habe zwei kahle Stellen, und …

Katie: Wo ist dein Körper *nicht* ruiniert? Sieh mal, du bist in die Geschichte eingestiegen.

Emma: Oh, ich habe die Stellen genannt, wo er ruiniert ist!

Katie: Sehr gut! Er ist deiner Meinung nach ruiniert.

Emma: Ja. Es sind nicht meine Füße oder Beine. Ich habe insgesamt etwas Gewicht zugelegt, aber meine … ja, meine Beine sind in Ordnung. Mein Hals ist in Ordnung. Mein Gesicht.

Katie: Deine Arme sehen gut aus.

Emma: Ja. Nur den einen kann ich eben nicht so gut bewegen wie früher.

Katie: Du redest über einen ziemlich großen Teil der Menschheit.

Emma: Menschen, mit deren Körpern etwas nicht stimmt.

Katie: Oder sie können den einen Arm nicht so gut bewegen wie den anderen.

Emma: Richtig, richtig.

Katie: Okay. Also lies weiter. Fang noch mal ganz oben an.

Emma. *Ich bin wütend auf den Krebs, weil er mein Leben ruiniert hat.* Stimmt nicht.

Katie: Ist es nicht schön zu wissen, dass er dein Leben nicht ruiniert hat?

Emma: Ja, damit muss ich nicht mehr rumlaufen.

Katie: Mit einem ruinierten Leben …

Emma: Ja.

Katie: … während du dein Leben lebst.

Emma: Ja, und ich muss nicht denken, dass ich wieder ganz von vorne anfange. Der Gedanke ist mir gekommen, dass ich wieder ganz am Anfang beginnen muss, und …

Katie: Das stimmt absolut nicht.

Emma: Nein. Das ist eine Erleichterung. *Ich will, dass der Krebs nie wieder zu mir oder sonst irgendjemandem zurückkehrt.* Na ja, das ist ziemlich unrealistisch, aber …

Katie: Wie reagierst du, wenn du den Gedanken glaubst: »Ich will, dass der Krebs nicht zurückkehrt«?

Emma: Ich meine das ernst. Ich will es wirklich nicht, ich meine, ich … ich habe diese Vorstellung, dass ich das nicht noch mal durchstehen kann. Dass es mein Ende ist, wenn er zurückkommt.

Katie: Okay, sehen wir uns das genauer an. Wenn der Krebs zurückkommt, kannst du das nicht noch mal durchstehen.

Emma: Ich kann es nicht. Ich schaffe das nicht noch einmal!

Katie: Du könntest Recht haben. Es ist nicht so, dass ich dir nicht glaube. Aber was soll das? Drohst du dem Universum? Drohst du dem Krebs, drohst du Gott? Was soll das? Diese Drohung – »Ich kann das nicht noch mal durchstehen!« Es ist einfach, was es ist, Schätzchen. »Wenn der Krebs zurückkehrt, kannst du es nicht noch mal durchstehen« – kannst du absolut sicher wissen, dass das stimmt?

Emma: Nein, das kann ich nicht.

Katie: Dann spür das jetzt einfach mal. Nimm bewusst wahr, wie es sich anfühlt, wenn du den Gedanken glaubst: »Ich kann das nicht noch mal durchstehen. Ich schaffe das nicht noch einmal.«

Emma: Ja, das ist so, wie du es gesagt hast ... ich drohe mir selbst damit. Es ist so, als würde ich innerlich einen Strich drunterziehen. Nur weil ich es mir nicht vorstellen kann, heißt das nicht, dass ich es nicht tun kann.

Katie: Sehr gut! Also: »Ich kann das nicht noch mal durchstehen« – wer wärst du ohne diese Geschichte, wenn du zur nächsten Untersuchung gehst?

Emma: Tapfer?

Katie: Offen.

Emma: Bereit für ... einfach jedes mögliche Ergebnis.

Katie: Was empfindest du körperlich, wenn du denkst: »Ich kann das nicht noch mal durchstehen«, und du glaubst diesen Gedanken?

Emma: Es zieht sich einfach alles zusammen.

Katie: Okay. Und was tut das deinem Kreislauf an, deinen Arterien und all den Stellen, die mit Sauerstoff und allem anderen versorgt werden müssen, um gesund zu sein und das Immunsystem gesund zu erhalten – wenn du diesen Gedanken glaubst oder nicht glaubst? Auf der einen Seite bist du mutig und gehst zur Untersuchung. Du weißt nicht, ob du es noch einmal durchstehst oder nicht. Auf der anderen Seite kommt dann dieses »Ich kann das nicht noch mal durchstehen«, und du bist einfach … dicht.

Emma: Das hilft mir nicht weiter, nein.

Katie: Nein. Es ist ziemlich schwer, auf diese Weise Sauerstoff durch den Körper zu pumpen.

Emma: Beklemmungen. Ja.

Katie: Also: »Ich kann das nicht noch mal durchstehen« – dreh's um.

Emma: Ich kann das noch mal durchstehen.

Katie: Könnte genauso wahr sein.

Emma: Schon möglich. Oh Gott. Aber ich muss damit aufhören. Ich muss damit aufhören, mich ständig zu fragen, ob denn …

Katie: Stimmt das – musst du aufhören, dich zu fragen »Was wäre wenn?«?

Emma: Na ja, ich fühle mich nicht gut dabei, aber wahrscheinlich kann ich nichts dagegen tun.

Katie: Wie reagierst du, wenn du den Gedanken glaubst: »Ich muss damit aufhören«, und du machst es trotzdem wieder?

Emma: Ja, und ich habe versagt.

Katie: Wer wärst du also, wenn diese Gedanken wiederkämen? – »Ich darf das nicht mehr denken« – und dann kommt der Gedanke?

Emma: Ich wäre offen für den Gedanken, wenn ich nicht der Meinung wäre, dass er …

Katie: Wenn du nicht versuchen würdest, ihn abzuwehren.

Emma: Richtig.

Katie: Verteidigung ist der erste Akt des Krieges. Also dreh's um – »Ich muss aufhören, das zu denken.«

Emma: Ich darf das weiterhin denken. Ich darf mich weiterhin fragen, ob ich das noch mal durchstehen würde.

Katie: Ja. »Ich muss nicht aufhören, das zu denken.«

Emma: Richtig. Immerhin ist es nach allem, was ich durchgemacht habe, ein normaler Gedanke.

Katie: Nur wenn du ihn glaubst, dann wird er unehrlich.

Emma: Richtig. Es ist einfach der Unterschied, ob man sich die Frage stellt oder entscheidet …

Katie: … und sich die eigenen Gedanken verordnet. Oder es versucht. Okay, dann lies weiter.

Emma: *Ich will nicht den Rest meines Lebens in Angst verbringen.*

Katie: »Ich bin bereit …«

Emma: Ich bin bereit, den Rest meines Lebens in Angst zu verbringen.

Katie: »Ich freue mich darauf …«

Emma: Warum? Warum sollte ich mich darauf freuen?

Katie: Nun, weil ...

Emma: ... weil es wahr es.

Katie: Weil Menschen, die *The Work* machen, mit der Angst umzugehen wissen. Wir freuen uns darauf, und so können wir damit arbeiten. Damit endet die Angst. Das ist der Grund.

Emma: Okay. Ich freue mich darauf, den Rest meines Lebens in Angst zu verbringen.

Katie: Ja, dieser Gedanke. Und immer wenn er bei dir Angst auslöst, dann schreib ihn auf, überprüfe ihn und dreh in um. Also lies. Fang bei Nummer drei an.

Emma: *Der Krebs sollte mich nicht so verändert zurücklassen, so traumatisiert, entstellt, befangen und menschenscheu.*

Katie: Dreh's um. »Mein Denken sollte ...«

Emma: Mein Denken sollte mich nicht so verändert zurücklassen, so traumatisiert, entstellt, befangen und menschenscheu. Es ist nicht der Krebs.

Katie: Das stimmt.

Emma: Aber dann gebe ich mir doch selbst die Schuld.

Katie: Es ist ein Anfang. Dann kannst du die Gedanken über dich überprüfen. Und du bist nicht deine Gedanken.

Emma: Ja. Der Spruch ist gut.

Katie: »Du bist entstellt« – stimmt das?

Emma: Ja.

Katie: Und wie reagierst du, wenn du den Gedanken glaubst: »Ich bin entstellt«?

Emma: Ich weine.

Katie: Und wer wärst du ohne den Gedanken »Ich bin entstellt«? Wie fühlst du dich innerlich, wenn du diesen Gedanken nicht denkst?

Emma: Es ist einfach ein Ungedanke. Es ist ein Unthema. Es macht einfach nicht viel Sinn …

Katie: Gut. Also ist dein Körper nicht das Problem. Deine Gedanken über deinen Körper – die sind das Problem. Die entstellen dich. Wenn du nicht darüber nachdenkst, dann existiert dein Körper gar nicht. Gut zu wissen, oder?

Emma: Man kann ihn reparieren.

Katie: Ja.

Emma: Und wenn ich den Körper nicht reparieren kann, dann eben die Gedanken.

Katie: Also: »Dein Körper muss repariert werden« – stimmt das, kannst du absolut sicher wissen, dass dein Körper repariert werden muss?

Emma: Es sei denn, ich kann ihn so in Ordnung finden, wie er ist.

Katie: Er *ist* in Ordnung. Er ist sehr glücklich mit sich selbst. Er heilt. Er lebt weiter und erfüllt seine Aufgaben. *Er* weiß nicht, dass er entstellt ist. Er macht seinen Job. Er bewegt sich in die entgegengesetzte Richtung, in die Richtung des Erfolgs und der Stärke.

Wenn ich mich auf den Körper konzentriere ... ich kann nicht mal sagen »*mein* Körper«, denn das würde unterstellen, dass er mir gehört, und das ist absurd. Wie kann er mir gehören? »Weil ich es behaupte.« Abgesehen davon macht er einfach weiter und hat sein eigenes Leben ... Aber wenn ich mich auf das Körperliche konzentriere, dann konzentriere ich mich auf eine äußere Sache. Das bin nicht ich. Also bin ich nicht mehr bei meinen Angelegenheiten. Und wenn ich gedanklich nicht mehr bei meinen Angelegenheiten bin, dann empfinde ich Einsamkeit. Das fällt mir auf, und so kehre ich zu meinen Gedanken zurück, denn dort liegen die Lösungen. Also findet mein Denken ein Zuhause in sich selbst, und der Körper ist nicht sein Zuhause.

Emma: Richtig.

Katie: Sein Zuhause liegt in sich selbst, in seiner eigenen Weisheit. Das Bewusstsein kann nie ein Zuhause im Körper finden, denn Körper sterben.

Emma: Ja, es war ziemlich faszinierend, keine Haare zu haben und zu sagen: »Nehmt meine Brüste; nehmt meine Eierstöcke«, und ich wusste, das war immer noch ich da drin. Das können sie einem nicht wegnehmen.

Katie: Gut zu wissen, oder?

Emma: Ja.

Katie: Also, sich auf das Körperliche zu konzentrieren bedeutet, sich auf eine äußere Sache zu konzentrieren. Es ist nett, den Körper freundlich zu behandeln, ihn zu nähren und zu pflegen. Warum auch nicht? Weißt du, wenn du das tust, dann magst du dich. Es ist nichts Persönliches. Arbeite damit. Arbeite an deinem Bewusstsein, dann wird der Körper folgen. Was wäre das Schlimmste, das irgendjemand über dich sagen könnte?

Emma: Du meinst über meinen Körper?

Katie: Ja, wenn du dich vollständig ausziehen würdest. Was wäre das Schlimmste, das die Leute über dich sagen könnten?

Emma: Oh, ich denke, sie würden einfach über mich lachen. Es ist irgendwie albern.

Katie: Also wäre es sehr gut, wenn *du* dich im Spiegel anschauen und lachen könntest.

Emma: Ja, das wäre mal was anderes.

Katie: Ja, du schaust in den Spiegel und siehst, wie alles heilt. Und du lachst über den Gedanken, dass dein Körper vielleicht nicht das tut, was er tun sollte, dass du dir Sorgen darüber gemacht hast. Denn das bist nicht du. Und wenn du deinen Körper beobachtest, dann geht es ihm gut.

Emma: Ja, ich habe mich sogar dafür verurteilt, dass ich so oberflächlich bin, mir über meinen Körper Sorgen zu machen.

Katie: Wessen Körper?

Emma: Diesen Körper. Wenn das nicht meiner wäre, würde ich mir vielleicht keine Gedanken darüber machen.

Katie: »Es ist dein Körper« – kannst du absolut sicher wissen, dass das stimmt? [Emma lacht.] Das ist eine sehr alte Vorstellung: »Das ist meiner. Ich behaupte es. Dadurch wird es wahr.« Aber nur weil ich das sage, denke und glaube, wird es nicht wahr! Wenn das mein Körper ist, was fällt ihm dann ein, so auszusehen? Was macht er da mit 63 Jahren? Wenn das meiner ist, warum bringe ich das nicht in Ordnung? *Und* mein Geschlecht, *und* meine Größe? Wenn das meiner ist, dann habe ich anscheinend nicht besonders viel Kontrolle darüber.

Emma: Richtig. Ja, das wäre wirklich eine Erleichterung.

Katie: Wie reagierst du also, wenn du den Gedanken glaubst, dass dieser Körper deiner ist?

Emma: Entsetzt. Ich bin einfach entsetzt.

Katie: Und wer wärst du ohne den Gedanken, dass er dir gehört, dass er du ist, dass er deiner ist? Dass er irgendwie dein *Eigentum* ist?

Emma: Ich wäre von ihm getrennt. Es gäbe eine Distanz, und ich wäre nicht so daran beteiligt. Das wäre eine Erleichterung.

Katie: Nun, genau das ist die Realität. Er ist nicht deiner. Nur weil du das glaubst, wird es nicht wahr.

Emma: [zum Publikum] Will ihn irgendjemand haben?

Katie: Weißt du, ich könnte sagen: »Das ist meiner.« [Sie deutet auf Emma] Und genauso könnte ich sagen: »Das ist meiner.« [Sie deutet auf sich selbst.]

Emma: Weil wir es nicht wissen.

Katie: Und im Grunde ist es nicht besonders interessant. Der Körper ist einfach etwas, über das wir uns zu viele Sorgen machen. Wir machen uns Sorgen und immer mehr Sorgen, und er tut trotzdem, was er will. Er bekommt Krebs; er wird krank; er wird wieder gesund; er macht … er *macht* all das. Er ist ein beachtliches Wunder.

Emma: Das ist er.

Katie: Also: »Das ist *dein* Körper« – dreh's um.

Emma: Das ist nicht mein Körper.

Katie: Ich nehme ihn.

Emma: Jetzt wird er heilen, natürlich!

Katie: Oh, er heilt sowieso.

Emma. Ja.

Katie: Wenn du weißt, dass du nicht dieser Körper bist, dann kannst du dich zurücklehnen und beobachten.

Er hat nichts mit dir persönlich zu tun, und du kannst ihm auf dieselbe Weise helfen, wie du deinem Sohn oder deiner Mutter oder deinen Klienten hilfst, wenn du zur Arbeit gehst. Du sorgst einfach für ihn und pflegst ihn. Es ist nichts Persönliches.

Also lies deine nächste Aussage.

Emma: *Damit ich glücklich sein kann, muss ich sicher sein, dass der Krebs für immer weg ist.* Das hatten wir schon.

Katie: Nun, das *ist* für immer, und er ist weg.

Emma: Richtig, das ist die Zukunft …

Katie: Das hier ist für immer – gerade hier, gerade jetzt –, und der Krebs ist weg. Bist du jetzt glücklich?

Emma: Ja.

Katie: Na also. Und solange du nicht frühere Erfahrungen in die Zukunft projizierst, hast du ein glückliches Leben ohne Krebs statt eines elenden Lebens ohne Krebs, weil der Körper deinen Bewusstseinszustand nicht beeinflussen kann. Aber das Bewusstsein … das ist eine seltsame Erscheinung, aber das Bewusstsein beeinflusst den Körper, nicht indem es Gesundheit oder Krankheit erzeugt, sondern einfach durch die Art und Weise, wie es ihn betrachtet.

Emma: Sicher.

Katie: Ein Mann könnte deinen Körper anschauen und sagen: Oh, meine Güte, ich liebe es einfach, deine

Operationsnarben anzusehen, denn sie haben dein Leben für mich *gerettet*.

Emma: Was haben sie gerettet?

Katie: Sie haben dein Leben für mich *gerettet*.

Emma: Oh, das ist nett.

Katie: Das ist es, und genau das ist geschehen. Du hast dich für uns gerettet. Was ich eigentlich sagen möchte: »Du hast ›es‹ für uns gerettet.« Und wenn du dann deine Gedanken weiter überprüfst, kommst du vielleicht zu der Erkenntnis, dass vielleicht nicht mal das stimmt, dass es einfach alles ist, was es ist.

Emma: Ja, ja.

Katie: Dann lass uns die nächste Aussage ansehen.

Emma: Oh, was hältst du davon? *Krebs ist die Hölle.*

Katie: »Krebs ist die Hölle« – stimmt das? Oder sind es deine Gedanken über den Krebs?

Emma: Meine Gedanken über den Krebs.

Katie: Die sind die Hölle.

Emma: Ja, meine Gedanken bringen mich in die Hölle, meine eigene Hölle.

Katie: Jetzt stell dir die schlimmste, unangenehmste Zeit während deiner Krebserkrankung vor.

Emma: Das ist einfach; ich bin schon da.

Katie: Wo bist du?

Emma: Die Chemo war schlimm. Sie hat mich fast umgebracht.

Katie: Okay, dann stell dir jetzt eine Situation vor, als es am schlimmsten war. Was passiert da? Wo bist du?

Emma: Ich war allein zu Hause und kam nicht von der Couch hoch, 48 Stunden lang, und ich konnte niemanden anrufen, und ich bin fast gestorben. Ich steckte wie festgeklebt in dieser Situation, dass ich niemanden anrufen konnte, und … es war ein Notfall, aber ich habe gedacht, ich würde sterben.

Katie: Also das Schlimmste war, dass du auf der Couch lagst und niemanden anrufen konntest.

Emma: Ja.

Katie: Also: »Du bist fast gestorben« – stimmt das?

Emma: Ich weiß nicht. Das haben sie gesagt, aber ich weiß es nicht.

Katie: Entweder stirbst du, oder du stirbst nicht.

Emma: Richtig, es war offensichtlich …

Katie: Wir lieben unsere »Ich-bin-fast-gestorben«-Geschichten. Aber die Wahrheit ist, dass wir entweder sterben oder nicht sterben. Wie reagierst du, wenn du den Gedanken glaubst: »Ich bin fast gestorben«?

Emma: Dabei spüre ich eine leichte Panik aufsteigen.

Katie: Wer wärst du ohne diesen Gedanken, der nicht mal wahr ist?

Emma: Ich wäre ehrlich.

Katie: Ja! »Ich bin fast gestorben« – dreh's um.

Emma: Ich bin nicht fast gestorben.

Katie: Nein. Du …

Emma: Ich habe es überlebt.

Katie: Ja. Du liegst also auf der Couch, und du kannst 48 Stunden lang niemanden anrufen. Wo ist das Problem?

Emma: In Bezug auf wen? Mich?

Katie: Was ist nicht in Ordnung daran, dass du 48 Stunden auf der Couch gelegen hast? Wohin hättest du gehen müssen?

Emma: Ich hätte Flüssigkeit gebraucht, eine Infusion. Ich brauchte …

Katie: Wirklich!

Emma: Das haben sie jedenfalls gesagt. Ich meine, es hat geholfen, als sie das gemacht haben.

Katie: Das war später.

Emma: Richtig.

Katie: Du liegst auf der Couch.

Emma: Richtig. Wahrscheinlich habe ich das getan, was ich tun musste. Ich musste …

Katie: Wo ist das Problem? Erzähl mir jetzt nicht, was die Ärzte oder andere Leute später gesagt haben.

Emma: Ja.

Katie: Schließ deine Augen. Du liegst auf der Couch … Und was ist nun daran nicht okay?

Emma: Nun ja, dass ich nicht … nicht richtig … beisammen war. … Ich war weggetreten.

Katie: Das klingt nach dem, was die Leute wollen, die Drogen nehmen.

Emma: Es war kein guter Trip.

Katie: Also schauen wir uns dein Denken an. Du liegst auf der Couch. Was denkst du?

Emma: Ich dachte, ich würde sterben.

Katie: Gut. Dann geh jetzt zurück auf die Couch, als ob du dort liegen würdest, und antworte aus dieser Position, okay? »Du wirst sterben« – kannst du absolut sicher wissen, dass das stimmt? Wenn niemand dir hilft und niemand kommt, dann »wirst du sterben« – kannst du absolut sicher wissen, dass das wahr ist?

Emma: Nein ... das kann ich nicht wissen.

Katie: Und wie reagierst du, während du dort auf der Couch liegst, wenn du den Gedanken glaubst: »Ich werde gleich sterben«?

Emma: Ich erstarre vor Angst.

Katie: Und wie fühlst du dich ohne den Gedanken – ohne den Gedanken »Ich werde gleich sterben«?

Emma: Ich liege einfach auf der Couch. Es ist schön.

Katie: Also, der schlimmste Moment während deiner Krebserkrankung – abgesehen von deinem Denken – ist einfach die Situation, in der eine Frau auf der Couch liegt. Was ist dann so schrecklich am Krebs? Du liegst da 48 Stunden lang in dem Glauben, dass du gleich sterben wirst.

Emma: Es ist mehr als das, ich meine, diese ganze Übelkeit …

Katie: Dann schauen wir uns das jetzt an.

Emma: … und die Schmerzen, und es war entsetzlich.

Katie: Ja.

Emma: Es war nicht nur, dass ich nicht von der Couch aufstehen konnte, es war einfach … alles war verkehrt. Alles war einfach …

Katie: Was ist denn mit der Übelkeit nicht in Ordnung, abgesehen von der körperlichen Erfahrung?

Emma: Ja, es ging wahrscheinlich mehr darum, dass ich alleine war … die Probleme … ich hatte Angst … solche Angst.

Katie: Leute, die einen Kater haben, erbrechen und betrinken sich am nächsten Tag schon wieder.

Emma: Ja. Das lässt sich aber nicht ganz vergleichen. Ich meine, dabei tun einem buchstäblich die Knochen weh und all das …

Katie: Ja, das ist sehr beängstigend. Also bitte ich dich jetzt wieder, dir deine Gedanken darüber anzuschauen. Denn *das* ist etwas, worum du dich kümmern kannst. Und darin liegt für deinen Körper die größte Chance, ein starker, lebendiger Organismus zu sein, sofern er nicht etwas anderes braucht. Und das tut er; das tut er am Ende immer. Er hat sein eigenes Leben, und das kannst du ihm nicht vorschreiben.

Emma: Ja, das habe ich gelernt.

Katie: Also abgesehen von der Übelkeit und den Schmerzen ... wie lange hattest du Schmerzen, während du dort 48 Stunden gelegen hast?

Emma: Ich hatte die ganze Zeit Schmerzen.

Katie: Die ganze Zeit. Okay. Und kannst du dich noch an den Moment erinnern, als sie kamen und dich fanden – was hast du in diesem Augenblick erwartet?

Emma: Sie hat einen Schlüssel benutzt.

Katie: Und was hast du gedacht, als du sie kommen hörtest? In diesem Augenblick, haben deine Beine da wehgetan?

Emma: Oh ja, es ging mir schlecht.

Katie: Okay, du hast nicht aufgehört, darüber nachzudenken. Also genau in dem Moment ...

Emma: Okay.

Katie: ... als du gehört hast, wie sie den Schlüssel herumdrehte, und du wusstest, dass sie es war.

Emma: Ich erinnere mich, wie überrascht ich war, dass ich mich sogar anziehen konnte. Ich meine, irgendwie habe ich mich aufgerafft und mir etwas angezogen, um ins Krankenhaus zu fahren.

Katie: Das ist wie ein Wunder!

Emma: So kam es mir vor.

Katie: Ja, du konntest dich 48 Stunden lang nicht rühren, und dann hat sich dein Bewusstsein verändert, und du konntest es.

Emma: Ja – weil mein Körper sich wahrscheinlich nicht verändert hat.

Katie: Nein, das hat er nicht. Also, du hast dort 48 Stunden gelegen und konntest dich nicht rühren. Stimmt das?

Emma: Ich weiß nicht.

Katie: Jemand kommt durch die Tür – du kannst dich bewegen. Du stehst auf. Du kannst dich anziehen.

Emma: Ja, ich bin sicher, wenn es ein Erdbeben oder so was gegeben hätte, dann hätte ich wahrscheinlich von der Couch aufstehen können.

Katie: Es war nur deine Freundin, die zur Tür hereinkam, und du bist aufgestanden, hast dich angezogen und bist nach draußen gegangen.

Emma: Ja. Ins Auto gestiegen. Puff!

Katie: Und du redest über deine allerschlimmste Zeit während der Krebserkrankung. Das war das Schlimmste. Und wir sehen, wie viel davon du nur geglaubt hast. Du hast geglaubt, du könntest dich nicht von der Couch rühren. Stimmt nicht. Du hast geglaubt, du würdest gleich sterben. Stimmt nicht. Und diese Vorstellungen erzeugen all deine Ängste, und dann läuft das so ab, und das bessert nicht die Schmerzen, die du schon hast.

Emma: Richtig. Ich weiß nicht, was da passiert, und mein Körper ist …

Katie: Und das ist der Moment, wo »Ich bin bereit, ich freue mich darauf« ins Spiel kommt, denn wann immer du unter Stress stehst, ist es wirklich nett, dir deine eigenen Überzeugungen anzuschauen. Und wenn du genug *The Work* damit gemacht hast, so dass die Fragen in dir lebendig sind – welch ein Trip. Was für ein Trip!

Emma: Okay.

Katie: Es war nett, *The Work* mit dir zu machen, Liebling.

Emma: Herzlichen Dank.

Katie: Gerne, gern geschehen.

Emma: [zum Publikum] Und danke auch an euch alle.

10. Meine Schwester, die Prostituierte

Du machst dir Sorgen um sie. Ihr Leben ist hart, gefährlich, selbstzerstörerisch. Du musst dich um sie kümmern. Und ist irgendetwas davon wahr? Es reicht, wenn eine von euch ihr Leben führt. Ihr müsst es nicht beide führen.

Liz: *Ich mache mir Sorgen über Ginny, weil sie ein irrationales, verrücktes, chaotisches, wahnsinniges, von Rauch erfülltes Leben führt.*

Katie: Liebling, dreh's um.

Liz: Ich mache mir Sorgen über mich, weil ich ein irrationales, verrücktes, chaotisches, wahnsinniges, von Rauch erfülltes Leben führe.

Katie: Klingt das so, als wäre es auch die Wahrheit über dich?

Liz: Früher war mein Leben von Rauch erfüllt. Und manchmal ist es wahnsinnig.

Katie: Bist du oft mit ihr zusammen?

Liz: Nein, sie lebt in New York.

Katie: Also »ein von Rauch erfülltes Leben« – wenn es kein Zigarettenrauch ist, von welchem anderen Rauch ist dein Leben denn erfüllt?

Liz: Vermutlich vom Los-Angeles-Rauch.

Katie: Und von welchem Rauch sonst noch? Vielleicht vom Rauchschleier irgendwelcher Illusionen?

Liz: Nein … vielleicht … nein, ich glaube nicht.

Katie: Okay. Gibt es noch mehr?

Liz: Ja. *Ihr Leben als Prostituierte hat mich zutiefst traurig gemacht.*

Katie: Warum?

Liz: Ich denke, es hing mit meiner Vorstellung von all diesen Männern zusammen und mit der Gefahr, in die sie sich gebracht hat.

Katie: »Als Prostituierte ist sie in Gefahr« – kannst du mit absoluter Sicherheit wissen, dass das stimmt?

Liz: Nein. Ich meine, sie ist keine Prostituierte mehr, und es geht ihr gut. Aber ich sehe immer noch die Bilder vor mir, wie sie diese Kleider anzieht und … weißt du, sie ist meine Schwester, meine kleine Schwester.

Katie: Also: »Sie war in Gefahr« – stimmt das?

Liz: Nein.

Katie: Nein. Sie hat es heil überstanden.

Liz: Ich weiß.

Katie: Wie reagierst du, wenn du den Gedanken glaubst: »Sie war in Gefahr«?

Liz: Ich werde einfach traurig.

Katie: Wer wärst du ohne diesen Gedanken »Sie ist in Gefahr ... sie war in Gefahr«?

Liz: [Pause] Ich würde mich leichter fühlen.

Katie: Also: »Sie war in Gefahr« – dreh's um.

Liz: Ich bin in Gefahr.

Katie: Jetzt nenne mir drei konkrete Beispiele dafür, wie die Umkehrung in deinem Leben stimmt.

Liz: Wie *ich* in Gefahr *bin*? Nun, ich bin in Gefahr, mich schlecht zu fühlen, weil ich mir so viele Sorgen um meine Schwester mache.

Katie: Ja, Liebling. Das ist eins.

Liz: Und ich bin in Gefahr, das Leben meiner Schwester mit all meinen Sorgen wirklich durcheinanderzubringen. Na ja, vielleicht nicht ihr Leben durcheinanderzubringen, aber zu ihren Problemen beizutragen.

Katie: Das war das zweite. Kannst du noch ein drittes Beispiel finden?

Liz: [Lange Pause] Ich bin in Gefahr, wenn ich mir vorstelle, dass sie in Gefahr ist.

Katie: Ja, du bist jedes Mal in Gefahr, wenn du sie dir in diesem Raum vorstellst. Sie selbst hat die Prostitution aufgegeben, aber du prostituierst sie immer noch. Du stellst sie weiterhin in ein berufliches Umfeld, in dem du sie nicht haben wolltest. Ihr geht es besser als dir. Sie hat sich daraus befreit, und du bringst sie immer wieder dorthin zurück. Du mischst dich in ihre Angelegenheiten ein.

Liz: Es waren so viele Männer.

Katie: Ja, viele gefährliche Männer. Aber sie ist jetzt da raus, und du bist diejenige, die sie in Gedanken immer wieder in diesen Raum mit den gefährlichen Männern steckt. Und dann – ich benutze jetzt diesen Ausdruck – gibst du deiner Schwester die Schuld daran. Aber das bist du: Du bist diejenige, die das tut. Sehen wir uns die nächste Aussage an.

Liz: *Ich will, dass Ginny Geld spart, mit dem Rauchen und Trinken aufhört, ihren Job behält, ihr Haus putzt, ein normales Leben führt und angemessen handelt, wenn es darauf ankommt.*

Katie: Meine Güte, du forderst eine Menge! Lass uns das umdrehen und sehen, ob du selbst entsprechend leben kannst.

Liz: Ich will, dass ich Geld spare …

Katie: Ja, *du* sollst Geld sparen. Wie kommst du damit zurecht?

Liz: Nicht besonders gut.

Katie: Weißt du, welche drei Arten von Angelegenheiten es gibt?

Liz: Ja.

Katie: Und wessen Angelegenheit ist es, ob deine Schwester Geld spart oder nicht?

Liz: Ihre.

Katie: Und wessen Angelegenheit ist es, ob du Geld sparst oder nicht?

Liz: Meine.

Katie: Okay. Also denke einfach an die drei Arten von Angelegenheiten, und achte darauf, dass du dich aus ihren Angelegenheiten raushältst, weil *du* selbst diejenige bist, die Geld sparen muss.

Liz: Okay.

Katie: Dann mach weiter.

Liz: Ich will mit dem Rauchen und Trinken aufhören.

Katie: Ja. Hör auf zu rauchen. Rauchst und trinkst du?

Liz: Nein, ich bin schwanger.

Katie: Das klingt sehr nett, Liebling.

Und was deine Schwester angeht: »Gerade jetzt raucht und trinkt sie« – kannst du absolut sicher wissen, dass das stimmt?

Liz: Nein, nicht in diesem Moment.

Katie: Wo raucht und trinkt sie denn?

Liz: In ihrer Wohnung.

Katie: Nein, du hast doch gesagt, du kannst nicht wissen, ob sie das gerade jetzt tut. Wo raucht und trinkt sie?

Liz: In meinen Gedanken.

Katie: In deinen Gedanken. In deinen Gedanken.

Liz: Weißt du, es würde mir nicht so viel ausmachen, aber meine Eltern sind beide an Lungenkrebs gestorben … oder am Rauchen.

Katie: Nun, vielleicht ist das nicht genug für dich.

Liz. Hmm.

Katie: Jeder hat seinen eigenen Weg, und immer geht es um dich. Wo raucht sie in diesem Moment?

Liz: In meinen Gedanken.

Katie: Ja, also hör auf zu rauchen.

Liz: Oh Gott!

Katie: In ihrem Namen. Du bringst dich selbst um mit Stress oder irgendwas, von dem du nicht mal weißt, ob es in diesem Moment passiert. Dieser Stress könnte dein Leben fordern, bevor er ihres fordert.

Liz: Ja, es ist ihr Weg … Er ist schwer.

Katie: Nun, ja! Du lebst ihren Weg in deinen Gedanken. Es reicht, wenn eine von euch ihn lebt. Ihr müsst ihn nicht beide leben. Wenn du willst, dass sie aufhört zu rauchen, dann dreh's um.

Liz: Ich will aufhören zu rauchen. Ich will aufhören, daran zu denken, dass sie raucht.

Katie: Ja. Das ist die Art und Weise, wie du rauchst.

Liz: Das ist eine seltsame Sache!

Katie: Ja. Du tust nicht, was du von ihr forderst – also arbeite an dir.

Liz: Das verstehe ich jetzt, aber von allein wäre ich nicht darauf gekommen.

Katie: Nun, deshalb ist es manchmal hilfreich, einen Moderator für *The Work* zu haben. Es geht darum, dass du zu deiner eigenen Stärke findest.

Liz: Ich kann mir viele Umkehrungen ansehen und sagen: »Oh ja.« Aber auf die Sache mit dem Rauchen wäre ich einfach nicht gekommen.

Katie: In der Meditation hättest du es vielleicht selbst finden können.

Liz: Okay. Ich will mein Haus putzen …

Katie: Ja. Ist dein Haus sauber?

Liz: Nein.

Katie: Und wie willst du ihr dann beibringen, ein sauberes Haus zu haben und Geld zu sparen?

Liz: Ihr Haus sieht so aus, als würde dort ein Messie leben – jemand, der nie irgendwas wegwirft.

Katie: Dann lass mich in dein Haus gehen und alles rauswerfen, was ich für unnötig halte. [Liz und das Publikum lachen.] Und wenn du dich darüber aufregst, werde ich dich einfach daran erinnern: »Das alles brauchst du nicht.«

Liz: Zugegeben. Du hast wahrscheinlich Recht. Aber ich versuche tatsächlich in ihr Haus zu gehen und ihren Kram wegzuwerfen, und …

Katie: Ja, lass sie einfach *deinen* Kram wegwerfen.

Liz: Okay. Weißt du, ich bin die ältere Schwester, und ich habe das Gefühl, ich bin alles, was ihr noch geblieben ist, und …

Katie: Ja. Dann putze dein Haus, damit sie sehen kann, wie du lebst.

Liz: Okay.

Katie: Und hör auf, sie in Gedanken umzubringen. Wenn sie dich sieht, könnte sie eine sehr viel glücklichere Lehrerin sehen. Und fang an, Geld zu sparen. Du zeigst ihr einfach, dass es unnötig ist.

Wir belehren die Leute, die wir lieben, durch unser Beispiel. Du *musst* es ihr also gar nicht beibringen. Und mit Sorgen schaffst du es sowieso nicht – das sind Killer.

Liz: Nein. Es kommt mir im Moment alles so sauber vor. Es ist wie diese Spinnweben, die einfach überall sind; sie sind überall. Ich wusste nicht mal, dass sie da waren.

Katie: Ja.

Liz: [liest von ihrem Arbeitsblatt] *Ich will, dass sie ein normales Leben führt.*

Katie: Dann finde eins für dich selbst.

Liz: Und soll ich ein Vorbild sein?

Katie: Und sei ein Vorbild dafür. Das ist es, was du tun willst: Du willst ihr helfen. Also, wer wärst du – schließe die Augen –, wer wärst du ohne diesen Gedanken? Stell dir deine Schwester vor – du bist in ihrem Haus. Wer wärst du ohne den Gedanken »Ich will, dass sie aufhört zu rauchen und ihr Haus putzt«?

Schau sie an. Gib deine Geschichte auf; schau sie nur an.

Liz: Ich würde *sie* einfach lieben.

Katie: Ja, ja. Abgesehen von deinen Gedanken ist das alles, was es gibt: Liebe. Aber diese Gedanken hindern dich daran, sie wahrzunehmen. Und du verwandelst dich einfach in diese missbilligende ältere Schwester. Sie greift zu einer Zigarette, und du zeigst ihr durch deine Worte oder Gesten, was du davon hältst.

Liz: Das tue ich. Ich meine, es ist schwierig, in ihrem Haus zu sein, und sie raucht, und ich will nicht in diesem Qualm sein. Ich meine, das ist die andere Seite, aber vielleicht kann ich ja einfach draußen warten.

Katie: Ja. Ja, du könntest ihr einfach die Wahrheit sagen, wenn das denn die Wahrheit ist: »Schätzchen, ich möchte reinkommen, aber ich bin allergisch gegen den Rauch.« Es geht immer um dich.

Liz: Es geht immer um mich.

Katie: Ja.

Liz: »Ich muss angemessen handeln, wenn es darauf ankommt.«

Katie: Ja. Und es kommt für dich darauf an, dass du Geld sparst und dein Haus sauber hältst.

Liz: Na ja, hier geht es darum, dass sie bei der Beerdigung unserer Mutter unsere Vettern getreten und mitten im Aufzug des Krankenhauses geschrien hat. Ich habe einfach diese Bilder von ihr, weißt du, wie sie da in meiner Gegenwart vor der ganzen Welt ausgeflippt ist. Weißt du, wenn ich nicht dabei bin, kann sie tun, was sie will, aber es fällt mir schwer, das mit anzusehen.

Katie: Wirklich? Dann lass uns zur Beerdigung zurückkehren. Schließe die Augen. Schau sie an. Sie tritt eure Vettern. Jetzt gib deine Geschichte auf und beobachte sie. Beobachte die Vettern; beobachte die Leute, die sie beobachten. Gib deine Geschichte auf und schau dich um. Jetzt in der Realität, ist da alles in Ordnung? Gib deine Geschichte auf und schau dich um.

Liz: Alles ist in Ordnung. Sie ist durcheinander wegen Mutter. Ich meine, das ist okay. Es ist in Ordnung.

Katie: Gut zu wissen. Es ist nett zurückzugehen und noch einmal hinzusehen.

Liz: Ja, es wird mir etwas schwerer fallen, das vollständig zu vergessen.

Katie: Nun, du musst es nicht vergessen. Geh noch einmal zurück – ist alles okay?

Liz: Ja, es ist in Ordnung.

Katie: Nun, jetzt bist du in der Realität. Wie hat sie eure Vettern getreten? Wie hat das ausgesehen?

Liz: Ich habe mehr auf unsere Vettern geschaut als auf sie. Weil ich an sie gewöhnt bin. Aber die Vettern waren wirklich schockiert, dass jemand ihnen so was antun konnte.

Katie: Dann erzähl mir, was passiert ist. Wo hat sie auf sie eingetreten.

Liz: Vor dem Restaurant, das geschlossen war, so dass wir anderswo essen gehen mussten.

Katie: Und auf welche Körperstelle hat sie eingetreten?

Liz: Gegen die Schienbeine.

Katie: Vor dem Restaurant gegen die Schienbeine. Wie oft?

Liz: Ein Mal, richtig fest. So als wollte sie sagen: »Geh weg! Mich kann niemand trösten. Ich hasse euch. Ihr habt die Beerdigung meiner Mutter ruiniert.«

Katie: Nun, kein Wunder, dass du dich darüber aufregst. Schau dir diese Gedanken an! Die Wirklichkeit ist, dass sie einen von ihnen gegen die Schienbeine getreten hat.

Liz: Den Rest habe ich da einfach draufgepackt?

Katie: Den kompletten Rest.

Liz: Sie hat einen von ihnen gegen die Schienbeine getreten.

Katie: Und woher die ganze Aufregung? Das war deine. Sie hat einen von ihnen gegen die Schienbeine getreten.

Liz: Nun, ich musste anschließend mit ihnen reden.

Katie: Wirklich? »Du *musstest* mit ihnen reden« – stimmt das?

Liz: Nein, du hast Recht. Nein.

Katie: Also, du spielst jetzt die Vettern, und ich übernehme deine Rolle – klar. Okay? Deine Schwester hat gerade einen der Vettern vor die Schienbeine getreten. Lass uns das im Dialog machen.

Liz: [als der Vetter] »Deine Schwester hat mich grade vors Schienbein getreten.«

Katie: [als Liz] »Ja, das habe ich gesehen.«

Liz: »Sie benimmt sich skandalös. Ich werde die Beerdigung jetzt verlassen. Ich komme nicht mit zum Essen.«

Katie: »Das verstehe ich.«

Liz: [als sie selbst] Ich glaube, er ist dann gegangen.

Katie: Nun, das war gescheit! Er wollte kein zweites Mal getreten werden. Und es könnte sein, dass er gegangen ist, weil das Restaurant geschlossen war. Es könnte sein, dass er etwas anderes vorhatte. Es könnte so *viele* Gründe geben, die überhaupt nichts damit zu tun hatten, dass er getreten wurde.

Liz: Du hast Recht. Er könnte aus einem anderen Grund

gegangen sein, aber ich habe das Gefühl, dass es der Tritt war.

Katie: Alles, was er gesagt hat, war: »Sie hat mich getreten, und das ist skandalös, und ich werde jetzt gehen.« Und du bist nicht mal sicher, ob das der Zeitpunkt war, als er gegangen ist.

Liz: Nein, es war zu viel los …

Katie: Oh, wirklich?

Liz: … in meinen Gedanken.

Katie: … in deinen Gedanken. Gut erfasst! Okay, Schätzchen, es ist wunderbar, dass du den Unterschied zwischen der Realität und deinen Vorstellungen lernst. Sie hat ihn getreten. Ihre Mutter war gerade gestorben.

Liz: Ich verstehe das.

Katie: Und wie aufdringlich hat er sich ihr genähert?

Liz: Na ja, er wollte sie trösten und hat den Arm um sie gelegt.

Katie: Sie wollte nicht getröstet werden. Sie konnte das nur schlecht vermitteln.

Liz: Ja. Das ist wahr.

Katie: Und als sie wollte, dass er sie in Ruhe lässt, hat sie ihm das sehr klar vermittelt.

Liz: [lachend] Ja.

Katie: Wir tun unser Bestes.

Liz: Das tun wir alle, oder? Sie tut ihr Bestes. Das finde ich erstaunlich. Ich meine, ich möchte, dass sie dies hier tut [zeigt auf das Arbeitsblatt], aber sie kann es nicht.

Katie: »Ich will, dass sie dies hier tut« – dreh's um.

Liz: Ich will, dass ich dies hier tue.

Katie: Sehen wir uns die nächste Aussage an.

Liz: *Ginny sollte nicht mitten auf der Straße ausrasten, bei der geringsten Kleinigkeit weinen oder rauchen. Sie sollte auf sich aufpassen, eine Familie gründen und Freunde finden …*

Katie: »Sie passt nicht auf sich auf oder findet keine Freunde« – stimmt das?

Liz: Nein … das stimmt nicht.

Katie: Gut zu wissen, oder?

Liz: Ich meine, sie lebt. Sie telefoniert mit Freunden. Sie war nur Weihnachten allein, und das hat mich traurig gemacht.

Katie: Und du Liebling, wie würdest du dich fühlen, wenn du Weihnachten alleine wärst? Würdest du dann traurig sein?

Liz: Ich wäre nicht traurig.

Katie: Und warum glaubst du, sie wäre traurig? Ist sie nicht genauso reif wie du?

Liz: Sie ist in dieser Wohnung, und ich habe einfach …

Katie: Wieso denkst du, dass sie traurig wäre, Weihnachten allein zu verbringen, wenn *du* es nicht wärst?

Liz: Ich verstehe. Es ergibt keinen Sinn. Ich möchte Weihnachten unter Leuten sein, aber wenn nicht, wäre das auch okay. Ja, sie würde das genauso empfinden.

Katie: Nun, das klingt so, als käme sie genauso gut zurecht wie du.

Liz: Ja, vermutlich kann sie für sich selbst sorgen. Bei ihr wirkt einfach alles so chaotisch.

Katie: Nun, dann schau dir an, wer sie betrachtet: ein chaotisches Bewusstsein. Sie tritt deinen Vetter, und nichts passiert. Er hat seine Gefühle ausgedrückt und ist gegangen. Das ist keine große Sache.

Liz: Nein.

Katie: Darin steckt eine Menge Ordnung. Er wird getreten; er sagt, was er davon hält; er geht.

Liz: Ich habe jahrelang daran gedacht. Das sind Berge von Gedanken, die sich da aufstapeln.

Katie: Dann solltest du deine Gedanken so lange überprüfen, bis du die Realität erkennst. Denn die siehst du sehr klar, wenn du die Augen schließt und hinschaust.

Liz: Nein, ich sehe sie auch jetzt. Und ich denke: »Warum habe ich so viel Zeit mit diesen Gedanken verschwendet?«

Katie: Weil du geglaubt hast, was du denkst. Also lass uns das umdrehen.

Liz: Ich sollte nicht mitten auf der Straße ausrasten.

Katie: Ja, schau dir doch an, wie *du* ausgerastet bist. Schließ die Augen, und schau dich an. Schau dir an, was du gedacht hast; was du gesagt hast; was du getan hast. Woher stammt dieses ganze Chaos?

Liz: Aus meinem Denken.

Katie: Ja, Liebling. Du solltest nicht mitten auf der Straße ausrasten.

Liz: Ich sollte nicht beim geringsten Anlass losheulen.

Katie: Nein. Jemand wird getreten, und du verlierst die Fassung.

Liz: Ich weiß nicht, woher ich diese Vorstellung vom perfekten kleinen Mädchen habe.

Katie: Filmreif.

Liz: Ja.

Katie: Mach weiter mit den Umkehrungen.

Liz: Ich sollte nicht rauchen.

Katie: Ja! Dieser Rat ist für dich. Du bist schwanger; du kannst Rauch nicht ausstehen – also würde ich sagen, das ist eine Allergie. Wenn ich etwas nicht leiden kann, bin ich allergisch dagegen.

Liz: Ich sollte auf mich aufpassen, Zeit mit meiner Familie und meinen Freunden verbringen.

Katie: Ja. Und eine Möglichkeit, auf dich aufzupassen, besteht darin, dass du dich gedanklich aus den Angelegenheiten deiner Schwester heraushältst. So dass sie, wenn du sie besuchst, deine Schwester ist – und nicht dein Bild von ihr. Nicht diejenige, die mitten auf der Straße ausrastet.

Liz: Und letztes Mal ist sie nicht ausgerastet. Soll ich weitermachen?

Katie: Ja.

Liz: *Ginny muss aufhören, das Leben so ernst zu nehmen, sie darf nicht mehr rauchen, muss ihren gesamten Mist wegwerfen, Verantwortung im Job übernehmen* – oh, wow, das ist gut! –, *sich ordentlich benehmen, wenn sie mich in Los Angeles besucht, um das Baby zu sehen und bei meiner Hochzeit dabei zu sein.*

Katie: Dreh's um.

Liz: Ich muss aufhören, das Leben so ernst zu nehmen.

Katie: Ja, und deine Schwester ist ein Teil des Lebens. Hör auf, sie so ernst zu nehmen. Sie wird leben oder sterben. Sie wird ihr Haus putzen oder nicht. Sie wird rauchen oder nicht. Wo ist das Problem, wenn sie stirbt? Das Schlimmste, was beim Tod eurer Mutter passiert ist, war, dass jemand jemanden getreten hat. Wie hast du dich gefühlt, als deine Mutter starb?

Liz: Ich habe anderthalb Jahre getrauert.

Katie: Okay, schließ die Augen. Beobachte dich, wie du anderthalb Jahre weinst. Und jetzt erzähl mir über die traurigste Zeit. Wo bist du, während du weinst?

Liz: Das war wohl gleich nach ihrem Tod.

Katie: Okay, was ist los? Wo bist du?

Liz: Ich bin in ihrer Wohnung. Ich räume ihre Sachen aus.

Katie: Und nun finde den traurigsten Moment. Wo bist du? Sitzt du oder stehst du?

Liz: Ich bin auf dem Boden.

Katie: Okay, was ist los? Was tust du?

Liz: Na ja, meine Schwester hat mich grade – ich weiß nicht, ob ich meine Schwester hier ins Spiel bringen sollte –, hat mich grade angebrüllt, während ich mit jemandem telefoniert habe. Ich verwechsle jetzt meine Schwester mit meiner Mutter. Mein Kummer ist … meine Wut auf meine Schwester und meine Wut auf meine Mutter.

Katie: Die traurigste Zeit ist also deine Wut. Die traurigste Zeit im Zusammenhang mit dem Tod deiner Mutter ist deine Wut, während du auf dem Boden sitzt.

Liz: Nein, sie hat mich mit meiner Schwester zurückgelassen.

Katie: Wer hat dich mit deiner Schwester zurückgelassen?

Liz: Meine Mutter hat mich mit meiner Schwester zurückgelassen.

Katie: Und *wer* hat dich mit deiner Schwester zurückgelassen?

Liz: Ich habe mich mit meiner Schwester zurückgelassen.

Katie: Ja, und *du* lässt dich weiterhin mit deiner Schwester zurück. Deine Mutter hat das nicht getan; deine Mutter ist gestorben, und du hast das übernommen. Es ist nicht richtig oder falsch; es ist einfach das, was du getan hast. Sie hat dich nicht mit deiner Schwester zurückgelassen. Sie hat dich ohne deine Schwester zurückgelassen. *Du* hast dich mit deiner Schwester zurückgelassen. Deine Mutter hat dich mit dir zurückgelassen.

Die traurigste Zeit im Zusammenhang mit dem Tod deiner Mutter war der Moment, als du auf dem Boden gesessen und dir vorgestellt hast, dass du verlassen worden bist, dass sie dich mit deiner Schwester zurückgelassen hat, und deine Wut darüber. Was hat das mit dem Tod deiner Mutter zu tun? Es hat damit zu tun, dass du die Verantwortung für deine Schwester übernommen hast, wozu du nicht gezwungen warst. Du bist *nie* zu irgendetwas gezwungen.

Liz: Gibt es denn da kein Gesetz oder so was?

Katie: Nein.

Liz: Ich habe aber doch das Gefühl.

Katie: Nein. Das Gesetz ist – du liebst sie. Aber Liebe ist nicht materiell. Liebe bedeutet nicht, dass du die Verantwortung für jemanden übernehmen musst. Liebe ist eine innere Erfahrung. Sie ist eine Erfahrung.

Schau nur, was deine Vorstellung von Liebe angerichtet hat. Du willst nicht, dass sie stirbt, weil du dann wieder einen Gedanken erleben könntest, der dich wütend macht. Das ist beim Tod deiner Mutter passiert: Du hast einen Gedanken erlebt, der dich sehr wütend gemacht hat. Das hast du selbst als die schlimmste Zeit deiner Trauer bezeichnet.

Liz: Nein, ich denke, es gab schlimmere Zeiten, aber ich bin mir nicht sicher.

Katie: Ich habe dich nach der traurigsten Zeit gefragt: »Wo warst du?« – »Ich habe auf dem Boden gesessen und gedacht: ›Meine Mutter hat mich mit meiner Schwester zurückgelassen‹.«

Liz: Na ja, ich habe damals so viel geweint – einfach so viel.

Katie: Wenn du also wieder zu Hause bist, dann brich die Geschichte auf, so wie wir es eben getan haben. Setz dich still hin. Finde die schlimmsten Momente deiner Trauer, und schau, worum es dabei wirklich geht. Es sind immer nur deine Gedanken, die nicht einmal wahr sind. »Sie hat mich mit meiner Schwester zurückgelassen.«

Liz: Oder: »Sie hat mich verlassen.« Wie wäre es mit: »Sie ist gegangen«?

Katie: Sie ist gegangen.

Liz: »Sie ist nicht mehr für mich da.«

Katie: Oh, wirklich?

Liz: Es geht immer nur um mich.

Katie: Ja, es geht immer nur um dich. Aber siehst du ein Bild deiner Mutter, während wir darüber sprechen? [Liz nickt.] Also: »Sie hat dich verlassen« – stimmt das? Wo lebt sie? In deinen Gedanken. Du hältst einfach inne und denkst: »Was würde Mom zu mir sagen?« Und glaub nur, sie wird es sagen! Und sie wird in deinen Gedanken auftauchen und Dinge sagen, die du nicht einmal wissen willst. Du kannst dein Bewusstsein dafür öffnen und sie und ihre Weisheit hören, kannst dein Herz dafür öffnen und ihr erlauben, in deinem Inneren zu leben, statt sie wegzustoßen. Diese Bilder öffnen dein Herz, wenn du sie willkommen heißt, und sie werden dein Herz weit aufbrechen.

Ich sage gern: »Erlaube der Liebe einfach, dich umzubringen.« Es ist eine Einweihung, und es gibt nichts, das mächtiger wäre. Und wenn es keine Trennung gibt, wird sie immer bei dir sein. Nicht auf eine traurige, sondern auf eine ganz wunderbare Weise, die dich mit Dankbarkeit erfüllt. Und auch damit sind viele Tränen verbunden, aber es sind andere Tränen, bei denen sich nicht alles um dich dreht. Sie sind da, und sie sind anders.

Also: »Meine Mutter hat mich verlassen« – dreh's um.

Liz: Ich habe meine Mutter verlassen.

Katie: Ja, sie kommt herein, und du wirst traurig, weil du sie nicht wirklich hereinlässt. Erlaube ihr, mit dir zu verschmelzen. Erlaube ihr, in dir zu leben. Auf diese Weise bist du niemals allein. Du kannst sagen: »Mom, was würdest du jetzt mit ihr machen? Sie raucht, sie hält das Haus nicht sauber.« Und du kannst denken: »Mom, was würdest du jetzt mit mir machen? Ich halte *mein* Haus nicht sauber.«

Liz: Meine Mutter wusste nie, was sie mit meiner Schwester machen sollte.

Katie: Ja, sie ist wie du.

Liz: Ja, es gibt nichts, was man mit meiner Schwester machen könnte.

Katie: Liebe sie einfach. Das kannst du mit ihr machen. Und dann dreh's um – und jeden anderen Gedanken –, und mach *The Work* damit. Was noch?

Liz: Soll ich die nächste Aussage vorlesen oder alle anderen erst noch umdrehen?

Katie: Lies vor, was du geschrieben hast.

Liz: *Ginny ist eine kreative Weltbank, eine …*

Katie: Eine was?

Liz: Eine kreative Weltbank – damit meine ich, dass so viel Kreativität in ihr steckt.

Katie: Ah.

Liz: *Sie ist paranoid, wahnsinnig, witzig, wunderbar, eine Einzelgängerin, eine Wonne, ein Messie.*

Katie: Dreh's um.

Liz: Ich bin eine kreative Weltbank.

Katie: Dann erzähl mir was darüber.

Liz: Nun, ich bin eine Filmemacherin, und ich habe ein Kochbuch veröffentlicht. Und ich habe eine Schmuckfirma, und …

Katie: Du bist eine kreative Weltbank! Was noch?

Liz: Ich bin eine gute Köchin.

Katie: Du bist eine gute Mutter. Du trinkst nicht; du rauchst nicht; du bist eine wunderbare Mutter. Und nun dreh die nächste Aussage um.

Liz: Ich bin paranoid.

Katie: Ja, besonders im Hinblick auf deine Schwester. Sie tritt jemanden, und du machst eine Riesenaffäre daraus.

Liz: Ja.

Katie: Du bist eine Filmemacherin! [Liz lacht gemeinsam mit dem Publikum.] Darin stecken ein paar gute Geschichten. Sie sind nur nicht real.

Liz: Das stimmt, das ist wahr. Ich bin wahnsinnig, ganz gewiss. Ich bin witzig, und ich bin wunderbar, und ich bin eine Einzelgängerin. Ich bin eine Wonne, und ich bin definitiv ein Messie. … Das war einfach.

Katie: Ja, das Leben wird einfach, wenn wir anfangen, unsere Gedanken zu verstehen. Und um unsere Gedanken zu verstehen, müssen wir sie überprüfen, wenn wir davon gestresst sind. Sehen wir uns die nächste Aussage an.

Liz: *Ich will nie wieder dabei sein, wenn sie ausrastet. Ich will nie wieder für sie lügen, mir Sorgen um ihre Gesundheit machen, mir Sorgen darüber machen, wie ich auf sie aufpassen kann.*

Katie: »Ich bin bereit …«

Liz: Ich bin bereit, wieder dabei zu sein, wenn sie ausrastet. Ich bin bereit, für sie zu lügen. Ich bin bereit, mir Sorgen um ihre Gesundheit zu machen. [Weinend] Ich bin bereit, mir Sorgen darüber zu machen, wie ich auf sie aufpassen kann.

Katie: Ja. Denn wenn es wieder passiert, stell dich einfach darauf ein, dass die Tränen kommen, der Stress beginnt und die Müdigkeit dich überfällt. Und lass dich von diesen Gefühlen daran erinnern, dass du wahnsinnig bist. [Liz lacht.] Und dann nimm diese Gedanken, schreib sie auf und bring dich selbst in die Wirklichkeit zurück.

Also: »Ich freue mich darauf …«

Liz: Ich freue mich darauf, wieder dabei zu sein, wenn sie ausrastet. Ich freue mich darauf, für sie zu lügen. Ich freue mich darauf, mir Sorgen um ihre Gesundheit zu machen. Ich freue mich darauf, mir Sorgen darüber zu machen, wie ich auf sie aufpassen kann.

Katie: Ja. »Du musst auf sie aufpassen« – stimmt das?

Liz: Nein.

Katie: Wow! Ist das nicht gut zu wissen?

Liz: Ja. Ich habe das Gefühl, dass ein Teil von mir gerade verschwindet. Er ist eigenartig; er ist wie mein Schatten. Ich weiß nicht, er ist ...

Katie: Sag mehr darüber.

Liz: Er ist wie dieser Teil, der sich wie eine Verpflichtung gegenüber meiner Schwester anfühlt – er muss nicht da sein. Aber das verwirrt mich. Wenn ich mir keine Sorgen über meine Schwester mache, ist das wie ...

Katie: Es ist wie: Oh mein Gott, ich müsste so glücklich und frei und weniger belastet sein. Du wärst eine Verräterin am Elend. »Du *musst* auf deine Schwester aufpassen« – wie reagierst du, wenn du diesen Gedanken glaubst?

Liz: Schrecklich. Ich fühle mich grässlich, weil man nicht auf sie aufpassen kann. Ich meine, ich kann's nicht – es gibt nichts, was ich tun könnte.

Katie: Du fühlst dich schrecklich und entsetzlich ... und wie behandelst du deine Schwester, wenn du den Gedanken glaubst: »Ich muss auf sie aufpassen«, und du fühlst dich grässlich dabei?

Liz: Ich behandle sie wie … ein minderwertiges menschliches Wesen, weniger als sie ist. Und sie weiß es; sie fühlt das.

Katie: Ja. Also: »Ich muss auf sie aufpassen« – nenne mir einen friedlichen Grund, diesen Gedanken zu glauben.

Liz: Ich denke, es gibt keinen.

Katie: Wer wärst du ohne diese Philosophie »Ich muss auf meine Schwester aufpassen«? Schau dir dein Leben ohne diesen Gedanken an. Stell dir dein Leben ohne diesen Gedanken vor.

Liz: Ich würde meine Schwester genießen.

Katie: Ja. Sie würde anrufen, und du würdest nicht den geringsten Gedanken daran verschwenden, dass du auf sie aufpassen musst. Stell dir diese Freiheit vor. Stell dir *ihre* Freiheit vor, wenn sie dich anrufen würde, und du wärst nicht damit beschäftigt, auf sie aufzupassen. Stell dir das vor.

Liz: Sie könnte so viel rauchen wie sie will!

Katie: Das tut sie sowieso.

Liz: Aber ohne meine blöden Bemerkungen.

Katie: Genau. Es befreit euch beide. Also: »Ich muss auf sie aufpassen« – dreh's um.

Liz: Ich muss auf mich aufpassen.

Katie: Ja. Du bist so sehr auf sie konzentriert, dass du gar nicht dazu kommst, dich selbst zu bemuttern und zu lernen, wie du dein Kind bemuttern kannst. Also bemuttere dich selbst. Fang damit an, dich selbst zu bemuttern, damit du genug Übung hast, um dein Baby zu bemuttern. Gib dir selbst einfach alles, was du gerne von deiner Mutter bekommen würdest, wenn sie hier wäre. Und gib dich selbst auch deiner Mutter. Ja, ihr bemuttert dich beide. Wer wäre das beste Beispiel für deine Schwester? Diese Frau – oder die andere, die ihre reale Schwester ist?

Liz: Diese Frau.

Katie: Sie ist es. Sie ist es. Okay, also: »Ich muss auf meine Schwester aufpassen« – dreh's um.

Liz: Ich muss auf mich aufpassen.

Katie: Es gibt noch eine weitere Umkehrung.

Liz: Ich muss nicht auf meine Schwester aufpassen.

Katie: Nein, musst du nicht. Und schau dir deinen bisherigen Erfolg an. Sie darf sogar nach dir treten, wenn du ihr zu nahe kommst, und in der Öffentlichkeit ausrasten.

Liz: Ja, das darf sie. Und ich kann das einfach beobachten.

Katie: Ja.

Liz: Ich meine, es ist interessant, wenn man nicht ihre Schwester ist.

Katie: Und es ist interessant, wenn du weißt, dass du nicht auf sie aufpassen musst. Und es gibt noch eine weitere Umkehrung von »Ich muss auf meine Schwester aufpassen.« Willst du sie hören?

Liz: Ja.

Katie: »Meine Schwester muss auf mich aufpassen.«

Liz: Meine Schwester muss auf mich aufpassen.

Katie: Erzähl mir etwas darüber. Warst du von ihr abhängig?

Liz: Oh! Sie hört mir zu.

Katie: Was noch?

Liz: Sie schickt mir alle möglichen Dinge, die ich nicht will, aber … sie sind wunderbar.

Katie: In welcher Hinsicht bist du von ihr abhängig? Sie hört dir zu …

Liz: Ihre Kreativität inspiriert mich.

Katie: Was noch?

Liz: Hmm …

Katie: Betrachte all das mal als Motive. Es ist so, als würdest du diese Vorteile nicht bekommen, wenn du dich nicht um deine Schwester kümmerst! In welcher Hinsicht bist du sonst noch abhängig von ihr? Erinnere dich an die Beerdigung – inwiefern warst du dort abhängig von ihr? Warum soll deine Schwester auf dich aufpassen?

Liz: Wahrscheinlich konnte ich bei der Beerdigung als das brave Mädchen auftreten.

Katie; Ja, sie lässt dich zweifellos gut aussehen.

Liz: [lachend] Das tut sie; das stimmt. Das war schon immer so.

Katie: Du könntest ihr das sagen und dich dafür bei ihr bedanken. Wenn du mit ihr sprichst, dann sag doch einfach: »Weißt du, ich habe kürzlich meine Gedanken beobachtet, und dabei ist mir aufgefallen, dass du mich gut aussehen lässt. Und dass du mir wunderbare Sachen schickst. Ich finde es einfach toll, dass du das tust.«

Und dann zählst du ihr auf, was du an ihr liebst, und sagst ihr, dass du von ihr abhängig bist – von ihrer großartigen Kreativität. Und fang einfach damit an, aus deiner Verleugnung rauszukommen, und gib ihr etwas zurück. Zahl es zurück. Spiel es zurück. Und bleib bei deinen eigenen Angelegenheiten. »Du musst auf deine Schwester aufpassen« – stimmt das?

Liz: Nein.

Katie: Wenn sie dich jemals fragt: »Warum rufst du mich an?«, dann kannst du sagen: »Deine Kreativität inspiriert mich; du schickst mir tolle Sachen; du lässt mich gut aussehen. Wenn ich dein Haus und mein Haus ansehe, und meins ist so schlampig, dann sieht es im Vergleich zu deinem immer noch gut aus.«

Liz: Das stimmt.

Katie: In euren Gesprächen könnte eine Menge Humor stecken. Vielleicht gefällt ihr das. Aber durch die Listen, die wir für *The Work* schreiben, erkennen wir schließlich, warum wir diese Leute wirklich in unserem Leben haben wollen: Wir lieben sie.

Und wenn wir einen Blick auf die Vorteile geworfen haben, die sie uns bringen, dann lernen wir sie zu schätzen. Und dann wird deutlich, warum du *wirklich* mit ihr zusammen bist. Es gibt nichts, was du tun *musst*, niemals. Du musst nicht einmal für dein Baby da sein. Es macht dich einfach glücklich, das zu tun. Dein Baby ist nicht von dir abhängig. Deinem Baby ist es sogar gleichgültig, ob es lebt oder stirbt; es geht immer nur um dich. Welche wunderbaren Geschenke die Welt doch für uns bereithält. Aber wenn wir glauben, »Sie brauchen mich«, dann verlieren wir die Freude daran, weil es an Bedingungen geknüpft ist.

Liz: Das ist wirklich so, oder?

Katie: Das ist wirklich so. Ich schaue meine kleinen Enkel an. Ganz sicher brauchen sie mich nicht! Wenn ich ihnen nicht gebe, was sie wollen, dann schreien sie, rasten aus, und dann vergessen sie es. Sie haben einfach ihr eigenes wundervolles kleines Leben.

Lass uns das zu Ende bringen. »Meine Schwester braucht mich« – wie reagierst du, wenn du diesen

Gedanken glaubst, und es ist Weihnachten, und sie ist allein?

Liz: Ich muss mich einfach davon frei machen. Ich bin immer noch ein bisschen traurig darüber …

Katie: Aber wie hast du am Weihnachtstag reagiert, als du den Gedanken geglaubt hast: »Sie ist allein«?

Liz: Ich war traurig.

Katie: Wie lebst du, wenn du den Gedanken glaubst: »Sie braucht mich«?

Liz: Es ist fuchtbar.

Katie: Bringt dieser Gedanke Frieden oder Stress in dein Leben?

Liz: Er ist so stressig.

Katie: »Mein Baby braucht mich; mein Partner braucht mich. Die Blumen brauchen mich.« Bringen solche Gedanken Frieden oder Stress in dein Leben?

Liz: Das Baby oder der Partner oder die Blumen würden mir nichts ausmachen.

Katie: Nein, weil sie bisher noch nicht mit deinen Wünschen in Konflikt geraten sind.

Liz: Richtig. Ich bin sicher, wenn das Baby schreit und ich nicht aufstehen will, dann finde ich das auch ärgerlich.

Katie: Gut möglich. Du weißt es nicht. Vielleicht passiert es auch nicht. Für ein offenes Bewusstsein ist es eine Freude, wenn das Baby schreit, und es ist auch eine Freude, wenn es nicht schreit. Es ist eine Freude, ins Kinderzimmer zu gehen, und es ist nicht nötig. Wenn das Baby meiner Tochter Roxann schrie – ihr erstes, das ist schon Jahre her –, wenn das Baby schrie und sie darüber verärgert war, dann hat sie einfach *The Work* gemacht, bevor sie ins Kinderzimmer ging. Denn sie wollte nicht, dass das Baby ihre Milch trank, solange sie keinen klaren Kopf hatte.

Liz: Wow!

Katie: Also hat sie oft *The Work* gemacht. Sie wollte das Baby nicht warten lassen. Sie ist eine wunderbare Mutter, eine erstaunliche Mutter. Ich erkenne das wirklich auch in dir. Also: »Meine Schwester braucht mich« – dreh's um.

Liz: Ich brauche meine Schwester.

Katie: Und wenn du zu Hause bist, dann machst du eine Liste: »Ich brauche meine Schwester.« Und achte gerade auf all die Dinge, die sie dir gibt und die du einfach liebst. Weil all deine anderen Gedanken diesen Teil übertönen. Er ist für uns nicht erkennbar geworden, weil die anderen Gedanken so laut sind und das Kommando übernehmen – das ist Chaos, und das überlagert die Realität, die Schönheit und die Liebe.

Lass keinen Tag mehr vergehen, ohne diese Liste zu machen und eine Weile darüber nachzusinnen.

Schließ die Augen; beobachte, wie sie raucht. Und nun gib deine Geschichte auf. Schau sie an. Sie greift nach einer Zigarette, und sie raucht und genießt es. Wer wärst du ohne deine Geschichte?

Liz: Nun, sie würde jemand werden, den ich nicht kenne und der gerade raucht. Wenn der Rauch nicht an mich rankommt, stört er mich nicht.

Katie: Oh, gut, gut. Hier kommt der Rauch nicht an dich ran. Und als wir angefangen haben, hat er dich trotzdem gestört. Du wolltest wirklich, dass sie aufhört zu rauchen.

Liz: Nein, es ist okay, wenn sie raucht.

Katie: Ja. Eine Menge Leute trinken oder essen mehr, wenn sie das Rauchen aufgeben. Wenn dir also der Gedanke kommt: »Ich will, dass meine Schwester das Rauchen aufgibt«, dann solltest du darüber vielleicht noch einmal nachdenken. Alles zu seiner Zeit. Zu *ihrer* Zeit, nicht zu deiner.

Liz: Ja, es ist ihr Weg, wie du gesagt hast.

Katie: »Meine Schwester braucht mich« – kannst du noch eine weitere Umkehrung finden?

Liz: Ich brauche mich selbst.

Katie: Ja. Das ist die richtige. Du willst doch nicht, dass dein Baby deine Aufmerksamkeit mit deiner Schwester teilen muss, wenn sie nicht einmal in derselben Stadt lebt. Aber so wie unser Denken funktioniert, hältst du dein Baby im Arm, und deine Gedanken sind in New York bei deiner Schwester, die raucht, und nicht bei deinem Baby!

Also brauchst du *dich*. Bleib bei dir selbst, mit diesem Geschenk, das kommt, das immer kommt, und es ist nicht nur ein Baby. Danke Liebling.

Liz: Ich danke dir ganz herzlich.

Katie: Gern geschehen.

11. Meine Mutter hat mich zum Opfer gemacht

Sobald uns klar ist, dass wir mit einem Hirngespinst gelebt haben, entdecken wir vielleicht jemanden, den wir von ganzem Herzen lieben können. Dieser Jemand sind wir selbst. Das ist der Schlüssel zu allen Beziehungen.

Patrick: *Ich bin wütend auf meine Mutter, weil sie emotional krank ist, mich in eine Identitätskrise gestürzt hat, mich zum Opfer gemacht hat, mir nie eine Mutter war und in ihrer Vergangenheit steckengeblieben ist.*

Katie: »Sie war dir nie eine Mutter« – stimmt das?

Patrick: [nach einer langen Pause] Nein. Das stimmt nicht. Manchmal war sie eine gute Mutter. Sie hat ihr Bestes versucht.

Katie: Gut zu wissen, oder?

Patrick: Ja.

Katie: Wie reagierst du, wenn du den Gedanken

glaubst: »Sie war mir nie eine Mutter«? Schließ die Augen. »Sie war mir nie eine Mutter.« Und nun beobachte, wie du reagierst, wenn du diesen Gedanken glaubst.

Patrick: Ich bin wütend auf sie und unglaublich empört. Ich fange an, mich selbst zu bedauern. Ich fühle mich total machtlos. Ich fühle mich nicht liebenswert. Wenn meine Mutter mich nicht geliebt hat, wie kann mich dann irgendjemand anders lieben?

Katie: Und jetzt beobachte, wie deine Gedanken auf die Reise gehen, wenn du glaubst: »Sie war mir nie eine gute Mutter.« Beobachte, wie dein Bewusstsein dir das zu beweisen versucht – die Bilder, was sie gesagt hat, was sie getan hat –, beobachte, wie dein Bewusstsein auslöscht, dass sie etwas richtig gemacht hat.

Patrick: Ich sehe, wie sie mich anbrüllt. Ich sehe, wie oft sie mir gegenüber kalt war, keine Zeit für mich hatte oder ihre Aufmerksamkeit meinen jüngeren Geschwistern geschenkt hat. Ich sehe, wie sie vergessen hat, mich von der Schule abzuholen. Ich sehe sie, als ich sieben Jahre alt wurde und sie mir nicht mal eine Geburtstagsparty gegönnt hat, weil wir uns das angeblich nicht leisten konnten.

Katie: Und so reagierst du, wenn du den Gedanken glaubst: »Meine Mutter war nie für mich da« – weil das eine Lüge ist.

Patrick: Ich rechtfertige es – natürlich.

Katie: Nun, unser Bewusstsein hat eine Aufgabe; es muss ein Zuhause finden – einen Platz, wo es zur Ruhe kommen kann. Und ruhen kann es nur in der Wahrheit. Nun glaubst du also den Gedanken »Meine Mutter war nie für mich da«, und dein Bewusstsein tut, was es kann, um das zu beweisen, aber diesen Beweis kann es nicht führen, weil der Gedanke nicht wahr ist.

Patrick: Ja.

Katie: Also stell dir deine Mutter vor, und gib deine Geschichte nur einen Moment lang auf: »Sie war nie für mich da.« Schau sie an. Schau in ihr Gesicht, in ihre Augen. Schau sie nur einen Augenblick ohne deine Geschichte an. Was siehst du?

Patrick: Was ich sehe? Eine Frau, die durch die Hölle gegangen ist, um für ihre Familie da zu sein, für ihre Kinder und für mich da zu sein, die ihre elende Vergangenheit überwunden hat, um bei mir zu sein.

Katie: Ja. Sie ist wirklich voller Hingabe. Es war nicht leicht für sie.

Patrick: Nein, es war entsetzlich für sie.

Katie: Also dreh's um. Dreh diesen Satz um.

Patrick: Meine Mutter *war* mir eine Mutter … Wow!

Katie: Bleib einen Moment bei dieser Umkehrung. Kannst du drei konkrete Beispiele dafür finden, dass die Umkehrung genauso wahr oder wahrer ist als deine ursprüngliche Aussage? Schließ die Augen. Und nun lass dein Bewusstsein in dieser Polarität leben. Lass es einfach zu, während es nach Situationen sucht, in denen sie eine Mutter für dich war.

Du hast eine andere Welt betreten, eine wahre Welt – nicht die Welt der positiven Bestätigungen, sondern der echten Wirklichkeit. Beobachte sie, und erlaube deinem Herzen, dir die Wahrheit zu zeigen. Ein offenes Herz kann es nicht bei verschlossenem Bewusstsein geben. Ein Bewusstsein, das in seinen Überzeugungen feststeckt, ist ein verschlossenes Bewusstsein. Es ist blind für die Welt der Realität. Es löscht ihre Wahrnehmung aus, so dass du die Liebe nicht sehen kannst. Die Liebe ist verborgen, weil du glaubst, was du denkst.

Also nenne mir ein Beispiel dafür, wie deine Mutter dir eine Mutter war.

Patrick: Sie hat mich wirklich so sehr geliebt wie sie konnte.

Katie: Liebling, das ist nicht konkret genug. Kannst du ein konkretes Beispiel finden?

Patrick: Okay. Sie hat für mich Geburtstagspartys in anderen Jahren veranstaltet, als das Geld nicht so knapp war.

Katie: Gut.

Patrick: Und sie hat mich ernährt und gekleidet und mir ein gutes Zuhause gegeben.

Katie: Das sind zwei. Kannst du noch ein drittes Beispiel finden?

Patrick: Sie hat mich fast nie geschlagen, nicht mal, wenn sie unglaublich wütend auf mich gewesen sein muss. Im Grunde hat sie mich nur ein paarmal geschlagen, als ich mich voll daneben benommen habe.

Katie: Das sind drei. Kannst du noch eine andere Umkehrung finden?

Patrick: Hmm …

Katie: »Ich war ihr nie …«

Patrick: Ich war ihr nie ein guter Sohn. Und das ist es wahrscheinlich, was mich stört.

Katie: Ich würde das wahrscheinlich streichen.

Patrick: Das ist es, was mich stört.

Katie: Ja. Das ist es, was dich schmerzt.

Patrick: Das ist mein Schmerz … Wow!

Katie: Also kannst du jetzt damit anfangen.

Patrick: Ich verstehe.

Katie: Du kannst jetzt damit anfangen, ein Sohn zu sein. Öffne einfach dein Herz für die Arme deiner Mutter, für ihre Kuchen, ihre Pasteten, ihre Weisheit, ihre Liebe. Schau dir an, was es wirklich ist. »Meine Mutter war mir nie eine Mutter« – kannst du noch eine weitere Umkehrung finden? »Ich …«

Patrick: Ich habe nie zu schätzen gewusst –

Katie: »Ich war mir selbst …«

Patrick: Ich war mir selbst nie eine Mutter.

Katie: Ja. Du hast dich selbst so behandelt, wie du in Gedanken deine Mutter behandelt hast … Okay, lass uns weitermachen. Lies deine nächste Aussage vor.

Patrick: Die nächste Aussage? Ich werde sie gleich umdrehen und auf mich selbst beziehen, denn darauf läuft es doch letztlich hinaus, oder?

Katie: Okay, lass uns im Moment keine Abkürzungen nehmen. Es hat eine große Wirkung, wenn wir die Aussage umkehren, aber mit den vier Fragen erziehst du dein Denken.

[Ein Handy klingelt laut. Es ist eine muntere lateinamerikanische Melodie.] Ich liebe dieses Lied! [Das Publikum lacht.]

Wenn das Leben so voll ist, dass du einfach nicht noch mehr bewältigen kannst? Hier kommt's! Das ist Überfluss.

Patrick: [lachend und kopfschüttelnd] Das ist eine Mordsperspektive!

Katie: Und stimmt sie etwa nicht?

Patrick: Wenn du's sagst!

Katie: Und, hat dir das Lied gefallen?

Patrick: Vom Handy?

Katie: Ja.

Patrick: Ich hätte den Typen am liebsten erschossen!

Katie: Du stehst im Krieg mit der Realität. Was hast du gedacht, als das Handy klingelte?

Patrick: Es hat mich geärgert. Ich habe gedacht: »Dieser Idiot! Du hättest dein blödes Telefon ausschalten sollen!«

Katie: Gut. Und es waren deine Gedanken, die dich geärgert haben. Ein Telefon wäre nie so grausam.

Patrick: Ich habe meine Gedanken an das Telefon gehängt?

Katie: Ja.

Patrick: Oh. Also ist es nicht das Telefon, sondern ich bin es selbst? Hmm …

Katie: Das Telefon ist Wirklichkeit. Es singt dir ein Lied! Weißt du, was alles in dieses Lied gesteckt worden ist – die Technologie, der Erfindergeist, die Kreativität? Und dann die Mühe, es zu einem erschwinglichen Preis herzustellen, damit du es jemandem schenken kannst, den du liebst, oder für dich selbst kaufen kannst! Es verbindet dich mit der ganzen Welt. Es klingelt immer im richtigen Moment. Das ist die Realität. Und für mich war es ein schönes Lied, das genau zur richtigen Zeit kam. Es ist deine Geschichte darüber, die dich daran hindert, das Geschenk des Lebens zu empfangen.

Patrick: Meine Geschichte über das Telefon oder irgendwelche anderen Störungen stimmen nicht mit der Realität überein. Meinst du das?

Katie: Das Telefon stimmt perfekt mit der Realität überein. Es war deine Geschichte darüber, die dich geärgert hat, die Geschichte, dass es in diesem Moment nicht hätte klingeln sollen. In Wirklichkeit *hätte* es klingeln sollen, weil es geklingelt hat. Warum sollte ich zulassen, dass irgendeine Unwahrheit mir meine Freude an der Musik nimmt?

Patrick: Also bist du wirklich so präsent.

Katie: Na ja, das Lied ist es. Warum nicht auch ich? Die Wirklichkeit ist unser Lehrmeister.

Patrick: Das ist erstaunlich. Entweder erzählst du hier die Wahrheit, oder du bist die beste Schwindlerin, die mir je begegnet ist. [Das Publikum lacht.]

Katie: Nun, *du* bist der beste Schwindler, der dir je begegnet ist, und letzten Endes kannst du dich nicht selbst betrügen. Wenn du andere Leute beschwindelst, dann musst du selbst so fest an deine Lügen glauben, dass du sie nicht mehr für Lügen hältst. Und deshalb musst du irgendwie eine Rolle übernehmen und so tun, als ob es wahr wäre. Aber du kannst dich nicht selbst betrügen, und wenn du diese Fragen stellst, ist es wirklich gut zu wissen, dass du immer noch für die Wahrheit empfänglich bist. Okay, lies deine nächste Aussage.

Patrick: *Ich will, dass meine Mutter liebevoller ist.*

Katie: Warum?

Patrick: Hmm …

Katie: Weil du dann glücklicher bist.

Patrick: Ja, das erkenne ich.

Katie: Ja. Ist es dir, abgesehen davon, überhaupt wichtig, ob deine Mutter liebevoller ist?

Patrick: Nein.

Katie: Gut zu wissen. Also: »Deine Mutter sollte liebevoller sein« – stimmt das?

Patrick: Nein.

Katie: Hier geht es um dich. Es hat nichts mit ihr zu tun.

Patrick: Richtig.

Katie: Wie reagierst du, wenn du diesen Gedanken glaubst? Wie behandelst du sie, wenn du glaubst, sie sollte liebevoller sein, und sie ist es nicht?

Patrick: Ich werde wütend; ich schließe sie aus meinem Leben aus; ich gebe ihr keine Chance.

Katie: Und wer wärst du ohne den Gedanken? Wenn du den Gedanken, dass deine Mutter liebevoller sein sollte, gar nicht glauben könntest?

Patrick: Ich würde mich wahrscheinlich einen Zentner leichter fühlen. Ehrlich. Ich hätte viel weniger Stress. Ich wäre wahrscheinlich – ich wäre ein freier Mensch.

Katie: Also schließ noch einmal die Augen – stell dir

deine Mutter vor. Wer wärst du jetzt ohne den Gedanken »Sie sollte liebevoller sein«? Beobachte sie einfach. Gib deine Geschichte auf.

Patrick: Sie wirkt auf mich jetzt viel heller, weil ich sie sehe, wie sie ist.

Katie: Realität. Wie das Handy.

Patrick: Ich sehe sie, wie sie ist. Sie ist so liebevoll, wie sie sein kann, wenn man bedenkt, wer sie ist. Sie liebt mich wirklich. Ich sehe sie jetzt nicht durch meine verzerrten ...

Katie: Deine Überzeugungen.

Patrick: ... Überzeugungen. Meine Geschichte. Aber meine Geschichte hindert mich daran, sie zu sehen.

Katie: Sehr gut.

Patrick: Meine Geschichte lähmt mich und erlaubt mir nie, irgendetwas zu sehen – außer dem, was ich glauben will.

Katie: Das ist alles, was irgendjemand sehen kann.

Patrick: Und es ist permanente Arbeit. Und es ist Wahnsinn.

Katie: »Meine Mutter sollte liebevoller sein« – dreh's um.

Patrick: Ich sollte meiner Mutter gegenüber liebevoller sein.

Katie: Warum?

Patrick: Und mir selbst gegenüber.

Katie: Ja. Warum?

Patrick: Weil es das ist, was … es geht um mich.

Katie: Was passiert, wenn du Liebe empfindest – wie fühlst du dich, wenn du liebst?

Patrick: Einfach großartig.

Katie: Okay, genau *das* ist der Grund!

Patrick: Wenn ich liebe, dann fühle ich mich in der Welt zu Hause. Das ist mein gottgegebenes Geburtsrecht, vor dem ich mein Leben lang geflohen bin.

Katie: Wenn du also deine Mutter liebst, dann ist das dein Geburtsrecht – es geht nicht um sie. Du liebst sie einfach, und es gibt nichts, was sie dagegen tun könnte.

Patrick: Und das ist der Schlüssel für Beziehungen! Das ist erstaunlich! Wenn ich einen Partner habe oder verheiratet bin oder was auch immer, dann geht es nie um die andere Person. Es geht nie darum, ob die andere Person mich liebt – sondern immer nur darum, ob ich die andere Person liebe.

Katie: Ja, denn das ist es, was dich am glücklichsten macht.

Patrick: Und das versteht man unter bedingungsloser Liebe? Erstaunlich!

Katie: Dich deiner Mutter und dir selbst gegenüber liebevoll zu verhalten, ist das, was dich am glücklichsten macht. Dann bist du am ausgeglichensten.

Patrick: Und es ist das, was ich am stärksten zu vermeiden versuche. Alles dreht sich darum, dass ich ihre Welt lenke und kontrolliere, nicht meine eigene.

Katie: Na ja, du *versuchst*, ihre Welt zu kontrollieren. In Wirklichkeit kannst du natürlich überhaupt nichts kontrollieren.

Patrick: Richtig.

Katie: Also: »Meine Mutter sollte liebevoller sein …« Mach weiter.

Patrick: Los geht's, und das ist jetzt ein Volltreffer … *Meine Mutter sollte netter zu mir sein, wenn ich mit meinen Problemen zu ihr komme*. Meine Probleme! Meine Geschichte, die ja nicht mal real ist!

Katie: Ja. Was du ihr *mitbringst*, ist nicht mal real. Und du erwartest von ihr, dass sie netter mit dem umgeht, was für dich nicht einmal wahr ist.

Patrick: Mein Gott, das ist verrückt. Denn die Wahrheit ist, dass niemand außer mir selbst das tun kann.

Katie: Ja. Wenn du es umdrehst, kannst du erkennen, dass *du* netter sein solltest, wenn deine Mutter es nicht ist.

Patrick: Weil andere Leute letztlich keine Macht über mich haben – es kommt immer auf mich an. Andere Leute können mich nicht glücklich machen. Das ist erstaunlich!

Katie: Andere Leute sind, wofür du sie hältst. Sie existieren nicht mal für dich. Du kennst deine Mutter nicht mal – oder sonst irgendjemanden in deinem Leben.

Patrick: Bist du schon mal bei *Oprah* (erfolgreichste Talkshow in den USA) gewesen? [Alle lachen.] Das ist klassisch – mein Gott! So was habe ich bisher noch nie gehört.

Katie: Nun, du hörst dir selbst zu. Es gibt nichts, das eine stärkere Wirkung hätte. Das ist Macht. Du zapfst sie gerade an.

Patrick: Wow!

Katie: Und Liebling, das ist alles. Du wirfst gerade einen kurzen Blick auf dein Ego – und wie es deine Welt verzerrt. Und wenn diese Macht sich in eine andere Polarität bewegt, dann fängst du an, in einem Zustand von Klarheit und Freude zu leben. Und das bedeutet nichts mehr, als dir deines inneren Lebens bewusst zu sein und zu wissen, was wahr ist und was nicht. Du musst dazu nicht mal die Wahrheit kennen – es reicht zu wissen, was *nicht* wahr ist, denn darin steckt eine große Überraschung. Und alles, was du darüber wissen kannst, ist ihre Beschaffenheit. Und so beginnst du, eine furchtlose Existenz zu leben … Okay, lass uns weitermachen.

Patrick: *Sie muss aufhören, mich so schroff zu behandeln.*

Katie: Dreh's um.

Patrick: Ich muss aufhören, mich so schroff zu behandeln und sie und die Welt und alle Menschen.

Katie: In deinem eigenen Interesse.

Patrick: Ich bin ein Terrorist.

Katie: Dir selbst gegenüber.

Patrick: Korrekt … und der Welt gegenüber.

Katie: Der Welt gegenüber, die du siehst.

Patrick: *Ich will, dass sie zu mir netter und nicht so abwertend ist.*

Katie: »Sie sollte dir gegenüber nicht so abwertend sein« – stimmt das?

Patrick: Nein, es hat nichts mit ihr zu tun. Es geht nicht um sie. Es geht um mich. Ich bin das Problem.

Katie: Und die Menschen sind wunderbar; ihre Projektionen sind wunderbar. Was sagt sie über dich, das dir wehtut?

Patrick: Oh, dass ich faul bin.

Katie: Und bist du das?

Patrick: [lachend] Ja.

Katie: Also hat sie Recht. Du *bist* faul – manchmal. Was sagt sie sonst noch, was dir wehtut?

Patrick: [nach einer Pause] Nichts. Ich höre sie sagen: »Du solltest heiraten. Du solltest einen besseren Job haben«, aber nichts davon tut weh. Ich erkenne, wo sie Recht hat. Sie hat ihre Argumente. Und sie sagt das nur, weil sie sich Sorgen um mich macht.

Katie: Ich denke, du hast deine Mutter kennengelernt. Weißt du, bevor ich diese *Work* gemacht habe, hatte ich keine Mutter. Und dann habe ich *The Work* gemacht, und ich hatte eine. Einfach so: Bumm! Lass uns mit der nächsten Aussage weitermachen.

Patrick: *Meine Mutter soll akzeptieren, dass ich Fehler mache, dass ich in Gottes Hand bin, dass ich liebenswert bin, soll mich nicht unter Druck setzen und mir erlauben, in die Welt hinauszugehen und auf die Nase zu fallen.*

Katie: »Deine Mutter weiß nicht, dass du liebenswert bist« – stimmt das?

Patrick: Nein. Das ist eine Lüge.

Katie: Gut zu wissen – gut für dich zu wissen.

Patrick: Das ist *meine* Überzeugung. Ich halte mich für nicht liebenswert.

Katie: Und folglich musst du das auf sie projizieren.

Patrick: Aber wie kann man das überwinden?

Katie: »Du bist nicht liebenswert« – stimmt das?

Patrick: [nach einer Pause] Nein.

Katie: Und wie reagierst du, wenn du den Gedanken glaubst: »Ich bin nicht liebenswert«? Wie lebst du dann dein Leben?

Patrick: Ich schließe die Welt und die Menschen um mich herum aus. Ich ziehe mich zurück. Ich fühle mich wie eine Kröte. Ich traue keiner Frau, die mir sagt: »Ich liebe dich.«

Katie: Auf diese Weise machst du dich also selbst zu einem nicht liebenswerten Menschen. Wenn du etwas glaubst, musst du es auch erschaffen. Und wenn du dich so fühlst und jemand sagt »Hi!« oder das Handy klingelt, dann ärgerst du dich darüber. Wer wärst du also ohne diesen Gedanken in deinem Leben: »Ich bin nicht liebenswert«?

Patrick: Ich wäre einfach ein freier Mensch, der sich nicht in den Dramen anderer Leute verfangen muss, jemand, der zufrieden sein könnte. Ich könnte einfach allein sein und würde nicht denken, dass ich andere Leute brauche, und ich würde nicht vor Sorgen verrückt werden. Klingt das vernünftig?

Katie: Ja, das tut es. Die Leute sind deshalb nicht gerne allein, weil sie dann allein mit ihren eigenen Gedanken sind. Und wenn du nicht in Frieden mit deinen Gedanken bist, dann magst du deine eigene Gesellschaft nicht.

Patrick: Wie bricht man solche Muster denn auf?

Katie: Wir sind gerade dabei.

Patrick: Indem man einfach Fragen stellt?

Katie: Es ist die Wahrheit, die dich befreit. Jedes Mal, wenn du eine Frage ehrlich beantwortest, befreit dich die Wahrheit. »Ich bin nicht liebenswert« – dreh's um.

Patrick: Ich bin ein wertvoller Mensch.

Katie: Nein. Halte die Umkehrungen ganz einfach. »Ich bin nicht liebenswert« – Wie heißt das Gegenteil? »Ich bin liebenswert.« Und jetzt nenne mir drei liebenswerte Eigenschaften, die du hast – drei Dinge, die du an dir selbst liebst. Auf diese Weise kommst du aus der Verleugnung raus. Verleugnung bringt dich nicht weiter. Was liebst du an dir selbst?

Patrick: Ich liebe es, dass ich ein Ire bin. Was ich damit meine, sind die Kreativität, der Humor, die Fähigkeit, über mich selbst zu lachen.

Katie: »Wenn du kein Ire wärst, dann hättest du keinen Humor« – stimmt das? [Das Publikum lacht.] »Wenn du kein Ire wärst, dann wärst du nicht so kreativ« – stimmt das? Kannst du absolut sicher wissen, dass das stimmt?

Patrick: Nein, das stimmt nicht.

Katie: Was ich also höre ist, dass du deine Kreativität liebst und …

Patrick: Ich liebe mein Herz. Ich liebe es, wie ich andere Menschen liebe. Ich liebe es, wie ich trotz allem versuche, Gutes zu tun. Ich liebe es, wie ich die Macht von Frauen in der Welt liebe, ihre Sensibilität, mit der sie die Welt heilen.

Katie: »Du bist nicht liebenswert« – stimmt das?

Patrick: Nein.

Katie: Gut. Also mach weiter so, und achte auf Dinge, die du in deinem Leben tust und die du an dir liebst.

Patrick: Okay.

Katie: Und wenn dann jemand sagt: »Ich liebe dich nicht«, und du nicht eine Sekunde denkst, dass das etwas mit dir zu tun hat, ist die Erfahrung »Ich bin liebenswert« ein Bestandteil deines gesamten Lebens geworden. Positive Affirmationen, mit denen wir uns versichern, dass wir liebenswert sind, bleiben so lange eine Lüge, bis wir uns der Wahrheit wirklich bewusst werden. So lange glauben wir es nicht wirklich. Hier geht es um die aufrichtige Überzeugung. Also lies, was noch übrig ist. »Meine Mutter ist …«

Patrick: *Meine Mutter ist streng, stark, liebevoll und mächtig.*

Katie: Dreh's um.

Patrick: Ich bin streng, stark, liebevoll und mächtig.

Katie: Also haben sich diese Gedanken in Wirklichkeit auf dich selbst bezogen.

Patrick: Richtig. Alle Gedanken beziehen sich auf mich selbst.

Katie: Sie sind nach außen gerichtet, aber es kommt alles von dir. Was du glaubst, ist alles, was du nach außen projizieren *kannst*, solange du es glaubst. Nachdem du deine Gedanken überprüft hast, kannst du nicht mehr nach außen projizieren, was du selbst nicht mehr glaubst, und deshalb ändert sich deine gesamte Welt – wenn sich das Denken ändert, dann ändert sich die Welt. Und wenn nächstes Mal ein belastender Gedanke auftaucht, dann erlebst du vielleicht gar nicht den damit verbundenen Stress. Vielleicht lachst du sogar stattdessen. Wenn du nach dem heutigen Tag jemals wieder den Gedanken glaubst: »Ich bin nicht liebenswert«, dann brichst du vielleicht in Gelächter aus, weil du weißt, was ebenfalls wahr ist: Du bist sehr liebenswert. Und wenn irgendjemand sagt: »Du bist nicht liebenswert«, dann denkst du vielleicht: »Ist das nicht interessant, früher habe ich das auch gedacht«, statt dich über solche Leute zu ärgern, weil du deine eigene Wahrheit erkannt hast.

Wirst du also deine belastenden Vorstellungen überprüfen, wenn sie aufkommen, oder nicht? Wirst du sie überprüfen und umdrehen? Wirst du dich selbst studieren und das Buch über dich lesen? Und du wirst bemerken, dass du das manchmal tust und manchmal nicht – zu Anfang. Und wenn du jeden Morgen zum Frühstück *The Work* machst, dann beginnt es in dir zu erwachen. Dann machst nicht mehr du es, sondern *The Work* macht dich. Die einzigen Gedanken, die dann noch zu dir zurückkehren, sind jene, die dein Verständnis benötigen. Ich behandle alle Gedanken wie einen Geliebten.

Patrick: Wie einen was?

Katie: Wie einen Geliebten oder wie meine allerliebsten Kinder. Ich widme ihnen meine Fürsorge. Ich begegne ihnen mit Verständnis, denn solange ich das nicht tue, schreien sie und kehren immer wieder zurück und betteln um meine Aufmerksamkeit. Und ich überprüfe sie und drehe sie um und komme zu der Erkenntnis, das alle Gedanken Freunde sind – es gibt keinen einzigen Gedanken, der mein Feind wäre.

Aber wir versuchen, anders zu denken, wollen unsere negativen Gedanken durch positive ersetzen, und das funktioniert einfach nicht. Es schiebt sie für eine Weile beiseite, aber schließlich kehren sie zurück. Doch wenn wir unseren Gedanken mit Verständnis begegnen, dann gibt es keinen Stress.

Deshalb kannst du mich irgendwo in ein Loch stecken, in ein Gefängnis, in Einzelhaft, und ich werde dort in guter Gesellschaft sein. Ich liebe es, mit mir allein zu sein. Und wenn ich mit anderen Leuten zusammen bin, bin ich auch mit mir zusammen. Seit 20 Jahren ist mir kein Gedanke mehr gekommen, den ich nicht geliebt hätte. Und weil ich meine Gedanken liebe, liebe ich das, was sie projizieren. So lebe ich im Himmel; ich lebe in einer perfekten Welt. Es gibt hier sogar Handys, die für mich klingeln. Dieses eine hat auch für dich geklingelt. Woher ich das weiß? Du hast es gehört.

Patrick: Wie kann ich denn so leben?

Katie: Mach *The Work* mit deinen Gedanken und finde, was schon da ist! Du hattest eine absolut nette, liebenswerte Mutter, und du konntest sie nicht erkennen. Aber sobald du deine Gedanken überprüft hattest, wurde sie für dich sichtbar. Vorher hattest du eine Mutter aus der Hölle; jetzt hast du eine Mutter aus dem Himmel. Mach *The Work* mit deinen Gedanken, und die Welt wird sich entsprechend verändern. Das ist alles. Aber ich verfolge kein Ziel. Warum sollte ich mich selbst betrügen? Warum sollte ich so kleinlich denken?

Patrick: Weil das höchste Glück darin liegt, im Frieden mit sich selbst zu leben.

Katie: Wenn du im Frieden mit dir selbst lebst, dann bist du frei zu erkennen, was schon da ist, und es gibt nichts, was du brauchst. Alles was du brauchst, ist schon vorhanden; du kannst es nur nicht sehen, weil du glaubst, was du denkst. Deine Mutter hat dein Leben lang direkt vor dir gestanden.

Patrick: Und ich habe sie nicht gesehen.

Katie: Du hast sie nicht gesehen. Also überprüfst du deine Gedanken, und plötzlich hast du eine völlig neue Mutter. Warum solltest du das planen? Wie *könn-*

test du das planen? Der kleine Junge betet: »Ich möchte eine andere Mutter; ich möchte eine nette Mutter; ich möchte eine Mutter, die mich liebt« – nun, hier hast du sie in 20 Minuten. So wirksam ist es, sich der eigenen inneren Weisheit zuzuwenden.

Patrick: Vielen herzlichen Dank, Katie.

Katie: Ich danke dir. Es ist ein Privileg, hier mit dir zu sitzen.

12. Mein Mann hätte mich nicht verlassen sollen

Menschen kommen und gehen, und sie tun Dinge, von denen sie glauben, sie müssten sie tun. Sie sind nicht diejenigen, mit denen du dich beschäftigen musst.

Joyce: *Ich bin wütend auf Duncan, weil er mich nach 16 Jahren Ehe und Partnerschaft verlassen hat.*

Katie: »Er hat dich verlassen« – stimmt das?

Joyce: Ja.

Katie: Okay. »Er hat dich verlassen« – kannst du absolut sicher wissen, dass das stimmt?

[Zum Publikum] Ich liebe es, dass ihr das alle verfolgt.

[Zu Joyce] »Er hat mich verlassen« – kannst du mit absoluter Sicherheit wissen, dass das wahr ist? Und wie lange kannst du mit dieser Vorstellung sitzen: drei Tage, vier Tage, fünf Tage? Um auf Antworten zu warten, die unter der Oberfläche liegen könnten, auf Erkenntnisse, die deine Welt sprengen und dich aufwecken könnten?

Joyce: Nein, ich kann es nicht absolut sicher wissen.

Katie: Wo hast du dein *Nein* gefunden? Wo ist es hergekommen?

Joyce: Es ist einfach mein Muster, mich als Opfer oder unterlegen zu fühlen, minderwertig. Alte Muster.

Katie: Woher ist dieses *Nein* gekommen?

Joyce: Weil ich das schon oft getan habe, und ich weiß, dass ich ihn viele Male verlassen habe.

Katie: Also hast du ihn verlassen, bevor er dich verlassen hat?

Joyce: In gewisser Weise ja. Es gab Arten, wie ich ihn verlassen habe, bevor er mich verließ.

Katie: Du hast ihn also verlassen. Wunderbar. Und ich finde das deshalb wunderbar, weil es dir bewusst geworden ist. Du bist dir darüber klar, und nun musst du das nicht mehr mit anderen Menschen ausleben.

Joyce: Ich muss nicht?

Katie: Nun, es ist dir jetzt bewusst. Wenn wir unsere Muster erkennen und sie uns nachträglich bewusst werden, dann machen wir dieselben Fehler meist nicht noch einmal. Und wenn wir es doch tun, dann sind sie uns bewusst. Und das ändert alles.

Joyce: Ich habe mir selbst die Schuld daran gegeben, nicht so sehr ihm.

Katie: Da wir gerade von ihm sprechen, siehst du ihn vor deinem geistigen Auge? [Pause] »Er hat dich verlassen« – stimmt das?

Joyce: Nein.

Katie: Nein. Er ist genau hier in deinen Gedanken. Wenn du jetzt in der Küche wärst und er im Bad wäre – wo würde er leben?

Joyce: In meinen Gedanken.

Katie: Du hast ihn dir gerade im Bad vorgestellt. Nach allem, was du weißt, war er im Garten. Aber du stellst ihn dir vor, und er lebt in deinem Inneren. Deshalb können Menschen nicht sterben. Wenn sie leben, dann leben sie hier [zeigt auf ihren Kopf], und wenn sie tot sind – wie wir sagen –, dann leben sie hier, in unserem Inneren weiter.

Er ist nicht mehr und nicht weniger als deine Vorstellung von ihm. Noch nie haben sich zwei Menschen wirklich kennengelernt. Du kannst 16 Jahre verheiratet sein, *ohne je* zu wissen, mit wem du verheiratet bist. Und dann wundern wir uns, warum wir nicht miteinander auskommen. Jemand kann behaupten: »Du kennst mich überhaupt nicht«, und du sagst: »Ich kenne dich wohl!« Aber er könnte doch mit seiner Behauptung Recht haben.

Und wie reagierst du, wenn du den Gedanken glaubst: »Er hat mich verlassen«, und er lebt tagtäglich in deinen Gedanken mit dir?

Joyce: Ich bin entsetzt, deprimiert –

Katie: Und allein!

Joyce: Ja.

Katie: Während er in deinen Gedanken ist, wo er auch war, als er sich in der Küche und im Bad aufhielt und du dachtest: »Er ist im Bad – ich bin nicht allein.«

Wer wärst du ohne den Gedanken »Er hat mich verlassen«, wenn das Bild auftaucht? Das ist sehr wichtig, denn es ist die Macht der Liebe. Du denkst: »Ohhh, er hat mich verlassen«, während du ihn in Gedanken vor dir siehst.

Also taucht das Bild von ihm auf, und du wirst sofort traurig oder fühlst dich beraubt oder stellst dir vor, dass du den Rest deines Lebens allein verbringen musst, du denkst an all die guten Zeiten und was er getan hat – während du in der Küche vor der Spüle stehst und die Teller abwäschst. Nicht dass er dich verlassen hat, ist so schmerzhaft, sondern es sind die Gedanken, die dir durch den Kopf gehen.

Wenn dieses Bild also auftaucht und du dein Herz dafür öffnest, statt über alle diese Geschichten nachzudenken, dann wirst du – wie ich – niemanden kennen, der dich je wieder verlassen könnte. Niemand kann sich von mir scheiden lassen; sie haben einfach nicht die Macht dazu! Ich habe drei Ehemänner, die hier drin leben [zeigt auf ihren Kopf], und sie sind mir alle willkommen. [Joyce lacht mit dem Publikum.] Und jedes Mal, wenn einer von ihnen auftaucht, erlebe ich einfach diese erstaunliche Dankbarkeit und lache. Es ist bemerkenswert, wie sie das aushalten.

Wer wärst du also ohne den Gedanken »Er hat mich verlassen«?

Joyce: Ich wäre in meinem Körper präsent und auf das konzentriert, was ich gerade tue. Ich würde mich stärker fühlen.

Katie: Schließ die Augen, und beobachte dich selbst, wie du ohne diesen Gedanken lebst.

Joyce: Ich würde sehr viel mehr Energie in meine eigene Heilung stecken und mehr für mich selbst als für ihn sorgen.

Katie: Und achte darauf, wenn er in deinem Bewusstsein auftaucht und du sein Bild ohne den Gedanken »Er hat mich verlassen« siehst – beobachte, wie er den ganzen Tag bei dir ist.

[Joyce beginnt zu weinen.] Du liebst ihn wirklich, oder?

Joyce: Ja … ich habe nicht mit einer Scheidung gerechnet. Ich wusste nicht, dass er so unglücklich und gestresst und verschuldet war. Ich wusste es nicht, weil er im Grunde nicht viel redet. Er ist sehr britisch und behält alles für sich.

Katie: Ja.

Joyce: Deshalb fand ich es schön zu sehen, wie die Männer in diesem Workshop hier geweint haben, denn ich habe ihn in 16 Jahren nicht ein einziges Mal weinen sehen.

Katie: Aber du kannst ihn vor deinem geistigen Auge sehen, Schätzchen, während du dich um dich selbst kümmerst und Dinge tust, von denen du etwas verstehst.

Joyce: Ja, aber ich weiß nicht, wie ich mit dieser Liebe umgehen soll, die ich immer noch für ihn empfinde. Es ist so eine Art Hassliebe!

Katie: Nun, lass uns weitermachen. So gehe ich damit um. Denn es sind nicht andere Menschen, sondern unsere Gedanken, mit denen wir umgehen müssen. Ich liebe es, wie Menschen kommen und gehen. Das zeigt uns, was übrig bleibt, wenn Freiheit unser Lebenssinn ist – und wenn wir uns darauf konzentrieren, andere bedingungslos zu lieben. Und das ist ganz sicher so, denn damit fühlen wir uns am wohlsten. Und dann ist es wunderbar, dass die Leute kommen und gehen. Wir erkennen dadurch, womit wir *The Work* machen müssen.

Also: »Er hat mich verlassen« – dreh's um.

Joyce: Ich habe ihn verlassen.

Katie: Erzähl mir, wie das angefangen hat.

Joyce: Nun, er hat versucht, über einige Dinge zu reden, und ich habe versucht, für uns beide eine Beratung zu bekommen. Ich kannte *The Work* noch nicht.

Katie: Das ist gut, sonst hätte er dich nicht verlassen können. Ich meine, alles muss so geschehen, wie es geschieht, und deshalb passiert es eben genau so. Die Bedingungen müssen perfekt sein, damit er dich verlassen kann und du nun dies haben kannst.

Joyce: Ich hätte nicht beides haben können?

Katie: Nein. Nicht auf *deinem* Weg.

Joyce: Wahrscheinlich nicht, weil das nicht der Realität entspricht. Dies hier ist die Realität.

Katie: Dein Weg zeigt dir, was nötig ist. Er musste es sein. Er hat also versucht, dir etwas zu erzählen, und … was dann? Hast du nicht zugehört?

Joyce: Ich habe nicht zugehört. Ich hatte gewisse Überzeugungen. Er sagte: »Gib nicht so viel Geld aus.« Ich wusste nicht, dass er so hoch verschuldet war. Ich bat darum, dass wir uns jede Woche gemeinsam hinsetzen und die finanziellen Fragen besprechen, um festzustellen, wie die Lage ist. Und das wollte er nicht, auch nicht wenigstens ein Mal im Monat.

Katie: Okay, dann lass uns dieses Gespräch jetzt beginnen. Du bist er, und ich bin jemand, der zuhört – jemand, der ihn nicht verlassen wird. Also [als Joyce] »Hi, Schätzchen.«

Joyce: [als ihr Mann] »Hi.«

Katie: »Schau mal, was ich alles auf dem Flohmarkt gekauft habe!«

Joyce: »Wir brauchen nicht noch mehr Kram. Du hast doch schon so viel Zeug. Wozu kaufst du denn immer noch mehr? Wo sollen wir das alles lassen?«

Katie: »Gute Fragen. Ach du meine Güte! Lass mal sehen, ein Teil ist dabei, das ich wirklich brauche!«

[als sie selbst] Hast du jemals irgendwas davon gebraucht?

Joyce: [als sie selbst] Nicht wirklich. Nicht wenn ich zurückblicke.

Katie: Also hatte er Recht.

Joyce: Er hatte Recht.

Katie: Und wo *willst* du den ganzen Kram nun lassen? Er hat ein paar wunderbare Fragen gestellt, aber du hast ihn für deine eigenen Vorstellungen verlassen. Und das war richtig, denn darum ging es dir damals. Okay, also weiter – sprechen wir über Geld.

Joyce: [wieder als ihr Mann] »Weißt du, wir haben nicht so viel Geld, und ich will darüber nicht reden.«

Katie: »Okay. Du musst auch nicht viel darüber reden. Was ich höre, ist, dass wir nicht so viel Geld haben.

Willst du damit sagen, dass wir das Geld brauchen, das ich auf diesem Flohmarkt ausgegeben habe?«

Joyce: »Ich will nicht darüber reden. Versteh doch einfach, dass wir nicht das Geld für solche überflüssigen Dinge haben. Du brauchst den Kram nicht; wir haben so schon genug davon.«

Katie: »Okay, du hast Recht. Wir brauchen es nicht; das sehe ich ein. Wir haben so schon genug davon. Ich verstehe dich. Okay. Ich höre dich sagen, dass wir nicht genug Geld haben. Wie viel kann ich denn mit deinem Einverständnis ausgeben?«

Joyce: »Gib dein eigenes Geld aus, das du selbst verdient hast.«

Katie: »Oh, großartig. Danke. Damit komme ich zurecht.«

Joyce: »Und wenn du dich daran nicht hältst, dann sollten wir uns vielleicht scheiden lassen.«

Katie: »Das will ich nicht. Also werde ich nur noch das Geld ausgeben, das ich selbst verdient habe. Ich liebe diese Gespräche. Was ich so an dir liebe, ist deine Offenheit. Deine Informationen sind so klar und eindeutig.«

Joyce: [als sie selbst] Ich wünschte, ich *hätte* das gesagt.

Katie: Nun, du konntest das nicht sagen. Deine eigenen Vorstellungen haben sich über das hinweggesetzt, was dein Mann dir mitgeteilt hat.

[Joyce beginnt zu weinen.] Schau mich an, Schätzchen. Wenn du es mit ihm getan hast, tust du es mit jedem. Und du setzt dich auch über deine eigene Weisheit hinweg. Wenn du ihm nicht zuhörst, dann hörst du auch dir selbst nicht zu.

Also lass uns weitermachen, denn wenn du in die Vergangenheit zurückkehrst – »Ich wünschte, ich hätte das damals gesagt« –, kannst du jetzt nicht neu anfangen. Es ist okay dazusitzen und das einfach zu erleben und zu weinen, stundenlang zu weinen. Und wenn du das hinter dir hast, beginnst du von neuem. Und während du schluchzt, schreibst du unter Tränen deine Vorstellungen auf, die dir in den Sinn kommen. Deine Hand wird ihr eigenes Leben entwickeln und über das Papier fliegen – sie notiert einfach Unsinn, der dir dein Leben zurückgeben kann. Und ist das wirklich Unsinn? Nein, ist es nicht. Schreib einfach alles auf. Es wird aus dir herausfließen.

Kannst du für »Er hat mich verlassen« noch eine weitere Umkehrung finden?

Joyce: Ich habe mich verlassen.

Katie: *Du* hast dich verlassen. Ja. Nenne mir drei konkrete Beispiele dafür, wie diese Umkehrung in deinem Leben wahr ist.

Joyce: Nun, ich habe mein Leben um ihn kreisen lassen. Seine Freunde waren meine Freunde. Ich habe alle meine alten Freunde aufgegeben, und wir hatten spirituelle Freunde, mit denen wir unsere Freizeit verbracht haben.

Katie: Du hast also dein Leben vollständig gegen seins eingetauscht. Das ist ein Beispiel.

Joyce: Alles Geld, das ich verdient habe, ist in den Aufbau *seines* Unternehmens geflossen.

Katie: Gut. Das war Beispiel zwei.

Joyce: Ich wusste nicht, dass er vorhatte, ein großes Anwesen von über 8000 Quadratmeter auf Maui zu kaufen. Wir konnten uns das nicht leisten und haben uns hoch dafür verschuldet. Das war ungefähr um die Zeit, als ich operiert werden musste … Wir stecken finanziell in großen Schwierigkeiten und werden es wieder verkaufen müssen.

Katie: Nun, Liebling, das klingt sehr spannend.

Joyce: Und er behauptet auch, das sei meine Schuld.

Katie: Ich würde mir die Beispiele ansehen, wo er Recht hat. Ich würde mir einfach diese Beispiele ansehen. Okay, also [entmutigt]: »Wir müssen das Grundstück auf Maui verkaufen!«

Schau, ob du diese Umkehrung hören kannst, okay? [begeistert] »Wir müssen das Grundstück auf Maui verkaufen!«

Joyce: [lacht mit dem Publikum] Will jemand ein Grundstück kaufen?

Katie: Okay, schauen wir uns die nächste Aussage an.

Joyce: *Duncan soll erkennen, dass eine Scheidung zu diesem Zeitpunkt mich ohne Altersversorgung oder Ersparnisse zurücklassen würde und auch ohne die Fähigkeit, Vollzeit zu arbeiten.*

Katie: Okay, also: »Du würdest nicht Vollzeit arbeiten können« – stimmt das?

Joyce: Ja. Im Moment bin ich dazu nicht fähig.

Katie: Oh, wirklich. Was machst du denn die ganze Zeit?

Joyce: *The Work*! Auch wenn es manchmal nicht so aussieht.

Katie: Nun, für mich sieht es so aus.

Joyce: Und ich kümmere mich einfach um mich selbst und meine Katze und das Haus, in dem wir seit 16 Jahren leben. Ich habe Mieter, und ich versuche mich darum zu kümmern.

Katie: Damit ich das richtig verstehe: Du machst *The Work*; du kümmerst dich um die Mieter und um das Haus; du bemühst dich, körperlich wieder fit zu werden – und du arbeitest nicht Vollzeit?

Joyce: Ich arbeite *tatsächlich* Vollzeit.

Katie: Also: »Ich kann nicht Vollzeit arbeiten, um meinen Lebensunterhalt zu verdienen« – stimmt das? Deine Antwort lautet *Nein*. Und alles was du getan hast, ist, das festzustellen. Du *kannst* nicht nur Vollzeit arbeiten, du *tust* es!

Joyce: Na ja, ich kann keinen Unterhalt bekommen, und deshalb muss alles aus diesem zweiten Anwesen finanziert werden, und …

Katie: »Du kannst keinen Unterhalt bekommen« – stimmt das? Wer hat dir das gesagt?

Joyce: Mein Anwalt. Hawaii ist ein Staat, in dem nur einverständliche Scheidungen ausgesprochen werden, und da mein Mann ebenfalls nicht viel Geld hat, will er mir die nächsten fünf Jahre keinen Unterhalt zahlen. Er ist Unternehmer, und …

Katie: Ich verstehe, was er will und nicht will. Und: »Du kannst keinen Unterhalt bekommen« – stimmt das?

Joyce: [nach einer Pause] Ich könnte es, wenn ich mein Zuhause aufgeben würde.

Katie: Also: »Du kannst keinen Unterhalt bekommen« – stimmt das? Ja oder nein?

Joyce: Nein.

Katie: Sehr gut! Ich hoffe, du nagelst dich selbst genauso fest und lässt nicht locker, wenn *du* mit dir *The Work* machst.

»Du kannst keinen Unterhalt bekommen« – stimmt das? Achte darauf, wann du in deine Geschichte verfällst und nicht ehrlich mit dir selbst sein kannst, so wie du nicht ehrlich mit ihm sein konntest. Hör dir selbst zu, so wie du ihm nicht zuhören konntest. Darum ging es in deiner Ehe mit ihm; darum geht es in deinem Leben – zu wachsen, ohne Grenzen zu leben, ein unbegrenztes Leben. Also: »Du kannst keinen Unterhalt bekommen« – wie reagierst du, wenn du diesen Gedanken glaubst?

Joyce: Ich hab Angst, kann nicht schlafen, mache mir Sorgen um die Zukunft.

Katie: Und wer wärst du ohne den Gedanken »Ich kann keinen Unterhalt bekommen«?

Joyce: Eine Frau, die nach Möglichkeiten suchen würde, wie sie selbst Geld verdienen kann.

Katie: Oder wenigstens nachts wieder besser schlafen würde.

Joyce: Das wäre großartig.

Katie: Das wäre es wirklich.

Joyce: Ja, ich habe Schlaftabletten nehmen müssen. Zum ersten Mal in meinem Leben.

Katie: Wer wärst du also ohne den Gedanken »Ich kann keinen Unterhalt bekommen«? Meine Güte, die Wahrheit ist, dass sich in deinem Heim nichts außer deinen Gedanken geändert hat.

Joyce: Nun, er hat die meisten Rechnungen bezahlt.

Katie: Also haben sich deine Gedanken nicht damit beschäftigt. Okay, lass es mich noch deutlicher sagen: Du bist zu Hause, du liegst in deinem Bett, du bist in deiner Küche; du bist von deinen Sachen umgeben –

genauso wie zu der Zeit, als er da war und das Haus nur zum Einkaufen verlassen hatte. Nichts hat sich in diesem Haus geändert – außer deinen Gedanken.

Joyce: Ich kann das in meinem Bewusstsein fühlen, aber nicht in meinen Körperzellen.

Katie: Okay, du hast den Rest deines Lebens, um damit *The Work* zu machen.

Joyce: Ich hoffe, dass es nicht so lange dauern wird.

Katie: Genieße die Reise, denn es kommt nicht auf das Ende an, sondern auf den Weg dorthin. Also: »Ich kann keinen Unterhalt bekommen« – dreh's um.

Joyce: Ich kann Unterhalt bekommen.

Katie: Erzähl mir darüber.

Joyce: Nun, beim Unterhalt geht es um die Kosten für die Grundbedürfnisse. Ich bekomme eine kleine Behindertenrente. Ich bin Putzmacherin – ich mache Hüte –, und ich habe eine Website eingerichtet, und ich habe drei Aufträge bekommen, nachdem ich 800 Flugblätter verteilt habe. Aber das sind drei Aufträge, also …

Katie: Also wie kannst du Unterhalt bekommen?

Joyce: Du meinst direkten Unterhalt?

Katie: Ja.

Joyce: Indem ich mein Zuhause aufgebe: Wenn ich das Haus und das Grundstück verkaufe, würde ich Unterhalt bekommen.

Katie: Ja.

Joyce: Aber es wäre mir lieber ...

Katie: Sehr gut!

Joyce: ... das Haus zu behalten, es zu vermieten ...

Katie: Also, *er* will dir keinen Unterhalt zahlen, und *du* willst dir auch keinen Unterhalt zahlen. Ihr passt perfekt zusammen!

Joyce: [lachend] Ja, das haben wir gemeinsam. Aber ich will es wenigstens versuchen. Wenn ich es nicht schaffe, muss ich verkaufen. Vorläufig versuche ich zu vermieten und kümmere mich um zwei Häuser auf dem Grundstück.

Katie: Weil es dir so lieber ist. Das ist ein wichtiger Aspekt, den du immer bedenken solltest, denn insofern passt ihr beide zusammen und denkt auf dieselbe Weise. Und du brauchst darüber nicht verbittert zu sein. Du kannst sagen: »Wir sind uns wirklich einig!«

Joyce: Was den Verkauf des Kula-Grundstücks angeht – der verzögert sich wegen des Kaufinteressenten. Es sollte ein Notverkauf werden, und er hat seine Meinung darüber ziemlich geändert. Er sagte, ich würde ihn verschaukeln, ihm das Fell über die Ohren ziehen und so weiter. Und dann haben wir eines Tages über die Scheidungsvereinbarung gestritten, und ich habe ihm meine *Work* mit meiner ersten Überzeugung »Duncan verlässt mich« vorgelesen. Er hat einfach nur zugehört. Vorher wollte er nie irgendetwas über *The Work* hören. Aber ich habe es ihm von Anfang bis Ende vorgelesen. Und dann kamen wir zu der Umkehrung – der, die wir eben gemacht haben: »Ich habe ihn verlassen.« Und ich habe ihm gesagt, auf welche Weise ich ihn verlassen habe. [Weinend] Und er war sehr still.

Einige Tage später hat er sein Angebot dann dramatisch geändert, so dass ich eine ziemlich hohe Hypothek aufnehmen und das Haus so retten könnte. Darüber habe ich sehr gestaunt. Und er hat mich wirklich unterstützt, damit ich hierherkommen konnte; ich habe die Reise bezahlt, und *er* hat mich unterstützt.

Katie: Ich liebe es, dass ihr auch das gemeinsam habt. Ihr beide unterstützt dich. Sehen wir uns die nächste Aussage an.

Joyce: *Duncan hätte mich nicht verlassen sollen, ohne mir vorher deutlich zu sagen, dass er unglücklich, voller Angst und verschuldet war, und ohne einen Versuch zu machen, unsere Beziehung zu retten.*

Katie: »Er hat dir das nicht deutlich gesagt« – stimmt das?

Joyce: Ich habe nicht wirklich zugehört.

Katie: Du gehst zum Flohmarkt. Du kommst heim. Er

ist aufgebracht und sagt dir: »Wir brauchen diesen Kram nicht.« Er drückt sich sehr klar aus. »Wir können uns das nicht leisten.« Das ist eindeutig.

Wie reagierst du – in deiner Ehe –, wenn du den Gedanken glaubst: »Er drückt sich nicht klar aus, er ist Brite«?

Joyce: [lachend] Ich behandle ihn schlecht; ich versuche, ihn zu einer Therapie zu überreden; ich versuche, ihm Informationen aus der Nase zu ziehen.

Katie Oh, das muss sehr angenehm gewesen sein. [Das Publikum lacht.]

Joyce: [lachend] Nicht für ihn. Ja, es war nicht angenehm. Wir haben manchmal ziemlich heftig gestritten – vor allem während der letzten drei Jahre, als es mit meiner Gesundheit abwärtsging. Bis dahin war unsere Beziehung wirklich gut.

Katie: Ich würde auch diesen Gedanken überprüfen. Bei deiner körperlichen Veränderung könnte es ein guter Weg sein, mit diesem Gedanken *The Work* zu machen.

Also: »Er hat sich nicht klar ausgedrückt.« Schließ die Augen, und berichte, welche Bilder du vor dir siehst. Wie reagierst du, wenn du den Gedanken glaubst: »Er drückt sich nicht klar aus«? Beobachte, wie du versuchst, ihn zu einer Therapie zu überreden, und …

Joyce: Ich dachte, es sei seine Schuld, sein Problem; und ich hatte meine eigenen Probleme und habe dichtgemacht.

Katie: Schau dir an, was du zu ihm gesagt hast; schau dir an, wie du ihn behandelt hast. Schau dir an, wie er klar gesagt hat, was er nicht wollte – wie du dich darüber hinweggesetzt hast. Und schau in sein Gesicht, beobachte es. So reagierst du, wenn du den Gedanken glaubst: »Er drückt sich nicht klar aus.« [Joyce schluchzt.]

Und jetzt Liebling, beobachte *genau* dasselbe, nur mit der Überlegung: Wer wärst du ohne den Gedanken »Er drückt sich nicht klar aus; er sollte sich klarer ausdrücken«? Also schließ die Augen, und beobachte dein Leben mit ihm.

Joyce: Es wäre vollkommen anders. Ich würde ihm zuhören. Ich würde ihn respektieren.

Katie: Ja, beobachte ihn, wie er dir erzählt hat, dass er keine Therapie machen will – wie auch immer die Szene ausgesehen hat – beobachte ihn. Du, ohne die Geschichte »Ich brauche es, dass er sich klarer ausdrückt«.

Joyce: Ich würde bei mir selbst die Probleme sehen, die ich bei ihm gesehen habe: Immobilienkauf, ein Risiko eingehen. Eine Menge Dinge, es war einfach meine … [Sie seufzt.]

Katie: Und jetzt schau dir an, wie er sich ausdrückt. Gib deine Geschichte auf, und schau ihn an.

Joyce: Ich glaube, *ich bin* britisch. [Das Publikum lacht.]

Katie: Also: »Er drückt sich nicht klar aus« – lass uns das einfach umdrehen.

Joyce: Er drückt sich klar aus.

Katie: Ja. Ich bekomme sogar das Gefühl, dass er sich selbst nicht mal sicher war, ob er dieses Anwesen kaufen sollte.

Joyce: Ja. Ich habe ihn gedrängt, eine Immobilie zu kaufen – als Investitionsobjekt –, und dann bin ich so tief in meine Krankheit mit den Schmerzen und der Behinderung gerutscht. Und dann ist er alleine losgezogen und hat zusammen mit einem seiner Klienten ein Anwesen gefunden, und sie waren so hingerissen davon. Und ich habe zu ihm gesagt: »Nein, ich halte das für keine gute Zeit, eine Immobilie zu kaufen, weil jetzt meine Operation ansteht.« Dann habe ich gehört, wie er zu jemandem gesagt hat: »Das ist mein Traum. Das erinnert mich an meine Heimat.« Und ich dachte, ich sollte ihn unterstützen, weil er mich unterstützte, und so habe ich die Papiere unterschrieben.

Katie: Du hast also unterschrieben, und was waren deine Motive?

Joyce: Meinen Mann zu unterstützen. Er wollte dieses Anwesen haben.

Katie: Und was wäre passiert, wenn du *nicht* unterschrieben hättest? Weil du es *nicht* für richtig gehalten hast?

Joyce: Ich glaube nicht, dass er das Anwesen dann gekauft hätte.

Katie: Wer hat es dann letztlich gekauft?

Joyce: Wir.

Katie: Vergiss es. Er hätte es ohne dich nicht kaufen können.

Joyce: Ich. Ja.

Katie: »Ich wollte meinen Mann unterstützen« – dreh's um.

Joyce: Ich wollte, dass er mich unterstützt. Ja. Er ist ein großartiger Unternehmer.

Katie: Aber du hast unterschrieben, damit er dich unterstützte. Und du wusstest, dass du es nicht hättest tun sollen.

Joyce: Und ich habe unser Anwesen auch verkauft – auf dem Papier. Ich hatte den Vertrag schon in der Hand. Er kam vor der Endabnahme herein und sagte: »Ich will die Scheidung.« Er hat sich auch in dieses junge Mädchen aus dem Büro verliebt. Sie hatte sich eine Weile bei uns aufgehalten, und ganz kurz bevor sie ging, sagte er: »Ich will weg.«

Katie: Okay, dann lies das jetzt noch einmal als Umkehrung.

Joyce: Duncan *hätte* mich verlassen sollen, ohne mir vorher deutlich zu sagen, dass er unglücklich war, und ohne einen Versuch zu machen, unsere Beziehung zu retten.

Katie: Ja, das hätte er tun sollen! Nenne mir ein konkretes Beispiel dafür, wie diese Aussage genauso wahr oder noch wahrer ist als deine ursprüngliche.

Joyce: Na ja, weil es genauso passiert ist.

Katie: Und warum ist es sonst noch wahr? … Weil du dich darüber hinwegsetzt, wenn er versucht, mit dir zu reden.

Joyce: … Ja. Jetzt habe ich es verstanden – ich setze mich wirklich über ihn hinweg.

Katie: Lies die Umkehrung noch einmal vor.

Joyce: Duncan *hätte* mich verlassen sollen, ohne mir vorher deutlich zu sagen, dass er unglücklich war, und ohne einen Versuch zu machen, unsere Beziehung zu heilen. Und nun bin ich dabei, mich selbst zu zerfleischen, weil es meine Schuld war!

Katie: Oh gut! Du hast *The Work*. Und es ist nicht deine Schuld. Ich sag dir jetzt, wie du damit umgehen kannst: Als du beispielsweise die Papiere unterschrieben hast oder als er dir gesagt hat, dass ihr euch den Kram vom Flohmarkt nicht leisten könnt, dass du das Zeug nicht brauchst, weil du schon alles hast, was du brauchst – du hättest es trotzdem getan. Also geh in dein Inneres – entweder wo du den Vertrag unterschrieben hast oder wo du auf dem Flohmarkt warst. Okay, geh irgendwohin, wo du etwas getan hast, für das du dich heute schuldig fühlst und dich selbst zerfleischst … okay? Welche Situation wäre das? Als du den Kaufvertrag für das Anwesen unterschrieben hast?

Joyce: Ja.

Katie: Okay, schließ die Augen. Und jetzt schau dir an, was du damals geglaubt hast. Siehst du, was du geglaubt hast, bevor du unterschrieben hast? Wie hättest du in diesem Moment anders handeln können? Wie wäre das möglich, wenn du dir ansiehst, was du geglaubt hast?

Joyce: Ich denke, wenn ich nicht so unter Schmerzmitteln gestanden hätte. Ich habe Schmerzmittel genommen …

Katie: Das hat nichts damit zu tun.

Joyce: Wirklich nicht?

Katie: Die Welt würde dir etwas anderes sagen. Und ich bitte dich, dorthin zurückzukehren und dir anzusehen, was du bei der Vertragsunterzeichnung geglaubt hast. Und nun sag mir, wie hättest du mit diesen Überzeugungen etwas anderes tun können?

Joyce: [zögernd] Wenn ich überzeugt war, dass wir eine Investition brauchten …

Katie: Was du warst …

Joyce: … oder ein neues Zuhause brauchten? Oder dass ich meinen Mann unterstützten konnte? Oder dass ich ihn unterstützten musste?

Katie: Okay. Also, wenn du all diese Gedanken geglaubt hast, wie hättest du die Papiere dann nicht unterzeichnen können?

Joyce: Ja. Ich habe getan, was ich tun musste … vermutlich.

Katie: Ich würde »vermutlich« weglassen. Geh nach innen und schau, ob das wahr ist. Prüf es nach: In diesem Moment, in Verbindung mit dem, was du geglaubt hast, hättest du nichts anderes tun können, als die Papiere zu unterzeichnen. Es gibt einen Ausdruck dafür: »Man tut sein Bestes.« Du hast dein Bestes getan, wenn man von deinen Überzeugungen in diesem Moment ausgeht. Es gab keine anderen Optionen.

[Zum Publikum] Wie viele von euch sind diesen Weg gegangen? Okay, wer es noch nicht getan hat, den lade ich jetzt dazu ein – mit all den Dingen die ihr getan habt und nicht hättet tun sollen. »Warum habe ich das getan?« Weil ihr in diesem Moment eure Gedanken geglaubt habt. Gibt es irgendjemanden, der das nicht versteht? Damit bleibt ihr schuldlos. Damit könnt ihr euch vergeben. Damit bleibt ihr

Menschen, die niemals zu wenig leisten – wenn ihr das wirklich überprüft. Das ist der Beweis, dass ihr in jedem Moment eures Lebens immer euer Bestes getan habt. In jedem Augenblick. Und solange ihr eure Gedanken glaubt, müsst ihr aus diesen Überzeugungen heraus leben. Ihr glaubt, was ihr denkt, oder ihr überprüft es – dazu gibt es keine Alternative. Eine ganz einfache Sache.

[Zu Joyce] Was wir hier also tun, was du hier tust, bedeutet, die hundertprozentige Verantwortung ohne die Schuld zu übernehmen. Und wenn jemand sagt: »Du hättest nicht unterschreiben sollen«, dann kannst du vielleicht einfach lächeln und denken: »Wenn sie geglaubt hätten, was ich geglaubt habe, dann hätten sie auch unterschrieben.« Und ja, du hast Medikamente genommen. Und statt die Verantwortung für uns selbst zu übernehmen, sagen wir: »Es waren die Medikamente; es war der Unfall!« Und dann machen wir weiter, und es gibt keine Lösung. Also schau dir das wirklich ganz genau an bei *The Work*, so wie du es jetzt tust.

Joyce: Soll ich weitermachen?

Katie: So ist das mit unseren Gedanken – sie gehen weiter und immer weiter. Und solange du nicht alles liebst, was du denkst, bist du mit deiner *Work* noch nicht fertig.

Joyce: Was meinst du damit? Ich habe dich sagen hören, dass du deine Gedanken wie dein liebstes Kind behandelst.

Katie: Meine Gedanken *sind* meine liebsten Kinder. Es gibt nichts anderes zu lieben. Mein Bewusstsein ist alles. Wenn ich also meine Gedanken nicht liebe, dann liebt und versteht mein Bewusstsein sich selbst nicht. Sein Denken findet nicht zu sich selbst. Der Krieg endet dort, wo das Bewusstsein zum Bewusstsein findet, wo es nicht mehr getrennt ist. Wo es absolut frei ist, das zu tun, was es am liebsten tut, und das ist, kreativ zu sein.

Joyce: Solange wir die Gedanken überprüfen.

Katie: So lange ist es frei, aber wenn wir uns an einen belastenden Gedanken klammern, dann verfängt es sich dort. Es muss ein Leben lang beweisen, dass es die Medikamente waren, dass er es war oder dass es der Unfall war. Und es verfängt sich in dem Versuch zu beweisen, was nie bewiesen werden kann.

Wenn du also deine Überzeugungen überprüfst, dann ist dein Bewusstsein frei und führt keinen Krieg mehr gegen sich selbst. Und es ist grenzenlos – genial wäre eine Untertreibung. Aber wir klammern uns immer noch wie Dinosaurier daran: »Er kümmert sich nicht um mich. Er sollte dies tun. Er sollte das tun.« Und dann versuchen wir es zu beweisen und Leute dazu zu bringen, dass sie unsere Überzeugung teilen, und wenn sie es nicht tun, werden wir wütend und suchen uns andere Leute, die unserer Meinung sind. Und wir wenden uns Religionen zu, und wir sorgen dafür, dass alle unsere kleinen Entchen in Reih und Glied marschieren, und dann funktioniert *das* auch nicht, und dann ...

Schauen wir uns die nächste Aussage an.

Joyce: *Duncan muss aus dem Verkauf unseres zweiten Anwesens so viel Geld übrig behalten, dass er eine zweite Hypothek aufnehmen und mein Heim retten kann.*

Katie: Okay, dreh's um.

Joyce: Ich muss aus dem Verkauf unseres zweiten Anwesens so viel Geld übrig behalten, dass ich eine zweite Hypothek aufnehmen und mein Heim retten kann.

Katie: Ja. Das ist also im Moment deine Aufgabe, dein Anwesen so gut wie möglich zu verkaufen. Und ich höre, dass er einen Kaufinteressenten hat, und was denkst du darüber? Es ist auch dein Eigentum. Aber du bist sicher damit einverstanden, denn so ist die Lage, und du hast nichts getan, um sie zu ändern.

Joyce: Hmm. Ich habe nichts getan, um sie zu verändern?

Katie: Ja. Du hast nichts getan, um einen anderen Käufer für das Haus zu finden.

Joyce: Nun, ich habe den Makler gebeten, weitere Angebote einzuholen, und …

Katie: Nun, du bist die Eigentümerin. Also könntest du ihn einfach täglich anrufen und fragen: »Gibt es weitere Angebote? Haben Sie Anzeigen geschaltet? Was können wir sonst noch tun. Wie kann ich helfen?«

Joyce: Gute Idee.

Katie: Setz es ins Internet.

Joyce: Oder auf die Craigslist (zentrales städtisches Online-Netzwerk in den USA).

Katie: Ja – such nach weiteren Interessenten. Du weißt doch, was man mit Immobilien tun muss: Du kaufst sie, und du wirst erleuchtet! [Alle lachen.] Sehen wir uns die nächste Aussage an.

Joyce: *Duncan ist kalt, grausam, feige und ein Betrüger.*

Katie: Dreh's um.

Joyce: Ich bin kalt …

Katie: Im Hinblick auf *ihn* und das, was er zu sagen hat.

Joyce: Ja. Ich bin grausam … auch mir selbst gegenüber. Ja.

Katie: Jetzt geht es bei deiner *Work* darum, genau festzustellen, in welchen Situationen du grausam bist, dich zu entschuldigen und die Sache in Ordnung zu bringen.

Joyce: Ihm und mir selbst gegenüber?

Katie: Ja. Und das ist der Punkt, wo wir einsteigen. Und oh, das Leben ist an dieser Stelle so aufregend – sich zu entschuldigen und das zu erleben, und zu fragen, wie du es wiedergutmachen kannst, und alles zu tun, um die Sache in Ordnung zu bringen. Das ist eine faszinierende Reise.

Joyce: Ich habe das ihm gegenüber getan.

Katie: Aber du bist damit noch nicht fertig. »*Ich* habe diese Papiere unterschrieben. *Ich* habe das getan. Und wenn du dadurch jetzt in Schwierigkeiten steckst, dann entschuldige ich mich aufrichtig dafür. Ich wollte, dass du mich unterstützt, und ich hatte Angst, diese Papiere nicht zu unterschreiben. Es war eine Art Rückversicherung, die nicht funktioniert hat. Du hast mich trotzdem verlassen.«

Okay, die nächste Aussage.

Joyce: Ich bin feige.

Katie: Ja, du denkst, dass du deinen Lebensunterhalt nicht selbst verdienen kannst, obwohl du es gut schaffst.

Joyce: Ja. Ich habe das Gefühl, als würde ich aus vielen Ängsten auftauchen: Angst davor, körperlich und finanziell selbst für mich sorgen zu müssen, Angst davor, mich um die Hypothek und die Mieter zu kümmern. Und das sind alles Dinge, die ich ja in gewisser Weise tue.

Katie: Lass »in gewisser Weise« weg. Du tust sie!

Joyce: [lachend] Ja. Das ist so wunderbar! Ich habe dich jeden Tag in diesem Workshop beobachtet, wie du *The Work* machst, und nun mach ich sie mit dir!

Katie: Und du machst sie wirklich. Und das nächste Wort?

Joyce: Ich bin eine Betrügerin.

Katie: Betrügst du dich selbst?

Joyce: Auf welche Weise ich mich selbst betrogen habe? Indem ich nicht auf mich und nicht auf ihn gehört habe.

Katie: Indem du wusstest, was zu tun war, und dich aus bestimmten Motiven heraus darüber hinweggesetzt hast – aus furchtsamen Motiven.

Indem du wusstest, was richtig war, und dich dann wie bei dem Maui-Anwesen darüber hinweggesetzt hast – du hast dich darüber hinweggesetzt. Für deinen Verstand war es nicht okay. Du konntest es dir nicht leisten, hast dich aber darüber hinweggesetzt, weil du seine Liebe, Anerkennung, Wertschätzung und Unterstützung wolltest. Also hast du dich einfach aus Angst darüber hinweggesetzt.

Lies die nächste Aussage.

Joyce: *Ich will nie wieder die Qual, den Kummer und die ganze Arbeit einer Scheidung erleben.* Es ist eine Menge Papierkram. Wirklich! Es ist eine Menge Arbeit.

Katie: Wer will die Scheidung?

Joyce: Er, eindeutig.

Katie: Und warum machst du dann den ganzen Papierkram?

Joyce: Nun, ich muss den Papierkram für meinen Anwalt machen und für den Fall, dass ich vor Gericht muss – womit er mir droht. Ich habe ihm vom ersten Tag an gesagt, dass ich nicht vor Gericht erscheine. Er sagte: »Halt dich aus meinem Geschäft raus. Rühr nicht an mein Unternehmen – du hattest nichts damit zu tun.« Und ich war wie hypnotisiert; ich war so erschrocken.

Wir haben beide bestimmte spirituelle Übungen praktiziert. Und mein Lehrer hat mir gesagt: »Geh nicht vor Gericht; fordere keinen Unterhalt. Verkauft die beiden Anwesen, und teilt euch den Erlös; ihr habt schließlich keine Kinder.« Und ich war entsetzt, dass ich mich meinem Mann und meinem spirituellen Lehrer widersetzte. [Sie bricht in Schluchzen aus.] Ich dachte, ich würde karmisch bestraft, wenn ich mich ihnen nicht beugte. Aber …

Katie: Also bekommt er das Geschäft, und was bekommst du?

Joyce: Er bekommt das Geschäft und drei Viertel seiner Geschäftsschulden. Ich hatte keine Ahnung von diesen Geschäftsschulden – keine Ahnung. Weil ich mir nie irgendwelche Zahlen angesehen habe, niemals! Das ist eine weitere Art, wie er mich betrogen hat.

Katie: Also übernimmt er drei Viertel der Geschäftsschulden und du das restliche Viertel?

Joyce: Er übernimmt drei Viertel der Geschäftsschulden, die von dem Verkaufserlös des zweiten Anwesens bezahlt werden. Dazu bekommt er noch das Geschäft, und ich bekomme Geld, das mir als Eigenkapital für eine Hypothek auf das erste Haus angerechnet wird, mein Heim, unser Heim während der letzten 16 Jahre. Und von diesem Geld lebe ich – also ich muss dieses Geld auch als Unterhalt verwenden. Ich bekomme keinen zusätzlichen Unterhalt.

Katie: Also, Liebling …

Joyce: Und die Krankenversicherung. Er hat mir auch eine Krankenversicherung angeboten.

Katie: Also, Liebling, ich verstehe das so, dass du bei der Scheidung im Hinblick auf sein Unternehmen dasselbe gemacht hast wie beim Kauf des Maui-Anwesens.

Joyce: Unterschrieben? Unterschrieben und weg damit? Na ja, das hat meine Anwältin auch gesagt. Weil es ein …

Katie: Geht deine Anwältin zu seinem Lehrer? [Das Publikum lacht und applaudiert.]

Joyce: Sie ist angeblich ein hartnäckiger, zäher Typ.

Sie hat argumentiert, dass die Gesetze in Hawaii so verschuldensunabhängig sind, erstens, und zweitens …

Katie: Schreibt das Gesetz in Hawaii Gütergemeinschaft vor?

Joyce: Ich weiß nicht, was das bedeutet.

Katie: Das ist, wenn jedem die Hälfte von allem gehört: das Haus, das Unternehmen, das …

Joyce: Ja, in dieser Art ist es, aber du musst bedenken, dass er Unternehmer ist. Er kann eine Menge Geld verstecken. Und die Anwältin hat gesagt, dass sie schon vorher Unternehmer verklagt hat. Das ist eine Menge Arbeit. Man muss fünf- bis zehntausend Dollar an jemanden zahlen, der nicht nur amtlich zugelassener Wirtschaftsprüfer ist, sondern ein echter Spezialist, man muss sich die Bücher ansehen, prüfen, was er in den letzten Jahren verdient hat, und abschätzen, was er verdienen *kann*. Er könnte sein Geschäft einfach dichtmachen, das Gericht könnte sagen »Du schuldest deiner Frau« …

Katie: Schätzchen, ich verstehe das alles. Es könnten schlechte Nachrichten sein. Und willst du die Hälfte seines Unternehmens haben? Nein. Willst du die Hälfte *deines* Unternehmens, der Firma, die euch beiden gehört, der Firma, für die du ihm Geld gegeben hast, das du mit deinem Geschäft verdient hast, damit er seins aufbauen konnte? Willst du die Hälfte dieses Unternehmens haben?

Joyce: Sie sagt, ich könnte nur die Hälfte seiner Werkzeuge und seines Lastwagens bekommen. So ist das mit Unternehmern …

Ja, ich würde gerne etwas davon haben, als Unterhalt, dann hätte ich nicht so viel Angst bei dem Gedanken, wie ich das alles schaffen soll. Ich werde es so oder so schaffen, ich meine, mit oder ohne Unterhalt, ich werde es einfach schaffen. Ich muss.

Katie: Nun, ich weiß nur, dass die Hälfte des Unternehmens dir gehört. Und wenn du sie willst … nun, egal ob du sie willst oder nicht, sie gehört dir, bis du sie durch deine Unterschrift aufgibst. Du hast darin Erfahrung, und du bist informiert. Und die wunderbare Erfahrung ist: Als du den Kaufvertrag für das Maui-Anwesen unterschrieben hast, da hast du das getan, weil du deine Gedanken geglaubt hast. Und du wusstest, dass du es nicht hättest tun sollen. Und jetzt stehen die Verträge für die Scheidung an, und du willst dasselbe noch einmal machen? Das ist alles.

Joyce: Nun, ich habe die Medikamente abgesetzt, außer einem Schlafmittel.

Katie: Sorgst du für dich selbst? Oder sorgst du für *ihn*, damit er später positiv über dich denkt? Dann tauschst du die Hälfte des Geschäftes gegen sein Wohlwollen ein, was letztes Mal nicht funktioniert hat. Aber denk einfach dran. Wenn du ihm dann die Hälfte deines Unternehmens überlässt, weißt du, was du tust. Mach es dir einfach bewusst. Und wenn es dir darum geht, seine Anerkennung zu gewinnen, oder die Anerkennung des Lehrers oder der Gesellschaft – seiner Gesellschaft, die du bewunderst –, um wieder in Gnaden aufgenommen zu werden, dann solltest du dir dieses Motiv einmal genauer ansehen. Und sorge für dich selbst! Ich rede hier nicht mehr über Geld. Sorge für dich selbst. Du bist so lange ein Opfer, wie irgendjemand dich mit einem freundlichen [spricht in einem fröhlichen Singsang] »Hi! Ich finde dich wirklich nett! Du bist wunderbar!« kaufen kann. Das ist der Schlüssel zu deiner Welt.

Joyce: Ja, das stimmt.

Katie: Ich sage oft: »Persönlichkeiten lieben nicht – sie wollen etwas.« Wenn du mir also gefallen willst, dann gib mir etwas. Und nimm es mir anschließend nicht wieder ab.

Joyce: Nun, wenn ich mich von meiner Anwältin trenne, dann muss ich mit einem anderen Anwalt wieder ganz von vorne beginnen. [Das Publikum applaudiert laut.]

Katie: Und es gibt noch eine andere Möglichkeit, wenn du es ernst damit meinst. Du kannst einfach ins Anwaltsbüro marschieren und sagen: »Ich habe mich entschieden: Das ist auch mein Unternehmen, und deshalb will ich meinen Anteil. Das ist zur Hälfte mein Haus, und ich will es haben. Ich will es auf alle Fälle. Und nun sagen Sie mir ganz einfach: Gibt es irgendeinen Grund, der dagegen spricht?« Dann wird deine Anwältin dir die kurze Version erklären. Und dann kannst du sie einfach nach den Chancen fragen. Das wäre vielleicht ein anderer Ansatz.

Joyce: Sie sagt, wir könnten vor Gericht gehen, und es könnte eine Weile dauern, und wir würden vielleicht Unterhalt bekommen, aber wahrscheinlich nicht die Immobilie.

Katie: Ich weiß es nicht. Aber es spielt auch keine Rolle. Mach dir einfach bewusst, wo du dich für Liebe, Anerkennung und Wertschätzung verkaufst. Mach dir bewusst, dass du dafür einen hohen Preis bezahlst, und das hast du dir schon einmal bewiesen.

Joyce: Ja, das habe ich.

Katie: »Wer sind meine Freunde?«

»Oh, diejenigen, die ich kaufe.«

Okay, was hast du als letzte Aussage geschrieben?

Joyce: *Ich will nie wieder die Qual, den Kummer und die Arbeit einer Scheidung erleben.*

Katie: »Ich bin bereit …«

Joyce: Ich bin bereit, wieder die Qual, den Kummer und die Arbeit einer Scheidung zu erleben.

Katie: »Ich freue mich darauf …«

Joyce: Ich freue mich darauf, wieder die Qual, den Kummer und die Arbeit einer Scheidung zu erleben.

Katie: Ja. Vielleicht empfindest du dann überhaupt keinen Stress mehr dabei. Und du *musst* den Papierkram nicht machen. Du machst ihn, weil du auf diese Weise deinen Lebensunterhalt sicherst. Dein Job besteht darin, für dich selbst zu sorgen. Schöne *Work*, Liebling.

Joyce: Danke, Katie.

13. Ich bin minderwertig – und manche Leute sind besser als andere

»Ich bin minderwertig« ist eine der schmerzlichsten Geschichten überhaupt. Aber wenn wir wissen, dass Frieden in unserem eigenen Inneren entsteht, können wir die Welt so genießen, wie sie uns lebt. Wenn wir alle verstehen würden, was Erfolg ist, würden wir uns alle selbst lieben.

Jonathan: Ich wollte fragen, ob du mir bei einer Überzeugung helfen kannst, die trotz aller Arbeitsblätter und anderer Hilfen weiter existiert.

Katie: Wenn ich kann, würde ich das gerne tun. Dafür bin ich auf der Welt.

Jonathan: Diese Überzeugung scheint im Zentrum der meisten Konflikte zu stehen, die ich mit anderen Leuten und auch mit mir selbst habe. Sie besagt letztlich: »Ich bin minderwertig.« Und damit geht ein Gefühl einher, dass manche Leute besser sind als andere. Und umgekehrt sind manche Leute natürlich auch schlechter als andere.

Daraus folgt für mich dann zweierlei: erstens das Gefühl, dass ich ständig etwas damit zu tun habe, und zweitens – was vielleicht noch schlimmer ist –, dass ich ständig herausfinden muss, welchen Platz ich in der Hierarchie einnehme, egal wo ich bin. Und es hört einfach nicht auf, und ich habe es so satt.

Katie: Also Liebling, warum kommst du nicht einfach herauf und setzt dich zu mir, und dann werden wir feststellen, ob die Antworten, die in deinem Inneren leben, dir weiterhelfen können.

Jonathan: Das andere Problem dabei sind die Umkehrungen. Erstens Frage vier – »Wer wärst du ohne diesen Gedanken?« –, das kommt mir einfach wie Science-Fiction vor. Ich kann das machen, aber es verbindet mich nicht unbedingt mit der Realität. Und dann erscheinen mir diese Umkehrungen wie ein Bündel von eklig-schnulzigem Glücksgeschwafel.

Katie: Also komm rauf in meinen Salon. [Das Publikum applaudiert.] Schnulziges Glücksgeschwafel. Junge, Junge! [Jonathan kommt auf die Bühne und setzt sich.] Also du bist minderwertig.

Jonathan: Ja.

Katie: Wieso?

Jonathan: Das wird schwierig, weil ich mich damit schon irgendwie im Kreis bewege … denn, weißt du, ich habe diesen Teil schon hinter mir. Und nach einer Weile dreht sich alles nur noch im Kreis.

Katie: Lass uns jetzt zu der Frage zurückkehren.

Jonathan: Ich weiß jetzt schon, wie das enden wird, und wie –

Katie: Lass uns zurückgehen.

Jonathan: [Im Ton einer Selbstparodie] Ich weiß, ich weiß: Ich bin wertvoll genug, um hier zu sitzen. Also, *was soll's*?

Katie: Das *ist* es! *Das ist* es, was es soll! Du bist wertvoll genug, hier zu sitzen. Genau darum geht es, und wenn du das wirklich verstehst, wird es dein Bewusstsein erweitern.

Jonathan: Ja, … es ist ziemlich mickrig …

Katie: Dann mach mal einen Moment langsamer.

Jonathan: Es ist ziemlich unbedeutend, oder?

Katie: Sag Bescheid, wenn du es wirklich verstanden hast. Für mich war das nicht unbedeutend. Es war eine Offenbarung. Es war die tiefgründigste Erkenntnis, zu der ich kommen konnte – nach Jahrzehnten der Verzweiflung und der Überzeugung, dass ich minderwertig war, es immer gewesen war und immer sein würde.

Jonathan: Aha.

Katie: Also spüre einfach, wie der Stuhl, auf dem du sitzt, dich hält. Entspann dich dabei. Und wenn du nun eine Milliarde Dollar hättest … wenn du der erfolgreichste Mensch der Welt wärst und hier auf diesem Stuhl sitzen würdest …

Jonathan: Es ist schwierig, das zu fühlen, denn es geht nicht um Geld. Es ist etwas …

Katie: Wenn du der wichtigste Mensch der Welt wärst und jeder das wüsste, wenn die ganze Welt das wüsste, wenn Gott es wüsste, würde sich dieser Stuhl dann wesentlich besser anfühlen?

Jonathan: Ja!

Katie: Stimmt das? Der Stuhl wäre wesentlich besser?

Jonathan: Ja.

Katie: Kannst du wirklich wissen, dass das stimmt, dass sich der Stuhl wesentlich besser anfühlen würde? Du bist der erfolgreichste Mensch der Welt. Gott weiß es. Jeder Mensch weiß es. Alle Kameras sind auf dich gerichtet. Und fühlt sich dieser Stuhl in dieser Position nun wirklich sehr viel bequemer an? Wenn du der Mann bist, der dort in dieser Position sitzt, kannst du dann mit absoluter Sicherheit wissen, dass das wahr ist?

Jonathan: Also gut, Nein.

Katie: Danke, dass du auf dieses eklig-schnulzige Geschwafel verzichtet hast.

Jonathan: Ich meine, der Stuhl bleibt ein Stuhl. Er hat nichts damit zu tun.

Katie: Und danke, dass du aufwachst. Es geht nicht nur um den Stuhl, oder? Es geht um das Bewusstsein, das auf diesem Stuhl sitzt.

Jonathan: Richtig.

Katie: Wie reagierst du, wenn du den Gedanken glaubst: »Ich bin minderwertig«, während du auf diesem Stuhl sitzt? Denn nach allem, was du weißt, *bist* du der wichtigste Mensch der Welt, und das ist dir einfach nicht bewusst. Du weißt es nicht; du *kannst* es nicht wissen. Es ist nur dein Bewusstsein, das dir etwas anderes sagt. Du glaubst einfach, was du denkst. Das ist okay. Ich bespreche das nur kurz mit dir. Wie reagierst du, wenn du den Gedanken glaubst: »Ich bin minderwertig«?

Jonathan: Kann ich dich grade mal fragen, wie das möglich ist? Wie kann ich das nicht wissen? Wie kann es keinen Beweis dafür geben?

Katie: Du kannst es nicht wissen, weil du es *nicht weißt*.

Jonathan: Oh.

Katie: Und wie reagierst du, wenn du den Gedanken glaubst? Schau mal, wenn du die Wahrheit nicht weißt, dann hast du ein sorgenvolles Bewusstsein. Es ist ein verwirrtes Bewusstsein voller Angst. So fühlt sich eine Lüge an. Aber für dich ist es keine Lüge, weil du glaubst, was du denkst. *So* kann das passieren.

Wer wärst du also, während du gerade jetzt auf diesem Stuhl sitzt, ohne den Gedanken »Ich bin minderwertig«? Sitze hier als erfolgreicher Mann. Sitze hier als Versager. Sitz hier als was auch immer du sein willst, als Frau oder Kind oder du selbst. Sitze hier und erlebe, wer du wärst, wenn du hier ohne den Gedanken »Ich bin minderwertig« sitzen würdest. [Lange Pause]. Spüre einfach, wie der Stuhl dich trägt.

Jonathan: Ich meine ...

Katie: Spüre, wie der Stuhl dich trägt.

Jonathan: Das ist schwierig.

Katie: Erlaube ihm, dich zu tragen – denn das ist es, was er tut, ob dir das bewusst ist oder nicht. Und erlebe den Atem, der dich atmet, und den Boden, der den Stuhl trägt. Spüre, was deine Arme trägt und deine Haut berührt.

Jonathan: [nach einer langen Pause] Jetzt im Moment ist es ... ist es der Körper, der einfach hier sitzt.

Katie: Egal wer du bist.

Jonathan: Ja ... genau. Ich meine, er ist einfach ...

Katie: Ist er gut genug? Jetzt in diesem Moment. Ich rede nicht über später.

Jonathan: Ja ... er ist mehr als gut genug. Er ist sogar fantastisch … und es ist nur ein einziger Augenblick. Das ist das Großartige daran, einfach in lauter kleinen Augenblicken hier zu sitzen wie in einem Stop-Action-Movie. Und in jedem einzelnen Moment ist es okay, mehr als okay.

Katie: Ja. Also: »Ich bin minderwertig« – dreh's um.

Jonathan: Ich bin gut genug.

Katie: Okay, jetzt nenne mir drei Gründe, warum das stimmt. Und du weißt ja, dass du kein schnulziges Geschwafel leiden kannst. Du willst das einzig Wahre, weil du nur das glauben wirst … Nenne die Gründe – in deiner eigenen Wahrheit –, warum es gut genug ist, der Mann zu sein, der gerade jetzt auf diesem Stuhl sitzt. Sogar mehr als gut genug.

Jonathan: [nach einer langen Pause] Irgendwie kommt und geht es. Alles was ich wirklich sagen kann, ist, dass es nichts weiter gibt, was ich haben müsste.

Katie: Es gibt nichts weiter. Es gibt nichts.

Jonathan: Aber es kommt und geht, denn da ist ein ständiges schnelles Vorspulen.

Katie: Dieses ständige schnelle Vorspulen hindert dich an der bewussten Wahrnehmung. Und das ist okay. Nimm es einfach zur Kenntnis. Was hat es mit der Wirklichkeit zu tun?

Jonathan: Es muss etwas damit zu tun haben, warum so viele von uns einfach nur wegrennen, klettern und …

Katie: Lass »so viele von uns« weg. Warum tust du es?

Jonathan: Ja, warum tue ich es?

Katie: Frag dich selbst. Warum tust du es? Es spielt keine Rolle, wie hart du arbeitest, wie sehr du nach etwas strebst, am Ende landest du immer irgendwo auf einem Stuhl.

Jonathan: Ja … Ja. [lachend]

Katie: Allein!

Jonathan: Ja, ich habe es mir grade wie eine Art Flipper vorgestellt. Am Ende landet der Ball immer im Loch.

Katie: Ja, er muss irgendwo zur Ruhe kommen … Warum reicht es, einfach hier zu sitzen?

Jonathan: Es reicht eben nicht. Weil ich das Gefühl habe, ich müsste es auf der Stelle »raffen«. Weißt du, was ich meine? Ich bin gefragt, und deshalb muss ich jetzt sofort meine Offenbarung haben. [Das Publikum lacht.]

Katie: Okay, das ist ein Gedanke. Und jetzt komm zurück zur Frage. Warum reicht es, jetzt einfach hier zu sitzen, ohne eine Offenbarung?

Jonathan: Das Beste, was mir dazu einfällt, ist die Tatsache, dass ich keine Wahl habe. Welche Alternative *habe* ich denn? Ich kann jemand anders sein. Ich kann jemand sein, der ich in Zukunft lieber wäre, oder ich kann jemand sein, der ich früher lieber nicht gewesen wäre. Aber ich habe keine Wahl … hier.

Katie: Und ist es nicht wunderbar, dass du all das tun kannst, während du hier sitzt – getragen von diesem Stuhl? Ist es nicht erstaunlich, dass du das alles nicht ausleben musst? Du kannst einfach hier sitzen und es dir vorstellen. Das ist so viel netter. Du tust dies; du tust jenes; du strengst dich an; du versagst dabei – ist es nicht netter, einfach das zu haben, was du in diesem Moment hast: Der Stuhl, der dich trägt, während du hier sitzt, nichts tun musst und niemand sein musst?

Es war so wunderbar, als ich wirklich verstanden hatte, dass ich mittelmäßig war. Du meine Güte, welch eine Harmonie! Wenn ich ein sehr wichtiger Mensch sein will, kann ich dann gleich den erstbesten Weg einschlagen? Kann ich lernen zu sitzen? Wenn ich am Ende dann *so* wichtig und *so* großartig und *so* besonders bin – kann ich mich ausruhen? Nun, wenn ich es nicht von hier aus schaffe, wie könnte ich es dann von dort aus schaffen? Diese großartigen Aufgaben in der Welt, die du erfüllen willst – weißt du, die gute Nachricht ist, dass du das gar nicht tun musst. Es bleibt dir erspart. Jemand anders muss es tun: all diese tollen Wissenschaftler und Schauspieler und Ärzte und Heiligen. Du musst das nicht tun – es bleibt dir erspart, damit wir jetzt hier sitzen und wissen können, dass für alles gesorgt ist. Warum sollte ich diese Aufgaben übernehmen, wenn andere es so bereitwillig tun? Es bleibt mir erspart, damit ich jetzt einfach hier sein kann.

Jonathan: Für mich stimmt das nicht. Ich meine, schau dir Miles Davis an. Ich kann wirklich nicht behaupten, dass wir gleichwertig sind. Er ist in jeder Hinsicht besser als ich. Er hat mehr getan als ich. Seine Erfahrungen müssen ganz gewiss erheblich größer sein. Und es muss so viel besser sein, wenn man er ist und nicht ich. Wie könnte das nicht stimmen, wenn du seine Musik hörst? Wie könnte das nicht wahr sein. Es ist so offensichtlich.

Katie: Wer ist Miles Davis, wenn man nicht seine Musik hört. Wozu ist sie gut, wenn niemand sie anhört? Was macht ihn so großartig?

Jonathan: Ich denke, er wäre auch großartig, wenn er ganz allein auf einer verlassenen Insel leben würde.

Katie: Ich würde das umdrehen.

Jonathan: Ich wäre großartig. Ja, aber nur, weil niemand sonst dort wäre. [Das Publikum lacht.]

Katie: Wenn du Miles Davis wärst, und niemand würde deine Musik hören, wie großartig wärst du dann? Wenn du deine Geschichte hast, und da ist niemand, der deine Musik hört, wie großartig bist du? Und einige von euch wissen, dass genau das gerade jetzt abläuft.

Jonathan: Das ist schwer vorstellbar. Ich weiß nicht.

Katie: Dann lass uns das noch einmal anschauen. Mit deinem Denken – mit dem, was du glaubst –, wenn du Miles Davis wärst …

Jonathan: Ja, es wäre wahrscheinlich nicht gut genug.

Katie: Ich würde »wahrscheinlich« weglassen.

Jonathan: Ja. Und genauso funktioniert das. Welch eine Arroganz.

Katie: Es ist die reine Arroganz.

Jonathan: Wow! Ja. Miles Davis ist nicht gut genug …

Katie: Es spielt keine Rolle, wie talentiert oder begabt er ist – er ist einfach nicht gut genug. Das ist es. Er kann sich nicht ausruhen. Er kann sich nicht hinsetzen. Er kann sich nicht von dem tragen lassen, was in Wirklichkeit existiert.

Jonathan: Ja, wenn ich Miles Davis wäre, würde es mich fertigmachen, so zu denken. Ja.

Katie: [Nach einer langen Pause] Weißt du, alles was von mir verlangt wird, ist gut genug zu sein, um jetzt auf diesem Stuhl zu sitzen. Es spielt keine Rolle, was ich darüber denke. Das ist alles, was von mir verlangt wird. Was soll ich tun, aufspringen und die Welt retten? Noch nicht. Für meine Tochter da sein? Ich glaube nicht. Es wird im Moment nicht von mir verlangt. Und wenn es verlangt wird? Kann ich es dann genauso gut tun, wie hier zu sitzen? Ja.

Jonathan: Was ist, wenn es verlangt wird, und du es nicht tust?

Katie: Dann bist du verwirrt. Du leidest Qualen … Nur ein gewaltiges Ego kann sagen, dass du etwas tun solltest, was du nicht tust. Wenn es gefordert ist, dann setz dich einfach in Bewegung – mach dich an die Arbeit. Und wenn du die Aufgabe nicht bewältigen kannst, dann deshalb, weil es nicht von dir gefordert wird. Du unternimmst den Versuch, das Universum durcheinanderzubringen, und das Universum lässt das nicht zu. Es bevorzugt Perfektion. Es macht seinen Job. Das Universum tut, was von ihm gefordert wird. Es spuckt dich aus – hast du das bemerkt?

Jonathan: Ja.

Katie: Es gibt dir nicht das Talent dafür. Es gibt dir nicht den Verstand dafür. Es gibt dir nicht den Körper dafür. Das ist nicht deine Aufgabe. Kämpfe *dagegen.* Deine Aufgabe ist es, jetzt hier zu sitzen, bis du aufstehst. Kämpfe *dagegen.* Sieh was passiert.

Jonathan: Und warum sollte es dir den Verstand und das Talent für etwas geben, aber nicht das Vermögen, es tatsächlich zu tun?

Katie: Weil es nicht deine Aufgabe ist. Du hast offensichtlich nicht den Verstand und das Talent dafür. Und wenn doch, dann ist es einfach nicht die richtige Zeit. Das Universum lässt es nicht zu.

Wenn ich etwas gut kann, dann gebe ich es nicht der Welt. Ich gebe es meiner Tochter; ich gebe es dir. Ich gebe es demjenigen, der vor mir steht, weil ich es selbst empfangen habe. Ich habe die Fähigkeit, das zu tun. Was mir die liebste Sache der Welt ist, gebe ich nicht jedem. Es ist für denjenigen, der vor mir steht – erst für mich und dann für dich. Das ist alles. Das ist alles, was gefordert wird. Kein Drängen, kein Schieben.

Es ist nicht für die große Menge, sondern nur für diesen Menschen, der vor dir steht. Das ist deine Aufgabe. Wenn du etwas anderes glaubst, quälst du dich selbst mit einem Bewusstsein, das sich nicht in der Wirklichkeit befindet – einem Bewusstsein, das nicht einfach dasitzt, zur Kenntnis nimmt, würdigt, sich tragen lässt. Ich bin gut genug, das zu tun. Ich kenne meine Aufgabe. Mein Aufgabe ist es, hier jetzt bequem zu sitzen. Ich mache meinen Job.

Es gibt zwei Möglichkeiten, hier zu sitzen – entweder ich quäle mich, oder ich akzeptiere meinen Job. Und mal angenommen, ich hätte den Gedanken »Ich möchte einen Schluck Tee« [auf dem Tisch neben ihr steht eine Tasse mit Tee], und ich könnte ihn nicht trinken. »Oh mein Gott, ich mache meinen Job nicht. Ich bin ein Versager. Ich bin minderwertig. Ich bin nicht gut genug, auch nur einen Schluck Tee zu trinken. Gott, es tut weh, hier als Versager zu sitzen. Dabei müsste ich nur die Hand ausstrecken und nach der Tasse greifen – aber nein! Das ist die Hölle!«

Lass uns einfach bei diesem Bild bleiben. »Ich will einen Schluck Tee und nehme ihn mir nicht.« Für wen zum Teufel halte ich mich? *Es* bewegt sich nicht, bis es sich bewegt. Und dann würde ich die Frage beantworten – für wen zum Teufel halte ich mich *wirklich*? Und dann lande ich in der Realität: Ich bin eine Frau, die hier sitzt – ohne Tee. Kann ich das lieben?

Es gibt zwei Möglichkeiten, hier zu sitzen: leidend oder nicht leidend. Und wenn ich dann nach der Teetasse greife und etwas verschütte, kann ich denken: »Oh mein Gott! Das Leben ist hart – ich habe schon wieder versagt.« Aber wie sonst könnte der Tee kleckern? Ich werde dafür gebraucht. Wenn der Tee kleckert, dann war ich erfolgreich. Und wenn er nicht kleckert, dann war ich auch erfolgreich. Ich mache meinen Job.

Und noch etwas ist köstlich: Leben ist ein Geheimnis. Niemand muss wissen, was für ein Erfolg ich bin. Sie müssen es nicht wissen. Das ist wie das Sahnehäubchen auf dem Kuchen.

Jonathan: Warum ist das konventionell so anders? Ich muss mich ziemlich zusammenreißen, um dir bei dem, was du sagst, nicht dauernd zu widersprechen.

Und doch verstehe ich es ... Na ja, offenbar nicht wirklich.

Katie: Ja, es ist die Wahrheit direkt vor deinen Augen. Du musst sie nicht akzeptieren.

Jonathan: Wenn ich andere Leute beobachte, dann scheinen sie mir ziemlich zu gleichen. Wir verhalten uns einfach nicht so.

Katie: Du bringst ständig andere Leute ins Spiel. Fühlst du dich dadurch besser?

Jonathan: Irgendwie ja, weil ich mich dann nicht einzigartig scheußlich finde.

Katie: Und wenn du nun der einzige Mensch auf der Welt wärst, der das glaubt? Alle anderen führen ein glückliches Leben, und du bist der einzige Mensch auf der Welt, der sich elend fühlt. Und du hältst einfach an deinen Überzeugungen fest, und die Leute lachen und sagen: »Wie kannst du das nur glauben?«

Jonathan: Die meiste Zeit sieht es wirklich so aus, ja. Das ist ein Teil des Problems: Das Gefühl, dass ich irgendetwas einfach nicht verstehe.

Katie: Oh, du verstehst alles, was du verstehen musst. Du bemerkst es nur nicht. Und wenn du glaubst, was du denkst, dann *kannst* du es auch nicht bemerken. Du bist blind dafür. Dein Denken ist damit beschäftigt, das zu beweisen, was es für wahr hält.

Jonathan: Und wie kann ich dafür sorgen, dass das aufhört?

Katie: Schreib die Gedanken auf, und meditiere darüber. Überprüfe sie, und dreh sie um – oder nicht.

Jonathan: Das funktioniert manchmal, aber nicht in diesem Fall.

Katie: Es hat bei allem funktioniert, womit ich *The Work* gemacht habe. Das ist einfach so. Es funktioniert dann nicht, wenn ich *will*, dass es funktioniert, weil meine Antworten dann aus diesem Motiv hervorgehen.

Jonathan: Ja, das verstehe ich.

Katie: Also mach *The Work* mit dem, was dabei herauskommt. Und achte darauf, wie dein Denken sich auflöst, wo es dazu fähig ist. Damit lebst du wie eine freundliches menschliches Wesen, indem du einfach an dem arbeitest, wozu dein Denken *fähig* ist. Und jedes Mal, wenn du das tust, beginnt sich dein Bewusstsein zu öffnen, und schon bald werden die Dinge, die wie festzementiert waren, genauso sein wie die, mit denen du angefangen hast. Das Bewusstsein beginnt darauf zu vertrauen, dass es keine unsichere Angelegenheit ist, ohne seine Geschichte zu leben – es erlebt diesen Zustand nicht mehr als unsicher.

Jonathan: Okay. Weil meine Intuition mir sagt, dass

es einen wirklich grundlegenden Kern gibt, den ich auflösen müsste, damit alles andere in Ordnung kommt.

Katie: Oh, unser Bewusstsein liebt diese Geschichte. »Ich denke, ich werde nicht *The Work* machen, sondern einfach die Abkürzung nehmen. Wenn ich die Kernüberzeugung finde, dann kann ich alles mit einem Schlag auflösen.«

Jonathan: Das stimmt.

Katie: »Ich warte immer noch auf diese einzigartige Kernüberzeugung, und nun bin ich 80 Jahre alt. Nun bin ich 90.« [Das Publikum lacht.] »Und nun bin ich tot.«

Jonathan: Okay. In Ordnung. Ich meine, ich kann die einfachen Geschichten bearbeiten.

Katie: Ja. Damit habe ich ebenfalls angefangen; das konnte ich auch. Aber die Wahrheit ist, dass ich auch die schwierigen konnte. Ich hatte es eilig. Die belastenden Gedanken tauchten auf – das war das eine. Und ich wusste, ich konnte immer *The Work* damit machen. Warum hätten sie sonst auftauchen sollen?

Ich habe sie nicht gezielt ausgewählt. Wenn einer auftauchte, dann merkte ich das an dem Stress, der damit verbunden war, und dann habe ich *The Work* gemacht. Und als das Leben dann zu mir kam, war das erstaunlich. Wo meine Freiheit lag, das hatte nichts mit dem zu tun, womit ich gerade *The Work* machte.

Jonathan: Ja ... okay.

Katie: Es ist sehr schön, hier mit dir zu sitzen, Liebling.

Jonathan: Wenn du also auf eine Überzeugung stößt, die sich nicht auflösen will, mit der du einfach nicht weiterkommst ...

Katie: Nun, ich würde das überprüfen. Es gibt nichts, was ich nicht überprüfen würde. »Ich komme damit nicht weiter« – wie kann ich das wissen? Ich überprüfe, was ich glaube, und ich drehe es um. Und ich weiß nie, *was* anschließend passiert.

Jonathan: Okay ... das ist wieder dieselbe Sache. Ich bin es, der definiert, was mit »weiterkommen« gemeint ist.

Katie: Und was wichtig ist.

Jonathan: ... und eine andere Zukunft entwirft, die nie kommen wird.

Katie: Sie wird kommen oder nicht. Wer weiß?

Jonathan: Also, wenn du auf eine Überzeugung stößt, an der du dich immer wieder abarbeitest ...

Katie: Ich sehe nicht, wie du diesen Gedanken jemals aufdröseln kannst, denn das Motiv, das dich antreibt, lässt nicht zu, dass das, was unter diesem Motiv liegt, an die Oberfläche kommt. Und wenn du ein Motiv hast und deine Fragen stellst, dann bewegst du dich damit ganz nah an der Oberfläche – denn wenn nun irgendetwas anderes auftaucht, irgendeine andere Antwort dazu, dann passt sie nicht zu deinem Motiv. Also warum willst du überhaupt Fragen stellen? Das ist so, als würdest du *The Work* machen, um zu Geld zu kommen, schlanker zu werden, Krebs zu heilen oder was auch immer. Wie kann das funktionieren? Alle Antworten ergeben sich aus deinem Motiv.

Jonathan: Ja, das stimmt. Viele meiner Überprüfungen gehen von meinem Misstrauen aus, von einem Standpunkt, der nicht aufrichtig ist. Ich suche dann nicht nach der Wahrheit, sondern nach dem, was ich haben will. Ich will also im Grunde nicht ehrlich, sondern besser sein, was immer das ist.

Katie: Die Leute sind an Selbsthilfe-Workshops und positives Denken gewöhnt – und letzten Endes ist das hoffnungslos. Denn wenn du bekommst, was du willst, ändert das doch nichts an deiner Einstellung. Miles Davis – vollkommen unzulänglich! Van Gogh, der sich sein Ohr abschneidet.

Jonathan: Richtig.

Katie: Fang an wie ein Kind, Schätzchen. Sei einfach ein Kind. Lass dich auf die Liebe zur Wahrheit ein. Ich habe festgestellt, dass es die Wahrheit ist, die uns befreit. Die ganz einfachen kleinen Wahrheiten. Und wenn du eine Vorstellung, die keine große Sache ist, wirklich überprüfen würdest, dann wärst du schockiert, welche Macht sie hat. Weil nicht du – dein Ego ist es nicht – von den Antworten bedroht wirst.

Jonathan: Ja, und wenn ich gesagt habe, dass ich mit dieser Geschichte nicht weiterkomme, dann stimmt das nicht. Ich komme nicht dahin, wo ich hinkommen will. Weißt du, es macht mich nicht zu dem Menschen, der ich meiner Meinung nach sein sollte, und deshalb denke ich, dass es nicht funktioniert.

Katie: Ja. Eben deshalb liebe ich *The Work*. Es macht dich sehr wohl zu der Person, die du sein willst – nur hast du nicht gewusst, dass du so sein wolltest. Du bekommst also, was du willst. Aber du kannst es nicht planen, weil du nicht weißt, was es ist. Wie kannst du etwas planen, das du nicht kennst? Ich liebe die Person, die ich bin. Ich habe nie gedacht, dass ich diese Person sein würde.

Jonathan: Richtig. Könntest du noch einmal mit mir durchgehen, warum das alles so beängstigend ist – dieses Gefühl, dass es da irgendeinen kleinen Fehler gibt? Warum ist es so beängstigend, nicht zu wissen?

Katie: Nun, lass mich zu dem zurückkehren, was ich interpretiert habe. Was genau ist es, was du willst?

Jonathan: Fragst du mich das jetzt ernsthaft – nicht nur rhetorisch, sondern ernsthaft?

Katie: Ja. Was willst du? Willst du erfolgreich sein? Ich weiß, was es bedeutet, erfolgreich zu sein, aber du erkennst es noch nicht, denn sonst würdest du dich selbst lieben. Du würdest dich wirklich selbst lieben! Aber du denkst, dass du etwas anderes willst, und dass dieses Etwas dir die Selbstliebe *bringt*. Nichts steht zwischen dir und diesem Etwas – außer deiner Einbildung. Und diese Einbildung hindert dich daran zu erkennen, dass du schon alles hast, was du willst.

Was willst du also? Was ist es, was dir deiner Meinung nach das bringen wird, was du zu wollen glaubst? Du denkst, das wird dir Frieden bringen. Darauf läuft es immer hinaus, aber du legst so viele Stolpersteine auf den Weg zum Frieden, dass eine schwierige Reise daraus wird. Es ist eine unmögliche Reise. Würdest du mir also zustimmen, dass du diesen Erfolg willst, weil du denkst, dass du dadurch Frieden findest?

Jonathan: Ja, richtig. Genau darum geht es.

Katie: Während du also auf diesem Stuhl sitzt und von allen Seiten unterstützt wirst, kannst du empfangen, wozu du hergekommen bist – ohne dass dein Körper eine gewaltige Reise unternehmen müsste, um das zu bekommen, was du *schon* hast. Und wenn es Frieden ist, wonach du suchst – du hast gesagt, dass du danach suchst –, dann finde ihn in deinem *Inneren*.

Und diese Fragen – sie laden die Antworten ein,

an die Oberfläche zu kommen. Diese Einladung ist still; sie ist klar; sie sagt nie, dass du etwas akzeptieren musst. Gestatte ihr einfach zu existieren. Lass zu, dass diese Antworten, diese Wahrheiten in dir leben. Du kannst sie später immer noch wegwerfen. Aber lass sie erst einmal zu. Gib die harte Arbeit auf, und finde die Antworten von der Stelle aus, wo du sitzt, durch *The Work*. Das ist Meditation – es ist der schnelle Weg. Und dann wirst du vielleicht bemerken, wie einfach dein Leben wird. Aber das kannst du nicht einmal *The Work* als Verdienst anrechnen. Du weißt nur, dass sich dein Leben verändert.

Die einfache Version dessen, was ich gerade gesagt habe, lautet: Suche jetzt von hier aus nach Frieden, nicht in der Welt. Und dann genieße die Welt, während sie dich lebt. Wenn du auf einen Stolperstein stößt, dann prüfe einfach deine Gedanken über das, was vorgeht. Erwarte nichts.

Jonathan: Ich denke, jetzt habe ich zum ersten Mal ansatzweise verstanden, dass diese quälenden Gedanken eigentlich … ganz in Ordnung sind. Weißt du, sie sind einfach da. Denn sogar die ganze Zeit, während ich jetzt hier mit dir gesessen und gesprochen habe, hatte ich das Gefühl, dass ich meine Gedanken irgendwie bekämpfen muss. Aber darum geht es nicht; darum geht es nicht.

Katie: [tut so, als würde sie ihm einen dicken Kuss geben] Mmmmmmmwah!

Jonathan: Es ist also *kein* Fehler. Es ist kein Fehler, dieses Zeug zu denken, das ich denke.

Katie: Oh, Schätzchen! [Jonathan lacht.] Gedanken sind Freunde, keine Feinde. Ich würde sie an der Tür mit offenen Armen begrüßen – und genau das tue ich. Denn bis ich's tue, klopfen sie immer wieder an – und das zurecht. Sie sind der Schlüssel zu meinem Herzen. Warum sollte ich ihnen die Tür verschließen?

Jonathan: Ja … Ja, das verstehe ich. Ich verstehe. Danke Katie.

Katie: Gern geschehen.

14. Mein Vater hat mich missbraucht

Die Erinnerung frisst dich auf. Du wünschst dir, du könntest sie loslassen. Aber es ist nicht deine Aufgabe, sie loszulassen, sondern nur, deine Gedanken darüber zu prüfen. Wenn du sie tief genug hinterfragst, lassen sie dich los.

Katie: Also Liebling, lass uns hören, was du aufgeschrieben hast.

Stan: Ich muss zugeben, dass ich sehr nervös bin.

Katie: Ja, denn wir haben so viele Geschichten darüber, was es bedeutet, hier zu sitzen: »Was werden die Leute denken?« Und einige von uns fragen sich: »Werde ich es richtig machen?« Diese Gedanken wirbeln uns ständig durch den Kopf. Ein Gefühl ist für mich wie ein süßes Geschenk, das sagt: »Vielleicht wird die Überprüfung helfen.« Also schauen wir uns an, was du hier hast.

Stan: Es geht dabei um die Vergangenheit. Soll ich es so vortragen, als ob es die Gegenwart wäre?

Katie: Nein, lies einfach vor, was du geschrieben hast. Zeit oder Raum interessieren uns nicht; wir schreiben es einfach auf. Für unser Bewusstsein ist das gleichgültig. Wenn wir an etwas denken, das vor 30 oder 40 Jahren passiert ist, dann ist das so, als würde es *jetzt* geschehen. Manchmal können wir sogar die Gerüche wahrnehmen. So funktioniert auch *The Work* – wir gehen zurück.

Stan: Okay. *Ich bin wütend und traurig über meinen Vater, weil ich ihn nie wirklich kennengelernt habe. Er hat mir gegenüber nie sein Wort gehalten. Ich war nur mit ihm zusammen, wenn er mich in Bars mitgenommen hat und wir Shuffleboard gespielt haben. Er hat mir nie zugehört, hat mich von oben herab behandelt und mich sexuell missbraucht, als ich ungefähr acht Jahre alt war.*

Katie: Ich liebe es, dass du hier bist, um die Wahrheit herauszufinden. Du bist ein mutiger Mann.

Stan: Das ist das erste Mal, dass ich es vor irgendjemandem zugegeben habe.

Katie: Ja, du bist erstaunlich. Du zeigst uns, was wir sind – Mut. Lass uns weitermachen. Du bist hier am richtigen Platz, mein Freund.

Stan: *Er war betrunken und beleidigend, hat sich nicht für mein Leben oder das Leben meiner Geschwister interes-*

siert. Wenn er nicht betrunken war, hat er sich meiner Mutter und allen anderen gegenüber wie ein Schwächling verhalten. Seine Alkoholsucht war die Hauptursache der täglichen Auseinandersetzungen in unserer Familie. Und ich vermisse ihn.

Katie: Ja, wir sind Liebe, und es gibt einfach nichts, was wir dagegen tun können.

Stan: Soll ich weitermachen?

Katie: Ja. Ist es nicht das, was unsere Gedanken tun? Sie machen ständig weiter, also können wir das genauso tun.

Stan: *Ich will, dass mein Vater aufhört zu trinken, seinen anderen Kindern und mir echte Aufmerksamkeit schenkt, sich meiner Mutter gegenüber behauptet, mir gegenüber sein Wort hält, sich mehr für mich und mein Leben interessiert, besser auf seine Gesundheit achtet, seine Liebe zu mir zeigt und weniger selbstsüchtig ist.*

Katie: Mach weiter.

Stan: *Mein Vater sollte aufhören zu trinken, nicht mehr lügen, mehr Rückgrat zeigen, selbstsicherer sein, das Rauchen aufgeben, mit mir reden und mir zuhören – wirklich –, auch im nüchternen Zustand durchsetzungsfähig sein, mich dazu ermutigen, meine Träume zu verwirklichen.* Soll ich die nächste Aussage vorlesen?

Katie: Ja.

Stan: *Ich brauche es, dass mein Vater wirklich Zeit mit mir* *verbringt, mich anerkennt, mir zeigt, dass er mich wirklich liebt, dass er sich um mich kümmert, mich unterstützt, mir hilft, meine Verwirrung zu überwinden, dass er im wirklichen Leben für mich da ist und nicht in den Bars, dass er mit mir Shuffleboard spielt, wandert, Ball spielt und so weiter. Mein Vater ist ein Trunkenbold, ein selbstsüchtiger Bastard, ein Einzelgänger, ein Schwächling, völlig unaufmerksam gegenüber dem Rest der Familie und mir. Ich will nie wieder seine Lügen akzeptieren; ich will nie wieder von ihm sexuell missbraucht werden; ich will nie wieder in Bars gehen, nur um mit ihm zusammen zu sein; ich will diese täglichen Streitereien nicht mehr haben, die solche Spannungen im Haus erzeugten.*

Katie: Das ist eine ziemliche Teufelsaustreibung, Liebling.

Stan: Ja.

Katie: [zum Publikum] Ich lade euch alle ein, euch an den Ort zu begeben, wo ihr ähnliche Erfahrungen in eurem Leben gemacht habt. Und während der Überprüfung lade ich euch ein, eure Aufmerksamkeit nach innen zu richten und euch selbst eure Freiheit zu schenken – wartet nicht auf seine. Findet eure eigene.

[zu Stan] Also Liebling, lass uns anfangen. Lass uns zu dem gehen, was dein Vater tun *sollte*, weil diese Forderungen berechtigt wirken. Lies die erste Aussage.

Stan: *Mein Vater sollte aufhören zu trinken.*

Katie: Stimmt das? Und geh zurück … wie alt warst du? In welchem Alter war es besonders schmerzlich für dich?

Stan: Als ich acht oder neun war.

Katie: Okay. Also, kleiner Junge: »Dein Vater sollte aufhören zu trinken« – kannst du absolut sicher wissen, dass das in seinem oder deinem besten Interesse wäre? Kannst du absolut sicher wissen, dass das stimmt?

Stan: Nein, ich kann es nicht sicher wissen. Nein.

Katie: Ja, wir können einfach nicht mehr wissen als Gott. Wir können nicht *wissen*, was am besten für unseren Weg ist. Über meinen Weg kann ich nur wissen, dass er für mich perfekt war.

Kleiner Junge, was passiert in deinem Inneren, wenn du den Gedanken glaubst, dass er aufhören sollte zu trinken, und er tut es nicht?

Stan: Ich fühle mich krank; es tut weh.

Katie: Und wie behandelst du ihn, wenn du diese Lüge glaubst? Woher wissen wir, dass es eine Lüge ist, dass er aufhören sollte zu trinken. Er trinkt – und aus. Das ist es, was er tut. Ein Hund bellt, eine Katze miaut, er trinkt.

Wie behandelst du ihn, wenn du den Gedanken glaubst: »Er sollte anders sein, er sollte aufhören zu trinken« – und er hört nicht auf; er kommt betrunken herein?

Stan: Wütend.

Katie: Also schließ deine Augen, kleiner Junge.

Stan: Ich halte ihn auf Abstand.

Katie: Ja, mach weiter. Wie zeigt sich das? Sag es konkreter.

Stan: Ich beleidige ihn.

Katie: Ja.

Stan: Ich will nichts mit ihm zu tun haben. Ich verfluche ihn.

Katie: Ja. Und wie fühlst du dich, kleiner Junge, wie fühlt es sich in deinem Inneren an, wenn du ihn so behandelst?

Stan: Krank. Wirklich krank.

Katie: Krank. Kannst du einen Grund erkennen, die Geschichte »Mein Vater sollte aufhören zu trinken« aufzugeben? Und ich sage nicht, dass du sie aufgeben sollst, kleiner Junge. Ich frage nur, ob du einen Grund dafür erkennen kannst.

Stan: Ja.

Katie: Kleiner Junge, kannst du einen guten Grund erkennen, einen Grund, der dich *nicht krank* macht – kannst du einen einzigen guten Grund erkennen, an der Geschichte »Mein Vater sollte aufhören zu trinken« festzuhalten?

Stan: Ich kann keinen Grund erkennen, an dieser Geschichte festzuhalten. Aber ich bin mir nicht sicher, ob sie verschwinden wird, nur weil ich beschlossen habe, dass ich nicht daran festhalten will.

Katie: Und das ist es, was ich an *The Work* so liebe: Es verlangt *niemals* von dir, die Geschichte aufzugeben. Es impliziert nicht einmal, dass du sie aufgeben solltest. Das ist die Kraft der Überprüfung.

Stan: Ich meine, ich würde sie gerne aufgeben, aber ich bezweifle, dass ...

Katie: ... es deine Angelegenheit ist? Es ist nicht meine Angelegenheit, eine Geschichte aufzugeben. Die Menschheit versucht das seit Jahrhunderten. Es funktioniert nicht. Also lass die Finger davon. Loslassen ist eine überholte Vorstellung.

Stan: Es wäre toll, wenn ich loslassen *könnte*, aber es nicht ...

Katie: Es ist nicht das, was wir tun. Aber Überprüfung – Selbsterkenntnis, selbst zu erkennen, was wahr ist – zerstreut die Illusion. Und so habe ich dieses kleine Geheimnis, und jeder ist willkommen, es mit mir zu teilen: Ich überprüfe.

Es ist so einfach: Kannst du einen Grund erkennen, kleiner Junge, an der Geschichte »Er sollte aufhören zu trinken« festzuhalten, einen guten Grund, der dir innerlich nicht wehtut?

Stan: Der einzige Grund, den ich anführen könnte, ist die Tatsache, dass ich, wenn ich den Gedanken frisch im Kopfe habe, dann kann ich … nein, nein, ich werde einfach immer nur wütend. Nein, ich kann keinen Grund erkennen.

Katie: Ja – keinen einzigen guten Grund. Ich könnte auch keinen erkennen. Also, kleiner Junge, acht Jahre alt, wer wärst du ohne deine Geschichte?

Stan: Wer ich dann wäre?

Katie: Ja. Wie würdest du ohne deine Geschichte in diesem Haus leben. Wer wärst du ohne deine Geschichte?

Stan: Ich weiß es wirklich nicht.

Katie: Ist das nicht faszinierend? Damit haben wir uns beschäftigt, unser *ganzes* Leben lang. Wir wissen es nicht einmal! Ich war mit 43 Jahren ein Kind; ich kam zu der Erkenntnis, dass ich nichts wusste. Ich hatte *The Work*. Ich wusste nicht, wie ich leben sollte, und dann stellte ich fest, dass ich gelebt wurde. Ich war wie ein Kind, ein Kleinkind. Wenn wir bei *The Work* bleiben, dann erkennen wir, dass wir nichts wissen *müssen*. Die ganze Welt wird uns alles geben, was wir brauchen.

»Mein Vater sollte nicht trinken« – dreh's um.

Stan: Ich muss dazu sagen, dass ich acht Jahre lang bei den AA war.

Katie: Oh gut, mein Engel.

Stan: Ich habe getrunken und lange Zeit alles an Drogen genommen, was ich in die Finger bekam.

Katie: Oh.

Stan: Ich habe meine Familie zerstört.

Katie: Ist das nicht *schön*?

Stan: [lachend] Ich bin mir nicht sicher, ob es das war, aber …

Katie: Nun, Schätzchen, alles was uns zusammenbringt – ich bin dafür.

Stan: [lachend] Ja, das ist wahr. Es hat mich hierhergebracht.

Katie: Ja. Also: »Mein Vater sollte nicht trinken« – dreh's um.

Stan: Ich sollte nicht trinken.

Katie: Ja. *Du* lebst das; *du* sollst das leben, nicht er. Es gibt noch eine weitere Umkehrung. »Mein Vater sollte nicht trinken« – was ist das Gegenteil?

Stan: Ich sollte nicht trinken.

Katie: Okay, und manchmal gibt es sechs von diesen Umkehrungen, die wahrer sind als das, was wir geschrieben haben. »Mein Vater sollte …«

Stan: Mein Vater sollte trinken.

Katie: Ja. Jetzt nenne mir drei konkrete Beispiele dafür, warum diese Umkehrung wahr ist.

Stan: Weil es seine Art ist?

Katie: Ja – weil es ist, wie es ist. Ich meine, wie sieht die Wahrheit aus? Hat er getrunken?

Stan: Ja.

Katie: »Er sollte trinken« – das ist es. Und ein zweites Beispiel?

Stan: [Pause] Weil ich langfristig nicht wissen kann, was das Beste für ihn ist. Ich kann nicht wissen, ob oder wann er aufhören sollte zu trinken.

Katie: Ja. Was hast du vor, willst du Gott befehlen? »Entschuldige bitte, Gott, er sollte wirklich sofort aufhören zu trinken. Du machst da was falsch.« Soll ich Gott sagen, wie er im Universum Regie zu führen hat? Wahrscheinlich nicht. Ich weiß ja nicht mal, wie ich in meinem eigenen Leben Regie führen soll.

Kannst du ein drittes Beispiel finden?

Stan: Na ja, wenn er weiter trinkt und ich aufhöre, ihn immer mit »sollte« zu traktieren, dann könnte das vielleicht wirklich unsere Beziehung ändern.

Katie: Sehr gut. Sehen wir uns die nächste Aussage an.

Stan: *Er sollte aufhören zu lügen.*

Katie: »Väter sollten nicht lügen« – wie sieht die Wirklichkeit aus? Lass uns mit offenen Karten spielen. »Väter sollten nicht lügen« – wie sieht die Wirklichkeit aus. Lügen sie?

Stan: Nun, mein Vater hat gelogen.

Katie: Na also. Das ist deine Erfahrung. Lügen Väter? Ja.

Willkommen in der Wirklichkeit. Und was passiert, wenn du mit der Wirklichkeit streitest? Wie hast du deinen Vater behandelt, als du diese Lüge geglaubt hast, die Lüge, dass Väter nicht lügen sollten?

Stan: Nicht besonders freundlich.

Katie: Und wie hast du dich gefühlt, als du unfreundlich warst?

Stan: Es hat wehgetan.

Katie: Kannst du einen Grund erkennen, diesen Mythos »Väter sollten nicht lügen« aufzugeben?

Stan: Ja.

Katie: Kannst du irgendeinen stressfreien Grund erkennen, an der Geschichte festzuhalten, dass niemand auf diesem Planeten lügen sollte – weder Kommentatoren noch Präsidenten oder Päpste oder Kinder –, einen einzigen guten Grund, die Geschichte zu glauben, dass *wir* nicht lügen sollten?

Stan: Es wäre besser, wenn wir es nicht täten, aber …

Katie: Kannst du wirklich wissen, dass das stimmt?

Stan: Hmm.

Katie: Ich glaube das nicht mehr. Woher soll ich wissen, ob es nicht in meinem besten Interesse ist, dass die Leute lügen? Sie tun es. Ich muss hier einen Hinweis bekommen! Hast du je gelogen?

Stan: Ja.

Katie: Na also. Kannst du irgendeinen guten Grund erkennen, der dich innerlich nicht belastet, an der Geschichte »Die Leute sollten nicht lügen« festzuhalten?

Stan: Mir fällt keiner ein.

Katie: Junge, es ist so schön, unsere Selbstgerechtigkeit zu verlieren. Das ist der erste Schritt zur Demut.

Stan: Ja. Ich bin ziemlich selbstgerecht. Ich meine, ich war es.

Katie: Das kommt für mich nicht so rüber – und das bin jetzt einfach, ich Dummerchen. Ich sehe nur einen demütigen Mann. Wer wärst du ohne die Geschichte, kleiner Junge, dass Väter nicht lügen sollten?

Stan: Ziemlich erleichtert, nehme ich an.

Katie: Dreh's um.

Stan: Ich sollte nicht lügen.

Katie: Genau. Besser als das wird es nicht. Ich arbeite an mir. Das ist ein Vollzeit-Job, eine Lebensaufgabe.

Stan: Ich sollte nicht lügen, und ich lüge *doch*.

Katie: Ja! Ich lüge beispielsweise, wenn ich denke, mein Vater sollte nicht lügen, fürs Erste. Du hast ihn bestraft, wenn er gelogen hat, aber es hat nichts bewirkt. Er hat nichts daraus gelernt.

Stan: Richtig.

Katie: Das ist also hoffnungslos. Wenn ich es aber umdrehe – »Ich sollte nicht lügen« –, dann habe ich eine Vereinbarung mit mir selbst, dass ich nicht versuchen werde, anderen das Lügen abzugewöhnen, solange ich nicht gelernt habe, mich selbst nicht zu belügen. Und so weit bin ich noch nicht. Das ist eine Lebensaufgabe. Sehen wir uns die nächste Aussage an.

Stan: *Er sollte mehr Rückgrat haben.*

Katie: Also: »Dein Vater sollte mehr Rückgrat haben« – kannst du absolut sicher wissen, dass das auf seinem Weg in seinem besten Interesse wäre?

Stan: Das kann ich nicht wissen, nein.

Katie: Und wie behandelst du ihn, wenn du den Gedanken glaubst: »Er sollte mehr Rückgrat haben«?

Stan: Geringschätzig.

Katie: Und wie fühlst du dich dabei innerlich?

Stan: Es tut weh und macht mich traurig.

Katie: Kannst du einen Grund erkennen, diese Geschichte aufzugeben?

Stan: Ja, sicher.

Katie: Kannst du einen *nicht* schmerzhaften Grund erkennen, an dieser Geschichte festzuhalten?

Stan: Nein.

Katie: Wer wärst du ohne diese Geschichte?

Stan: Ich weiß nicht.

Katie: Ist das nicht schön? Das meint man mit zeitlos – die Antwort ist ewig jung. »Ich weiß nicht« ist eine Aussage ohne erkennbares Alter.

Stan: Ist das damit gemeint? Im *Augenblick* klingt es

wirklich gut, aber der Gedanke wird wieder auftauchen.

Katie: Kannst du das wirklich wissen?

Stan: Nein.

Katie: Und wie reagierst du, wenn du die Geschichte glaubst?

Stan: Ich fühle mich eingeschränkt.

Katie: Wer wärst du in diesem Moment ohne sie?

Stan: Ich weiß nicht!

Katie: Meine Lieblingsantwort.

Stan: Aber in dieser Antwort steckt etwas, das mir das Gefühl gibt, im Nirgendwo zu sein.

Katie: Da bist du dein Leben lang gewesen! [Das Publikum lacht.]

Stan: [lachend] Das stimmt.

Katie: Und jetzt weißt du es eben.

Stan: Ja.

Katie: Das Leben ist so einfach: Wir gehen, wir sitzen, wir liegen. Fertig, aus. Alles andere ist eine Geschichte darüber, was passiert, während wir das tun.

Stan: Es ist fast so, als würden die Geschichten meine Existenz real machen. [Das Publikum applaudiert.] Als würde ich ohne die Geschichten nicht wirklich existieren.

Katie: Und du hast nie wirklich existiert. Du weißt das.

Stan: Ja. Ich war im Vorfeld der Geschichte. [Er lässt

einen leisen Pfiff ertönen] Heiliger Bimbam! [Das Publikum lacht laut.] Wow! Mir stehen die Haare zu Berge. Hat das was zu bedeuten? [mehr Gelächter] Oh mein Gott, das stimmt ja wirklich. Ohne meine Geschichten ist hier tatsächlich nichts.

Katie: Ja.

Stan: Und die Geschichten sind wirklich das, was mich …

Katie: existieren lässt?

Stan: … existieren lässt. Ich meine *jede* Geschichte, nicht nur diese. Ich klammere mich an etwas, das passiert und mir das Gefühl gibt, real zu sein. Ist das so?

Katie: Ich höre von dir, dass es so ist, und es entspricht auch meiner Erfahrung.

Stan: Ja. Also, wer wäre ich ohne das? Ich meine, das ist wie die Frage, wer bin ich?

Katie: Nicht mein Problem. Ich bin einfach.

Stan: Einfach sein?

Katie: Und wer wärst du ohne *diese* Geschichte? Die Geschichte, dass du überhaupt bist.

Stan: Einfach …

Katie: Schweigen.

Stan: Ja.

Katie: Schweigen, das offensichtlich spricht, offensichtlich sitzt. Das ist alles.

Stan: [lachend] Das ist großartig!

Katie: Wie ist dein Vorname?

Stan: Stan.

Katie: Stan, es ist ein Privileg, hier mit dir im Angesicht der Wahrheit zu sitzen.

Stan: Ja, das ist es. Ja, das ist es.

Katie: Sehen wir uns die nächste Aussage an.

Stan: Okay. *Er sollte selbstsicherer sein.*

Katie: »Er sollte selbstsicherer sein« – stimmt das? Kannst du wirklich wissen, dass das stimmt?

Stan: Das kann ich nicht wissen, nein.

Katie: Dreh's um.

Stan: Ich sollte selbstsicherer sein. Und er sollte nicht selbstsicherer sein. Es ist okay, dass er nicht selbstsicher ist.

Katie: Das muss es sein, denn er war es nicht.

Stan: Er war es nicht. Jesus!

Katie: Ich meine, wer streitet sich schon mit einem Baum?

Stan: Verdammt! Das ist wirklich erstaunlich! Einfach diese Fragen zu beantworten.

Katie: Weißt du, als wir Kinder waren, hat alle Welt behauptet, der Himmel sei blau. Also haben wir gesagt: »Der Himmel ist blau.« Wir haben nicht nach innen geschaut und uns selbst gefragt. Wir wussten nicht wie. Folglich sind wir immer noch Kinder und beginnen jetzt. Aber wenn die Mutter sagt: »Der Himmel ist blau; das ist ein Himmel«, dann schaut das kluge Kind nach innen. »Das ist blau – kann ich wirklich wissen, dass das stimmt? Nein. Und ich erkenne, dass das die Religion meiner Mutter ist; doch es ist eben nicht meine.« Was sie hat, ist genauso wertvoll wie das, was ich habe. So lieben wir. Sie sagt, es ist blau; ich sage: »Ich verstehe.« Und ich sage ihr nicht, dass es nach meiner Erfahrung nicht blau ist. Und falls sie mich fragt, dann werde ich sagen: »Weißt du Mutter, es entspricht nicht meiner Erfahrung, und ich liebe es, dass du den Himmel für blau hältst.« Wir sind verträglich.

Stan: Es sieht so aus, als würde die Übereinstimmung, dass der Himmel blau ist, uns helfen zurechtzukommen.

Katie: Ja – wie Inzest.

Stan: Ja.

Katie: Es ist Liebe. Wir wissen nicht, wie man das macht. Also beginnen wir jetzt. Aber Inzest ist sehr interessant, so wie jedes andere Symbol. Wenn alles gleichwertig ist, bekommen wir alle das, was wir in diesem Moment brauchen. Aber du wolltest etwas von ihm. Und genau darum ging es. Was hast du von ihm gewollt?

Stan: Ich wollte akzeptiert werden.

Katie: Ja. Und hast du es bekommen?

Stan: Ich glaube nicht.

Katie: Du wolltest also akzeptiert werden. Und Liebe?

Stan: Ja.

Katie: Und Wertschätzung?

Stan: Ja, und Anerkennung, Unterstützung.

Katie: Das ist es also, was wir für Liebe zu tun bereit sind: alles. Und wir sind verwirrt – wir sagen, sie haben uns das angetan. Aber wir sind nicht weggelaufen. Und wenn wir es doch getan haben, dann sind wir beim nächsten Mal nicht weggelaufen, und wenn doch, dann sind wir beim übernächsten Mal nicht weggelaufen. Wir haben nicht Nein gesagt, einige von uns. Wir hatten zu viel Angst, weil wir etwas wollten. Erstens wollten wir Sicherheit und zweitens Bequemlichkeit. Und dann, wenn wir all das unter Kontrolle haben, wollten wir Vergnügen. Und jedes Vergnügen ist Schmerz. Selbstliebe ist das Höchste, was wir je erreichen können. Aber der kleine Junge hatte sich vorgenommen: »Ich werde *alles* für Liebe tun.«

Ich sage oft: »Wenn ich ein Gebet hätte, dann wäre es dieses: ›Gott bewahre mich vor der Sehnsucht nach Liebe, Anerkennung oder Wertschätzung. Amen.‹«

Stan: Puh! Es hat viele Jahre gedauert, das zu verstehen.

Katie: Ah, das macht nichts. Das Beste an der Vergangenheit ist – sie ist vergangen.

Stan: [lacht mit dem Publikum] Und sie wird nicht immer wieder aufgewärmt.

Katie: Das ist nicht meine Sache. Ich stelle nur Fragen. Denn weißt du, ich kenne die Kraft, die darin liegt. Sehen wir uns die nächste Aussage an.

Stan: *Er sollte das Rauchen aufgeben.*

Katie: Stimmt das?

Stan: Er raucht noch. Und ich auch.

Katie: »Er sollte das Rauchen aufgeben« – dreh's um.

Stan: Ich sollte das Rauchen aufgeben.

Katie: Ja. Und wenn du damit durch bist, dann erkläre der Welt alles über das Rauchen. Darum geht es, weißt du – du rauchst, um diese Art von Demut zu erleben. Das ist eine Lebensaufgabe, und es geht dabei nicht *immer* ums Nicht-Rauchen. Es geht um Selbstverwirklichung.

Kannst du einen Grund erkennen, die Geschichte »Er sollte nicht rauchen« aufzugeben? Das versetzt Menschen in Angst und Schrecken! Das sind die Punkte, an denen wir zum *wahren* Mut der Überprüfung finden, wenn es um Dinge geht, von denen wir abhängig sind. Du glaubst, du bist davon abhängig, aber auch das ist nur eine Geschichte. Niemand ist von irgendwelchen Dingen abhängig. Jedes Ding ist nur eine deiner Geschichten. Du hast das herausgefunden.

Kannst du einen Grund erkennen, die Geschichte »Er sollte nicht rauchen« aufzugeben? Und ich sage nicht, dass du sie aufgeben sollst. Kannst du einen guten Grund erkennen, der dich nicht unter Stress setzt, an dieser Geschichte festzuhalten?

Stan: Nein.

Katie: Und sind es nicht gerade stressige Situationen, in denen du rauchen möchtest?

Stan: Ja, das stimmt.

Katie: Wenn wir uns gestresst fühlen, dann rauchen wir. Und so ist es mit allen Abhängigkeiten – ob wir nun zwanghaft trinken oder vom Sex besessen sind, wann immer wir nach irgendetwas greifen, das sich außerhalb von uns befindet. Wer wärst du ohne die Geschichte »Er sollte nicht rauchen«?

Stan: Ich weiß nicht! Es ist dieses große »Ich weiß nicht«, dieser leere Raum des »Ich weiß nicht«.

Katie: Das klingt ein bisschen netter als Scham und Schuld. Was meinst du?

Stan: [lachend] Ja.

Katie: Also: »Er sollte nicht rauchen« ist einfach eine Lüge, und »Ich sollte nicht rauchen« ist das ebenfalls, wenn du rauchst.

Stan: Richtig.

Katie: »Er ist ein Raucher« – stimmt das? Wie kannst du das in diesem Moment wissen? Vielleicht hat er das Rauchen vor einem Monat aufgegeben, und du hast seit einem halben Jahr nicht mehr mit ihm gesprochen. »Ich bin ein Raucher« – stimmt das? Beispielsweise jetzt in diesem Augenblick?

Stan: Nein. Nicht in diesem Augenblick.

Katie: Nein. Also bist du ein Nichtraucher. Wie reagierst du, wenn du den Gedanken glaubst, dass du rauchst, was ja nur in der Zukunft geschehen kann?

Stan: Wenn ich sage, dass ich jetzt im Moment ein Raucher bin? Und ich rauche nicht?

Katie: Ja.

Stan: Das macht mich zu einem Lügner.

Katie: Das stimmt. Und wie fühlst du dich dabei?

Stan: Nicht gut.

Katie: Und was passiert, ist, dass du dich an eine ganze Zukunft als Raucher klammerst, während du hier sitzt und nicht rauchst. Es ist ein irrer Trip, der dich weit wegführt, weit weg von dieser schönen Erfahrung hier, dass zwei Freunde einfach entspannt zusammensitzen. Es gibt hier keine Raucher. Wir sitzen hier einfach zufrieden zusammen.

Ich habe früher stark geraucht. Ich war Kettenraucherin. Unser Haus roch danach – alles, meine gesamte Kleidung. Aber nachdem ich *The Work* gefunden hatte, nahm ich eine Zigarette in die Hand und sagte mir: »Was will sie tun, womit? Sie will … was?« Und ich habe nie wieder eine Zigarette angezündet. Es kam mir einfach sinnlos vor. Wenn man zufrieden ist, hat es sein eigenes Leben. Und das ist nicht meine Sache; es ist einfach nicht meine Angelegenheit. Mein Denken ist meine Angelegenheit.

Als ich meine Gedanken noch glaubte, habe ich meine körperliche Gesundheit vergewaltigt, indem ich mir sagte, mein Körper sollte schöner sein; er sollte gesünder sein; ich sollte größer, kleiner, dicker, dünner, jünger sein. Ich nahm einen perfekten Körper und habe ihn in meinen Gedanken in den Müll geworfen. Und dann wurde ich von jetzt auf gleich ein Freund. Und ich hatte nichts weiter getan als das, was du heute getan hast: Ich bin meinem Denken mit ein wenig Verständnis begegnet. Ich habe es nicht mehr als einen Feind betrachtet, der sterben musste, beseitigt werden musste oder – welchen Ausdruck haben wir benutzt? – aufgegeben werden musste. Warum sollte ich eins meiner Kinder aufgeben? Ist das sinnvoll? Unsere Gedanken sind unsere Kinder. Warum sollten wir sie verbannen wollen? Warum können wir nicht einfach mit ihnen zusammenleben? Und das ist es, was *The Work* tut: Es begegnet jeder Idee mit Verständnis.

Es gibt keine Zufälle. Dieser Gedanke taucht jetzt auf, genau zur richtigen Zeit, damit man ihm nach all diesen Jahrhunderten begegnet. Er war wie ein Waisenkind dort draußen. Hast du dich jemals so gefühlt?

Stan: Ja.

Katie: Nun, das sind unsere Überzeugungen, und wenn wir ihnen mit Verständnis begegnen, dann kommt das Bewusstsein *wirklich* zur Ruhe.

Stan: Ja. Aber manchmal kann die Ruhe auch beängstigend sein.

Katie: Was bedeutet die Ruhe?

Stan: Sie ist ein ungewohnter Raum.

Katie: Also, »Ruhe ist ein ungewohnter Raum« – stimmt das?

Stan: Für mein reges Bewusstsein ja.

Katie: Schläfst du jede Nacht?

Stan: Ja.

Katie: Ist die Ruhe also ein unfreundlicher, ungewohnter Raum?

Stan: Nein.

Katie: Du bist ein Freund. Jede Nacht gelingt dir das gut. Schlechter kann es nicht werden. Du wachst auf, wo du dich selbst zurückgelassen hast. Das Schlimmste, was dir passieren kann, ist, dass du dich dort wiederfindest, wo du warst. Das macht so viel Spaß! Jede

Nacht sind wir dort, wo wir ohne unsere Geschichten sind. In der Stille. Dort können wir eingesetzt werden; dort sind wir Diener, echte Diener.

Stan: Das möchte ich gerne sein, aber ich bin mein Leben lang hinter Gurus und Religionen und diesem ganzen Zeug hergelaufen und habe es immer noch nicht gefunden.

Katie: Du selbst bist der Guru, auf den du gewartet hast. Er war immer direkt vor deiner Nase! Sehen wir uns die nächste Aussage an.

Stan: *Er sollte mit mir reden und mir zuhören – wirklich.*

Katie: Stimmt das – hat er das getan?

Stan: Nein.

Katie: Willkommen in der Wirklichkeit. Kleiner Junge, wie reagierst du, wenn du den Gedanken glaubst: »Er sollte mir zuhören – wirklich«, und er tut es nicht, niemals?

Stan: Ich fühle mich nicht gut dabei.

Katie: Wie behandelst du ihn, wenn du diese Geschichte glaubst?

Stan: Mit Groll.

Katie: Und wie fühlst du dich dabei?

Stan: Nicht gut.

Katie: Kannst du einen Grund erkennen, die Geschichte aufzugeben, dass irgendjemand dir zuhören sollte, immer, unter allen Umständen?

Stan: Damit habe ich gewaltige Probleme, wenn Leute mir nicht zuhören.

Katie: Schau dir an, wie du sie behandelst, wenn du denkst, sie sollten dir zuhören, und sie tun es nicht.

Stan: Ich verstehe.

Katie: Das ist eine glatte Lüge.

Stan: Na ja, es geht nicht nur ums Zuhören, sondern um Kommunikation, wo es keine Kommunikation gibt.

Katie: Du hast Recht – es gibt keine.

Stan: Und das ist okay? Das ist, was es ist?

Katie: Es funktioniert wirklich, wenn du weißt, dass alles, was du zu ihm sagst, für deine eigenen Ohren bestimmt ist. Wer hört nicht zu? Deshalb liebe ich es, dass diese Gespräche aufgezeichnet werden! Alles was du jemals zu ihm gesagt hast, war für deine eigenen Ohren bestimmt – *hast* du zugehört? Bleib bei der Überprüfung, denn die Überprüfung ist wichtig, damit du die Wahrheit erkennst. Und ich verstehe dich. Also tauche darin ein wie in ein Bad. Versuche nicht einmal, es zu verstehen.

Stan: Ja, es fühlt sich einfach gut an. Es ist erfrischend.

Katie: Das kann ich so stehen lassen. Sehen wir uns die nächste Aussage an.

Stan: *Er sollte durchsetzungsfähiger sein, wenn er nicht betrunken ist.*

Katie: Er sollte durchsetzungsfähiger sein, geht es darum?

Stan: Er sollte durchsetzungsfähiger sein, wenn er nicht betrunken ist. Er muss sich nicht betrinken, um durchsetzungsfähig zu sein. Wenn er betrunken war, dann war er sehr durchsetzungsfähig.

Katie: Du willst also, dass er durchsetzungsfähig ist, wenn er nicht trinkt – wozu? Warum?

Stan: Nun, dann könnte ich Respekt für ihn empfinden. Ja, ich glaube, im Grunde ging es mir darum.

Katie: Und wenn du dann Respekt für ihn empfinden könntest, was würdest du fühlen?

Stan: Was ich fühlen würde, wenn ich ihn respektieren könnte? Wahrscheinlich würde ich mich gut fühlen.

Katie: Und sieh dir an, wie du ihn behandelt hast, um ihm das beizubringen. Sie dir an, was es dich gekostet hat, wenn er nicht durchsetzungsfähig war. Und wenn du *ihn*, die Geschichten über ihn, einfach aufgeben würdest, dann hättest du genau das Glücksgefühl, das du *durch* ihn erlangen wolltest. …

Die Kurzfassung lautet, dass du einfach den Mittelsmann aufgeben und von hier aus glücklich sein kannst. Der andere Weg ist sehr viel länger: »Erst wenn er selbstsicher ist, erst wenn er nüchtern ist und nicht mehr lügt, dann werde ich glücklich sein.« Stattdessen fängst du damit an, einen Blick auf deine

Liste zu werfen, und du sagst: »Meine Güte, vielleicht sollte ich dem Kerl einfach eine Pause gönnen«, und dann stellst du fest, dass du aufgrund dieser Entscheidung glücklich bist.

Stan: Dann ist es also okay, wenn jemand lügt und nicht durchsetzungsfähig ist?

Katie: Es ist perfekt. So habe ich es am liebsten – es ist das, was es ist. Ich liebe die Wirklichkeit.

Stan: Und was ist, wenn es sich negativ auf deine Absichten auswirkt?

Katie: Das kann es nicht.

Stan: Das kann es nicht?

Katie: Ausgeschlossen. Deine Geschichte ist das, was sich negativ auf dich auswirkt. *Niemand* kann dich beeinträchtigen. Deine Geschichte über das, was die anderen tun, beeinträchtigt dich. Das ist alles. Niemand hat mir jemals irgendetwas angetan. Niemand *kann* mir irgendetwas antun. Ich erzähle die Geschichte über dich und schaffe mir damit meinen Himmel oder meine Hölle. Und dann nenne ich das deine Schuld oder dein Verdienst.

Sehen wir uns die nächste Aussage an.

Stan: *Er sollte mich dazu ermutigen, meine Träume zu verwirklichen.*

Katie: Also: »Dein Vater muss dich ermutigen« – stimmt das?

Stan: Ja. Es wäre jedenfalls nett, wenn er das täte.

Katie: Kannst du absolut sicher wissen, dass das stimmt?

Stan: Kann ich wissen, dass es wahr wäre, wenn er mich ermutigen würde?

Katie: Kannst du wissen, dass dein Leben sehr viel besser wäre, wenn er dich ermutigen würde?

Stan: Ja!

Katie: Kannst du absolut sicher wissen, dass das stimmt?

Stan: Nein, ich kann es nicht sicher wissen.

Katie: So wie mein Leben verläuft, ist es auf dem richtigen Weg. Also: »*Ihm* würde es sehr viel besser gehen, wenn er dich ermutigen würde« – kannst du absolut sicher wissen, dass das stimmt?

Stan: Nein, das kann ich nicht.

Katie: Und wie hast du ihn behandelt, als du den Gedanken geglaubt hast: »Väter sollten ihre Söhne ermutigen«?

Stan: Hmm. Ich habe mich abgewertet gefühlt. Ich habe mich unerwünscht gefühlt.

Katie: Wie hast du *ihn* behandelt?

Stan: Wie ich *ihn* behandelt habe?

Katie: Als du die Geschichte geglaubt hast?

Stan: Mit Groll.

Katie: Und wie hast du dich dabei gefühlt?

Stan: Nicht gut.

Katie: Kannst du einen Grund erkennen, das aufzugeben?

Stan: Sicher.

Katie: Wie hast du *dich selbst* behandelt, als du die Geschichte geglaubt hast und er sich nicht entsprechend verhalten hat?

Stan: Ich habe mich zurückgezogen.

Katie: Kannst du also einen guten Grund erkennen, an der Geschichte »Väter sollten ihre Kinder ermutigen« festzuhalten, einen Grund, der nicht schmerzhaft ist?

Stan: Nein, ich kann keinen Grund erkennen, daran festzuhalten.

Katie: Wer wärst du ohne die Geschichte, dass irgendjemand dich ermutigen sollte?

Stan: Ich weiß nicht. Ich meine, ich weiß es wirklich nicht.

Katie: Das verstehe ich sehr gut. Dreh's um.

Stan: Ich sollte mich selbst ermutigen, meine Träume zu verwirklichen. Ja, ich sollte mich selbst ermutigen.

Katie: Das ist nicht die Aufgabe eines Vaters. Das ist ein Mythos. Wenn du Ermutigung willst, dann gib sie dir selbst. Auf diese Weise hast du sie immer; du brauchst nicht darauf zu warten.

Stan: Und wenn man noch ein Kind ist?

Katie: Kinder wissen nichts von diesen Dingen. Also fangen wir jetzt an. Das ist es, was ich an *The Work* so liebe – wenn nötig können wir aus der Perspektive eines Dreijährigen schreiben. Es ist zeitlos.

Stan: Im Grunde ist es mir unsinnig vorgekommen zurückzugehen und all das zu tun. Aber ich hatte das Gefühl, dass ich es brauchte, weil das etwas ist, was ich als unvollständig empfunden habe, die Gelegenheit, etwas über meinen Vater zu sagen, das ich noch nie gesagt habe.

Katie: Ja. Es gibt für die letzte Aussage noch eine weitere Umkehrung.

Stan: Ich sollte meinen Vater ermutigen. Ich sollte meinen Vater ermutigen, seine Träume zu verwirklichen.

Katie: Ja.

Stan: Ich sollte meinen Vater ermutigen. Wie soll das funktionieren?

Katie: Nun, du hast von *ihm* erwartet, dass er es wusste! Ich denke, du bist genauso wie er. Vielleicht hat er es auch nicht gewusst.

Stan: Nein, wahrscheinlich nicht.

Katie: Fürs nächste Mal, wenn dir der Gedanke kommt: »Sie sollten mich ermutigen« – es könnte ein Kind sein, deine Kinder, ein Verwandter, irgendjemand, der dir nahesteht. Wenn du im Hinblick auf diese Menschen denkst: »Sie sollten mich ermutigen« – dann dreh's um. Und ermutige *sie* – in deinem eigenen Interesse.

Stan: Das ist so, als würde man gutes Karma für sich selbst erzeugen.

Katie: Aber es gibt nur das Karma dieses Gedankens – es gibt kein anderes Karma. Es gibt kein früheres Leben; es gibt nur eine Überzeugung, die jetzt auftaucht, und wir klammern uns so intensiv daran, dass daraus die Illusion einer realen Geschichte entsteht. Es gibt nur das. Mehr hat es nie gegeben.

Stan: Ja. Ich folge meinen Gedanken. Ich bin der Schatten meiner Gedanken. Das stimmt wirklich.

Katie: Ja, denk nur an alle diese spirituellen Vorstellungen, von denen du gehört hast. Du könntest das Buch jetzt schreiben. Du bist das Buch, das du lesen musst. Es gibt kein anderes.

Stan: Das stimmt. Meine Gedanken führen mich durchs Leben. Alle meine Überzeugungen, meine Gefühle. Sie sind die Vorhut, und ich folge ihnen auf dem Fuß. Und die Überprüfung stoppt das irgendwie. Sie bringt alles hier auf den Punkt. Ich meine, das ist erstaunlich. Zukunft oder Vergangenheit spielen keine Rolle. Es passiert jetzt.

Katie: Es war nicht nur eine Vorstellung. Es ist wahr.

Stan: Ja. Wow! Kannst du das festhalten?

Katie: Das ist nicht meine Sache.

Stan: Ich habe ein Gefühl. Ich meine, im Moment fühle ich mich richtig gut. Ich verstehe es wirklich, aber ich habe Angst, wenn ich nachher in meinen Alltag zurückkehre, dann macht es »puff« und ist wieder weg.

Katie: Sehen wir uns Aussage Nummer fünf an. [Das Publikum lacht laut und applaudiert.]

Stan: *Mein Vater ist ein Trunkenbold, ein selbstsüchtiger Bastard, ein Einzelgänger, ein Schwächling und seiner Familie gegenüber total unaufmerksam.* C'est moi. Das bin ich, auffallend. Meine Frau hat gut daran getan, sich von mir scheiden zu lassen. [Das Publikum lacht.] Ich habe ihr viele Jahre die Schuld daran gegeben, aber sie hatte Recht.

Katie: Ja. Und du könntest ihr einen Brief schreiben, in dem du ihr einfach mitteilst, dass sie Recht hatte. Mach das mal. Du schreibst diesen Brief in deinem eigenen Interesse. »Du hattest Recht. Ich war der Letzte, der es bemerkt hat. Ich verstehe dich jetzt.« Wenn du das alles willst, dann lebe es.

Stan: Schon wieder Gänsehaut.

Katie: Ja.

Stan: Es stimmt. Ich konnte nicht verstehen, warum sie mich vor die Tür gesetzt hat, nur weil ich eine Reise nach Indien unternommen und mich bis zur Besinnungslosigkeit betrunken habe. Ich konnte es nicht verstehen.

Katie: Ja.

Stan: Dieser Trunkenbold, selbstsüchtige Bastard, Einzelgänger und Schwächling, der sich nicht um seine Familie gekümmert hat – das war ich.

Katie: Und wenn du an der Geschichte »Mein Vater sollte nicht trinken« festhältst? Er ist betrunken vom Alkohol; du bist betrunken von deinem Denken.

Stan: Oh mein Gott.

Katie: *Natürlich* sollte er trinken – das ist es, was er getan hat. Ich meine, willst du jemandem die Luft zum Atmen wegnehmen? Wir trinken nicht zufällig. Alles zu seiner Zeit.

Stan: Man kann tatsächlich süchtig nach dem Denken sein.

Katie: Das ist die *einzige* Sucht. Es war immer die einzige Sucht. Wir sind süchtig nach diesen Vorstellungen, und wir reagieren verwirrt, weil wir nicht wissen, wie wir ihnen mit Verständnis begegnen sollen. Wir können sie nicht aufgeben, weil wir sie für unsere Wirklichkeit halten, und es funktioniert einfach nicht, sie loszulassen. Nur die Wahrheit kann uns befreien. Sehen wir uns die nächste Aussage an.

Stan: *Ich will nie wieder seine Lügen akzeptieren.*

Katie: Okay. »Ich bin bereit …«

Stan: Ich bin bereit …

Katie: … seine Lügen …

Stan: … seine Lügen zu akzeptieren.

Katie: Ja. »Ich freue mich darauf …«

Stan: Ich freue mich darauf, seine Lügen zu akzeptieren.

Katie: Ja, weil sie wieder in deinen Gedanken auftauchen könnten. Der kleine Fünfjährige, Achtjährige, Neunjährige. Die Geschichte, wie er dich belogen hat, könnte wieder auftauchen. Du spürst den Stress, und dieses Gefühl erinnert dich daran, dass es Zeit ist, deine Geschichte zu überprüfen.

Stan: Dann wäre ich ihm eigentlich dankbar, wenn er mich wieder belügen würde, weil mir das die Gelegenheit gäbe, mich damit auseinanderzusetzen.

Katie: *The Work* zu machen. Genau darum geht es bei Nummer sechs. Und die nächste Aussage?

Stan: *Ich will nie wieder sexuell missbraucht werden.*

Katie: Und es könnte sein, dass du dich wieder an diese Geschichte klammerst. »Ich bin bereit …«

Stan: Ich bin mir nicht sicher, ob ich dazu bereit bin.

Katie: Es könnte aber sein. Der Gedanke könnte wieder in deinem Bewusstsein auftauchen.

Stan: Ähm. Ich bin bereit, mich von ihm sexuell missbrauchen zu lassen?

Katie: Ja. »Ich freue mich darauf …«

Stan: Ich weiß nicht, ob ich das sagen kann.

Katie: Ich verstehe das. Und hier kommt es – zwei Uhr nachts, vier Uhr nachts, es spielt keine Rolle –, hier kommt es. Es ist möglich. Lös es auf – oder nicht. Weißt du, wenn es zwei Uhr nachts ist, und dir kommt der Gedanke an diese Missbrauchsgeschichte, dann würde ich mich an deiner Stelle hinsetzen und ihn wieder beurteilen. Ich würde meine Gedanken überprüfen, und ich würde mich darauf freuen, dass es wieder passiert – die ganze Nacht lang.

Woher weiß ich, wenn es Zeit ist, *The Work* zu machen? Ich muss nicht einmal wissen, womit ich *The Work* machen soll – es taucht einfach auf. Die Geschichte kommt, und wenn sie nicht vollkommen angenehm ist, dann lös sie auf – oder nicht.

Stan: Na ja, ich würde das wirklich gerne hinter mich bringen.

Katie: Dann geh zurück zum schlimmsten Missbrauch, den du erlebt hast. In welchem Zimmer war das? In welchem Haus? Kannst du das Haus und das Zimmer in deinem Bewusstsein finden?

Stan: Sicher.

Katie: Okay. Wo bist du?

Stan: Es hat mein Bewusstsein nie verlassen.

Katie: Ja. Also wie alt bist du?

Stan: Vielleicht acht Jahre.

Katie: Und wo ist er? Wo bist du, bevor es anfängt?

Stan: Ich habe neben ihm im Bett gelegen.

Katie: Okay. Und ist er zu dir ins Bett gekommen, oder bist du zu ihm ins Bett?

Stan: Ich habe an einem Samstag neben ihm gelegen. Er hatte sich am Abend zuvor betrunken.

Katie: Okay. Also, kleiner Junge, kleiner Achtjähriger, hast du geahnt, dass so etwas passieren könnte, bevor du in dieses Zimmer gegangen bist?

Stan: Nein.

Katie: Nicht die geringsten Anzeichen? Okay, nun liegst du neben ihm im Bett. Was passiert jetzt? Wie fängt es an?

Stan: Ich habe rechts neben ihm gelegen und bin eingeschlafen, und als ich aufwachte, hat er ...

Katie: [nach einer langen Pause] Es ist okay.

Stan: Er hat mich angefasst.

Katie: Ja. Er hat dich also angefasst. [Stan seufzt tief.] Und was hast du getan? Was tust du jetzt, kleiner Junge, und was geht in deinem Kopf vor?

Stan: Ich habe so getan, als hätte ich es nicht gemerkt, und ich bin aus dem Bett aufgestanden. Ich habe so getan, als wäre es mir nicht aufgefallen, und bin einfach aus dem Bett aufgestanden.

Katie: Okay. Und hat er dir noch mehr angetan, oder war es nur die Berührung, und dann bist du aufgestanden?

Stan: Ich war total verwirrt.

Katie: Okay, dann sag mir, ob das so stimmt: Du bist aufgewacht und hast gemerkt, dass er dich berührte. Du hast es geschehen lassen, und dann bist du aufgestanden, als ob nichts gewesen wäre.

Stan: Ja.

Katie: Als du aufgewacht bist und es bemerkt hast, da bist du nicht sofort aufgestanden, weil du etwas von ihm wolltest. Was war das? Du hattest Angst, etwas zu verlieren.

Stan: Oh, ich hatte wirklich Angst. Heute würde ich gleich sagen: »Was zum Teufel treibst du da?«

Katie: Nein, ich rede über den kleinen Achtjährigen.

Stan: Nein, das konnte ich nicht tun. Ich hatte Angst, dass ich ihn dadurch verärgert hätte.

Katie: Gut. Also: »Er hat mich missbraucht« – dreh's um.

Stan: Ich habe mich missbraucht?

Katie: Ja. Du bist nicht gleich aufgestanden. Und ich sage nicht, dass das falsch war. Ich sage nicht, dass du einen Fehler gemacht hast. Du hast das Beste getan, was du damals tun konntest – darum geht es nicht. Aber *du* hast dich missbraucht, denn du bist nicht gleich aufgestanden. Es geht hier nicht um richtig oder falsch. Du bist nicht gleich aufgestanden, weil du seine … was wolltest?

Stan: Akzeptanz.

Katie: Akzeptanz. Du hast dich missbraucht, um seine Akzeptanz zu erkaufen.

Stan: Ja.

Katie: Und wir denken unser Leben lang: »Er hat mich missbraucht.« Es gibt noch eine weitere Umkehrung.

Stan: Er hat mich missbraucht. Ich habe mich missbraucht … Ich habe ihn missbraucht?

Katie: Ja. Du hast deinen Körper benutzt, um seine Anerkennung, seine Akzeptanz zu erlangen.

Stan: Der Gedanke ist mir nie gekommen.

Katie: Nun, Liebling, das ist der letzte Ort, an dem wir suchen – bei uns selbst. Dies ist eine Operation. Wir gehen nach innen und holen alles heraus.

Stan: Ich war bereit, mich sexuell missbrauchen zu lassen, um seine Liebe und Aufmerksamkeit zu bekommen?

Katie: Das ist es, was ich von dir höre. Ich weiß, dass *ich* so war. Für Liebe hätte ich alles getan – im Alter von drei Jahren. Als ich drei Jahre alt war, habe ich zugelassen, dass der Mann, der das Haus unserer Nachbarn reparierte, mich angefasst hat. Ich bin rübergegangen, und der Mann hat mir wehgetan. Ich war drei!

Stan: Oh, mein Gott!

Katie: Für Liebe hätte ich alles getan, aber das ist mir erst mit dreiund*vierzig* Jahren klar geworden. Er hat mir das angetan – ja, das war wirklich ein guter Witz. Ich bin zu ihm rübergegangen. Ich war verwirrt mit meinen drei Jahren – oder vier, vielleicht vier. Und ich könnte sagen, bis ich 43 war, habe ich jedes Jahr meines Lebens – an den meisten Tagen – irgendetwas getan, um jemanden so zu manipulieren, dass ich von ihm Anerkennung oder Akzeptanz oder Liebe bekam.

Stan: Das stimmt.

Katie: Aber wirklich jeden. Ich war eine Masche auf zwei Beinen. Wenn mir jemand nicht seine Liebe oder Akzeptanz gewährte, dann sagte ich, was er mir angetan hatte. So habe ich all die Jahre gelebt.

Stan: Ja, das stimmt.

Katie: Und deshalb ist es so schwierig, darüber zu reden, denn wenn du wirklich hinschaust, dann bist *du* es, der sich da vor sich selbst bloßstellt. Und das tut am Anfang richtig weh. Es ist wie eine Operation, wenn der Chirurg den Körper öffnet und die Wunde später wieder zunäht. Du gehst nach innen und holst alles raus, nicht nur einen Teil. Und dann tut es einige Tage weh. Und bei dieser Geschichte hier bekommst du vielleicht weiche Knie oder fühlst dich für ein paar Stunden erschöpft. Aber dann, wenn du zurückkehrst, strahlt alles im reinen Licht.

Stan: Ja. Ja, ich verstehe das jetzt besser. Es ist erstaunlich.

Katie: Also lass uns sehen, ob wir jetzt »Ich freue mich darauf ...« schaffen.

Stan: Ich freue mich darauf, von meinem Vater sexuell missbraucht zu werden.

Katie: Ja, damit du mit offenen Karten spielen kannst. Ich sage oft, dass Vergebung einfach darin besteht zu erkennen, dass das, was deiner Meinung nach passiert ist, eben nicht passiert ist. Und wir nennen es Vergebung, weil wir meinen, wir müssten ihm einen Namen geben.

Stan: Ich verstehe das.

Katie: Es ist ein Anfang.

Stan: Puh! Starke Medizin.

Katie: Ja – du.

Stan: Die Überprüfung.

Katie: Ja.

Stan: Die Wahrheit über sich selbst zur Kenntnis zu nehmen.

Katie: Es werde Licht.

Stan: Amen.

Katie: Ja. Eine wunderbare *Work*, Liebling.

Stan: Danke, Katie.

Katie: Gerne, mein Engel. Ich habe die Erfahrung gemacht, dass Gott alles ist. Das ist der direkte Weg.

Wer diesen Weg kennt, braucht *The Work* nicht. Gott ist alles. Und wer nicht von Gott reden mag, kann auch sagen: Gut ist alles. Was ist, das ist.

Also hat Gott die Gestalt deines Vaters angenommen und dir alles gegeben, was du brauchst – *einfach alles* –, hat dir genau das gegeben, was du brauchst, um nach Hause zu finden. Was ist dazu nötig? Jetzt genau das! Ich bin bereit; ich freue mich darauf, auf alles. Nichts ist je passiert außer einer Vorstellung, einer Idee. Es gibt nichts zu manipulieren, zu drehen und zu wenden, nichts zu tun, außer mit dieser Vorstellung *The Work* zu machen.

Und wir werden nicht eingeschränkt. Und Liebling, wenn es um Ehrgeiz, Jobs und solche Dinge geht, dann kannst du mit *The Work* nach dem Mond greifen, weil du nie wieder versagen kannst. Das Schlimmste, was passieren kann, ist eine Vorstellung! Und das Schöne daran ist, dass *The Work* dich, ohne Schaden anzurichten, als treuer Diener überallhin begleitet. Es passt sich perfekt deinen Bewegungen an.

Stan: Das ist wirklich erstaunlich. Ich bin gerade aus Jersey weggezogen. Ich habe in New York gelebt und dort die Entziehungskur gemacht – Entgiftung und das volle Programm.

Katie: Ah, bist du gut!

Stan: Ich habe die Reha abgeschlossen. Und ich habe mein Leben lang nach diesem Gefühl des Friedens gesucht, das mir erlauben würde, nützlich zu sein.

Katie: Ja, mein Engel.

Stan: Und ich musste einfach mit allem abschließen, mit meinem gesamten Leben. Und ich dachte: »Na ja, ich ziehe weit weg nach Kalifornien und lebe in der Wüste.« Und da habe ich *The Work* gefunden: in Barstow. Weißt du, ich habe gerade erst davon gehört.

Katie: Meine Güte. Genau da habe ich es auch gefunden, Liebling. [Das Publikum und Stan lachen.]

Stan: Es ist eine Gnade … ich meine, ich hätte nichts gezielt unternehmen können, was mich hierhergebracht hätte. Ganz unvorstellbar. Ich habe sogar versucht, mir die Sache auszureden. Ich habe mich sogar verfahren und bin eine Stunde zu spät hier angekommen, um dieser Konfrontation aus dem Weg zu gehen, so wie ich es jetzt einschätze. Und ich bin so dankbar, dass du hier bist. Du kannst dir gar nicht vorstellen, wie dankbar ich bin.

Katie: Ich glaube, das kann ich.

Stan: Ja, du kannst.

Katie: Ja, wir haben uns alle mit denselben Problemen rumgeschlagen. Es gibt keine neue Idee, keinen neuen Gedanken. Sie sind alle recycelt und stammen nicht mal von uns. Wir denken sie nicht absichtlich. Und heute begegnen wir ihnen mit Verständnis.

Stan: Danke Katie.

Katie: Herzlich gerne.

15. Voller Angst und wütend auf Gott

»Ich muss wissen, was danach kommt. Ich muss mein Leben und meinen Tod unter Kontrolle haben« – stimmt das? Sogar die Gedanken, die uns in die größte Angst versetzen, lösen sich bei der Überprüfung in ein beglücktes Nichtwissen auf.

Marcia: *Ich bin voller Angst und wütend auf Gott, weil ich dabei bin zu sterben und nicht weiß, was danach kommt.*

Katie: »Du bist dabei zu sterben« – stimmt das?

Marcia: Ich fühle es.

Katie: Kannst du absolut sicher wissen, dass es stimmt, dass du dabei bist zu sterben?

Marcia: Nein, ich kann es nicht absolut sicher wissen.

Katie: Weißt du, was ich heute Morgen auf CNN gehört habe? Jahrelang haben sie Leute wegen Herzinfarkten behandelt, die in Wirklichkeit gar keine waren. Da hat jemand berufliche Probleme, oder er lässt sich scheiden, oder seine Tochter heiratet, und er ist dadurch so gestresst, dass alles Blut zum Herzen strömt, und das Herz kann nicht mehr pumpen und setzt aus. Und dann behandeln sie ihn auf Herzinfarkt, weil die Symptome genauso aussehen. Aber es entsteht kein langfristiger Schaden. Und sie behandeln ihn weiter so, als hätte er einen Infarkt gehabt. Und das Herz beginnt wieder zu pumpen, weil er ohnmächtig wird. Und der Arzt auf CNN hat gesagt: »Sie müssen sich einfach nur geistig entspannen.« Nun, würden wir das nicht tun, wenn wir könnten?

Ich arbeite mit Leuten, die seit 30 oder 40 Jahren meditieren, und wenn sie aus dem meditativen Zustand herauskommen, sehen sie immer noch Probleme im Leben. Jeder würde das gerne ändern, wenn er könnte. Aber wir müssen unser Leben so führen, wie es unseren Überzeugungen entspricht. Wenn du wissen willst, was du glaubst, dann schau dir dein Leben an. Es ist ein Spiegelbild deiner Überzeugungen.

Also: »Du wirst sterben« – stimmt das? Viele Leute denken: »Natürlich stimmt das! Jeder stirbt!« Vielleicht hast du Recht, und schau noch einmal hin! Glaubst du alles, was du denkst? Hast du *dich* schon einmal *selbst* gefragt? Hast du ernsthaft darüber meditiert? »Du bist dabei zu sterben« – kannst du absolut sicher wissen, dass das stimmt?

Marcia: Nein.

Katie: Woher ist dieses Nein gekommen?

Marcia: Tief aus meinem Inneren. Von irgendwo da drinnen.

Katie: Ja. Und wie reagierst du, wenn du den Gedanken glaubst: »Ich bin dabei zu sterben«? Wie lebst du dann?

Marcia: Ich bekomme richtig Angst. Alles in mir zieht sich zusammen. Es ist fast so, als wäre ich schon tot. Es ist kein körperliches Sterben.

Katie: Wer wärst du ohne den Gedanken?

Marcia: Sehr ruhig. Ich wäre glücklich und würde einfach so leben.

Katie: »Ich bin dabei zu sterben« – dreh's um.

Marcia: Ich bin nicht dabei zu sterben.

Katie: Könnte das genauso wahr oder noch wahrer sein?

Marcia: Ja. Ich kann es wirklich nicht wissen. Aber was dann kommt, ist die Furcht vor dem, was tatsächlich als Nächstes *kommt*, und das weiß ich eben nicht.

Katie: Also: »Du musst wissen, was als Nächstes kommt« – stimmt das?

Marcia: Ich würde es gerne wissen.

Katie: »Du *musst* wissen, was als Nächstes kommt« – stimmt das?

Marcia: Nein, es stimmt nicht. Es ist nicht das, was ich wirklich brauche.

Katie: Wie reagierst du, wenn du den Gedanken glaubst: »Ich muss wissen, was als Nächstes kommt«, und du weißt es nicht?

Marcia: Total verkrampft und blockiert. Überhaupt nicht mehr im Fluss.

Katie: Und das ist der Moment, wo viele von uns in Panik geraten. Das ist der Moment, wo wir an den Kühlschrank gehen, uns eine Zigarette anzünden, Alkohol trinken, unsere Kinder oder unseren Partner anschreien. Wenn wir etwas nicht wissen, von dem wir meinen, wir müssten es wissen, dann haben wir das Gefühl, die Kontrolle zu verlieren. Wir bekommen Angst. Wer wärst du also ohne den Gedanken »Ich muss wissen, was als Nächstes kommt«? Wer wärst du ohne diesen Gedanken in deinem Alltag?

Marcia: Heiter. Wirklich heiter. Da wäre einfach das, was als Nächstes kommt.

Katie: Das ist spannend.

Marcia: Ja.

Katie: Ich erkenne also, dass du nach der Überprüfung deiner Überzeugungen *nicht* mehr wissen musst, was als Nächstes kommt, weil es immer hier ist! Das Nächste, das Nächste, das Nächste.

Marcia: Ja, damit komme ich klar. Aber es gibt Zeiten, da verschwindet es. Es verschwindet einfach, und dann werde ich wütend auf Gott, weil es verschwindet.

Katie: Ja. Also: »Was als Nächstes kommt« verschwindet – stimmt das?

Marcia: Nein.

Katie: Das ist unmöglich. Das Nächste ist immer hier. [Marcia und das Publikum lachen.] »Ich muss wissen, was als Nächstes kommt« – dreh's um.

Marcia: Ich muss nicht wissen, was als Nächstes kommt.

Katie: Nein! Denn das Nächste ist das Nächste. Das Nächste kommt, und dann das Nächste und das Nächste. Und es ist so spannend, es nicht wissen zu müssen. Denn nichts kommt als Nächstes, worauf du nicht vorbereitet bist.

Marcia: [schüttet sich aus vor Lachen und prustet] Oh mein Gott, das ist saukomisch! Es stimmt. Ich hatte wirklich nicht vor, hier auf die Bühne zu kommen und loszuprusten, aber was soll's! [Das Publikum lacht.]

Katie: »Ich werde sterben« – dreh's um.

Marcia: Das ist schon schwieriger.

Katie: Was ist das Gegenteil von: »Ich werde sterben«?

Marcia: Ich werde nicht sterben.

Katie: Ja, und nun nenne mir drei Beispiele dafür, wie das wahr sein könnte ... Einfach nur eine Umkehrung zu finden, reicht nicht. Finde drei Möglichkeiten, drei Gründe dafür, dass die Umkehrung stimmen könnte. Dies ist Meditation. Finde *eine* andere Möglichkeit.

Marcia: Na ja, nichts stirbt wirklich. Nur die materielle Gestalt ändert sich. Aber wir hängen irgendwie an einer bestimmten Struktur.

Katie: Einer Identität. Es ist nur eine Identität.

Marcia: Ja. Eine Art Bio-Körper-Anzug.

Katie: Wer wärst du ohne deine Geschichte? Wer wärst du ohne diese Geschichte von dir? Ohne die Geschichte von uns?

Marcia: Ich würde einfach von einem Augenblick zum nächsten leben. Es sind doch nur verschiedene Momente, wie dieser, und dann kommt es zurück. Es ist einfach dies. Es ist wirklich eine Form von Energie, die andere Energieformen trifft.

Katie: Wer wärst du ohne *diese* Geschichte?

Marcia: Ich weiß nicht. Ich weiß nicht.

Katie: Das ist spannend!

Marcia: Ja, das verstehe ich.

Katie: Was kommt als Nächstes? Du musst es nicht wissen, denn *das* ist es, was als Nächstes kommt. Und wenn du tot bist, ist das kein Problem, denn da ist niemand, der weiß, dass du tot bist.

Marcia: Hmm.

Katie: Wie willst du wissen, dass du tot bist, wenn du tot bist? Sieh mal, wenn du stirbst und in den Himmel kommst und dieses System von Überzeugungen mitnimmst, wie willst du dann auch nur wissen, dass du im Himmel bist! [Das Publikum lacht.] Wenn du dein System von Überzeugungen darauf anwendest, wird der Himmel zur Hölle. Ich nenne das Erde.

Marcia: [lachend] Wow!

Katie: Sehen wir uns die nächste Aussage an.

Marcia: Oh, die kann ich nicht vorlesen. Oh ja, die ist wirklich ein guter Witz: *Ich will, dass Gott mir offenbart, was als Nächstes kommt, damit ich keine Angst habe.*

Katie: Nein, nein, nein. Dreh's um. Gott ist viel zu beschäftigt, um dir irgendetwas zu offenbaren – er ist zu beschäftigt damit, sich den ganzen Tag lang im Himmel herumzutreiben.

Marcia: Ich will, dass ich mir offenbare … aber ich glaube, es gibt noch eine andere Umkehrung.

Katie: Mach sie nacheinander.

Marcia: Ich will, dass *ich* mir offenbare, was als Nächstes kommt. Aber ich weiß nicht, ob das möglich ist; es ist einfach das Nächste. Offenbaren kann ich das nicht; ich kann es nur *sein*.

Katie: Du bist diejenige, die es wahrnimmt.

Marcia: Hmm.

Katie: Was als Nächstes kommt, ist immer das, was du als Nächstes wahrnimmst. Verstehst du das?

Marcia: Sag das bitte noch mal.

Katie: Was als Nächstes kommt, ist nur das, was du wahrnimmst. Das Nächste passiert, und wenn 400 Menschen in diesem Raum sind, dann werden 400 verschiedene Dinge passieren.

Marcia: Hmm.

Katie: Unsere Art der Wahrnehmung und was wir darüber denken und was sie für uns bedeutet, ist bei jedem Menschen anders. Also werden 400 verschiedene Dinge passieren.

Marcia: Ah.

Katie: Also offenbarst *du* dir, was als Nächstes kommt. Lies es noch einmal, und schau, ob du es verstehen kannst. Du bist diejenige, die sagt, was als Nächstes kommt. Dein System von Überzeugungen legt das fest.

Marcia: Und wenn ich kein System von Überzeugungen habe?

Katie: Wo ist dann das Problem? [Das Publikum lacht.]

Marcia: Es gibt keins! Oh! Können wir einfach einen Festplattenabsturz haben und wieder von vorne beginnen und immer noch in einem Körper sein? Darauf läuft es doch im Grunde hinaus.

Katie: Aber weißt du, es ist kein Festplatten*absturz* – es geht darum, eine Überzeugung nach der anderen aufzulösen. Wenn du feststellst, dass du einen Gedanken glaubst, und er ist stressig, dann überprüfe, was du denkst.

Marcia: Aha.

Katie: Und wenn deine Gedanken angenehm sind und die Welt ein wunderbarer Ort für dich ist, dann brauchst du nichts zu überprüfen. Dann genieße einfach dein glückliches Leben. Es ist also nicht wie ein Festplattenabsturz. Du überprüfst einfach einen Gedanken nach dem anderen.

Marcia: Verstanden.

Katie: Okay.

Marcia: Soll ich die nächste Aussage lesen?

Katie: Ja. Das ist es, was als Nächstes kommt.

Marcia. Oh.

Katie: Also lies vor.

Marcia: *Gott muss klarer mit mir kommunizieren, damit ich keine Angst vor dem Sterben habe.*

Katie: Warum hast du Angst vor dem Sterben? Was glaubst du, was dann passiert?

Marcia: Einfach das Nichts.

Katie: Okay, dann hast du also Angst vor dem Nichts. Wie kannst du dich vor dem Nichts fürchten?

Marcia: Ich weiß nicht. Ich weiß nicht, wie ich das beantworten soll.

Katie: Wenn es nur das Nichts gibt, dann ist da nichts zu *fürchten*!

Marcia: Ich verstehe, was du sagst. Ich verstehe es wirklich.

Katie: Aber ich beziehe mich nur auf deine Worte: »Ich habe Angst vor dem Nichts.« Kannst du dich selbst verstehen? Das waren deine Worte. Sie sind auf Band aufgezeichnet. »Ich habe Angst vor dem Nichts.« Und im Nichts gibt es nichts zu befürchten. Da ist nichts! Das ist nur ein Gedankenspiel. Was ist es ohne seine Identität? Die einzige Möglichkeit, dass Bewusstsein leben kann, besteht in seiner Identität. Weißt du, wenn es nicht glauben würde, dass es ein Du ist, könnte es einfach in diese Blume hüpfen und sagen: »Oh. Von hier aus gesehen ist das Leben wirklich gut. Ich liebe meine Farbe ... Ich liebe es, bei diesen Leuten zu sein.« Es würde sich einfach anpassen – das Bewusstsein passt sich an alles an.

Marcia: Das gefällt mir.

Katie: Und nun sieh mal, es hat sich an *dich* angepasst. Das ist wesentlich.

Marcia: Ich verstehe. Danke.

Katie: Gern geschehen.

Marcia: Ich verstehe es. Ja. Okay, also muss ich einfach nur im gegenwärtigen Augenblick bleiben.

Katie: »Gott muss klarer mit mir kommunizieren« – dreh's um. »Ich muss klarer ...«

Marcia: Ich muss klarer mit mir kommunizieren.

Katie: Ja. Das ist es, wonach du suchst. Es ist in deinem Inneren.

Marcia: Aha.

Katie: Und nun die andere Umkehrung: »Ich muss klarer …«

Marcia: Ich muss klarer mit Gott kommunizieren.

Katie: Es ist alles in deinem Inneren. Eine Verbindung mit dem Ursprung von allem. Sein Wesen ist Liebe. Zu dieser Überzeugung würde unser Denken uns nicht führen. Deshalb liebe ich diese vier Fragen und die Umkehrungen. Es ist so, als würden wir die Hölle demontieren.

Marcia: Das spüre ich. Ich bin nicht mehr so ängstlich.

Katie: Lies deine letzte Aussage.

Marcia: *Ich will nie wieder Angst vor dem Sterben haben.*

Katie: »Ich bin bereit …«

Marcia: Ich bin bereit, Angst vor dem Sterben zu haben.

Katie: »Ich freue mich darauf …«

Marcia: Ich freue mich darauf, Angst vor dem Sterben zu haben.

Katie: Das ist jetzt spannend.

Marcia: Ist es!

Katie: Auf diese Weise wirst du deinen eigenen Tod nicht verpassen. [Das Publikum lacht und applaudiert.]

Marcia: Vielen herzlichen Dank.

Katie: Aber gerne, Liebling. Weißt du, *The Work* ist so, als würdest du an einem wunderschönen Tag durch die Wüste gehen, und du schaust nach unten und siehst eine dicke Klapperschlange, und du hast Angst vor Klapperschlangen. Du machst einen Satz zurück, dein Herz rast, dein Puls jagt, du bist gelähmt vor Angst und in Schweiß gebadet. Dann verschwindet die Sonne hinter einer Wolke, und du schaust noch einmal und siehst, dass es gar keine Schlange ist – es ist ein Seil.

Und nun fordere ich dich auf, 1000 Jahre lang über diesem Seil zu stehen und dich davon noch einmal in Angst versetzen zu lassen. Du kannst es nicht. Das ist Selbsterkenntnis. Du hast die Wahrheit selbst erkannt. Und du kannst nie wieder Angst vor diesem Seil haben. Das ist die Kraft der Überprüfung deiner Gedanken.

Womit wir uns heute Abend beschäftigt haben, sind Schein-Schlangen. Und ich kann dir sagen, dass ich in 20 Jahren nicht auf einen einzigen Gedanken gestoßen bin, der eine echte Schlange gewesen wäre. Sie waren allesamt Seile. Jeder einzelne stressige Gedanke, dem ich je begegnet bin, war ein Seil. Ausnahmslos. Und ich liebe es, dass du damit begonnen hast, das selbst herauszufinden.

Nachwort

Von Carol Williams

Ich hoffe, dass dieses Buch Leser, die noch nie *The Work* gemacht haben, anregt, damit zu beginnen, und auch denen, die *The Work* schon eine Weile praktizieren, dazu verhilft, positive neue Wege für ihre Überprüfung zu finden.

Wenn Sie *The Work* noch nie gemacht haben und es gerne versuchen würden, laden Sie sich das Arbeitsblatt von http://www.thework.com/deutsch/ herunter oder kopieren Sie es aus diesem Buch. Finden Sie dann den Gedanken, der Sie jetzt unglücklich macht, und schreiben Sie so frei wie möglich.

Manchmal ist es am einfachsten, mit ganz trivialen Ärgernissen zu beginnen. Teenager oder Nachbarn eignen sich hervorragend für *The Work*. »Sie sollte ihr Zimmer aufräumen.« »Sie sollten rücksichtsvoller sein.« Vielleicht ist es aber auch am besten, gleich den Gedanken zu überprüfen, der Ihnen den größten Schmerz bereitet – den Sie am liebsten gar nicht denken würden.

Viele Dialoge in diesem Buch zeigen, dass der Gedanke, der Ihnen den größten Schmerz bereitet, manchmal gar nicht derjenige ist, den sie für den Verursacher halten. Wenn Sie Ihre Fragen gewissenhaft stellen, werden die Antworten andere Gedanken zum Vorschein bringen, die eine Überprüfung wert wären. Achten Sie auf diese Gedanken, schreiben Sie sie auf, und überprüfen Sie sie als Nächstes. *Stimmt das? Kann ich mit absoluter Sicherheit wissen, dass das wahr ist? Wie reagiere ich, wenn ich diesen Gedanken glaube? Wer wäre ich ohne den Gedanken?* Und dann kehren Sie die Gedanken um, und finden Sie drei konkrete Beispiele dafür, wie die Umkehrungen in Ihrem Leben genauso wahr sind.

Es kann gut sein, *The Work* mit vertrauenswürdigen Freunden zu machen, die einem die Fragen stellen. Und dann tauschen Sie die Rollen und fragen Ihre Freunde. Manche Leute kommen dagegen besser alleine zurecht. Wichtig ist in jedem Fall, dass Sie langsam vorgehen. Wie Katie in diesen Dialogen oft betont, ist *The Work* Meditation. Prophezeien Sie nichts, und glauben Sie nicht, dass Sie etwas wüssten, sondern warten Sie in Ruhe Ihre eigenen Antworten ab.

Das Wunderbare an *The Work* ist: Wenn Sie es eine Weile gemacht haben, beginnt *es*, *Sie* zu machen. Es wird einfach immer schwieriger, die Gedanken zu glauben, die für Sie nicht wahr sind. Die Gefühle von Freiheit und Glück, die Ihnen dadurch beschert werden, durchdringen jeden Teil Ihres Lebens.

Anhang

Die Teilnehmer an den Dialogen werden gebeten, das folgende Arbeitsblatt »Urteile über deinen Nächsten« vor ihrem Gespräch mit Katie auszufüllen. Dieses Arbeitsblatt füllen Sie bitte auch aus, wenn Sie *The Work* allein zu Hause oder mit einem Freund machen. Die Anleitungen sind einfach:

Ergänzen Sie die Zeilen. Schreiben Sie über einen (verstorbenen oder lebenden) Menschen, dem Sie noch nicht hundertprozentig vergeben haben. Bilden Sie kurze, einfache Sätze. Zensieren Sie sich nicht – versuchen Sie, die Wut oder den Schmerz voll zu erleben, als ob Sie genau jetzt in der entsprechenden Situation wären. Nutzen Sie diese Gelegenheit, Ihre Urteile auf dem Papier zum Ausdruck zu bringen.

In ihrem Buch *Lieben was ist* (S. 44 ff.) erklärt Katie den Prozess ausführlicher:

Der erste Schritt von *The Work* besteht darin, dass Sie Ihre Urteile über eine belastende Situation in Ihrem Leben, aus der Vergangenheit, Gegenwart oder Zukunft, aufschreiben – über einen Menschen, den Sie nicht leiden können oder um den Sie sich Sorgen machen, über eine Situation, in der ein anderer Mensch Sie ärgert, in Furcht versetzt oder traurig macht. Schreiben Sie die Gedanken auf, so wie sie Ihnen in den Sinn kommen. (Kopieren und vergrößern Sie sich dazu das Arbeitsblatt, oder laden Sie sich die deutsche Übersetzung des Arbeitsblattes von www.thework.org herunter, und drucken Sie es aus.)

Wundern Sie sich nicht, wenn Ihnen das schwerfällt. Seit Jahrtausenden hat man uns beigebracht, andere nicht zu beurteilen – aber sehen wir den Tatsachen ins Gesicht, wir tun es trotzdem ständig. Die Wahrheit ist, dass wir alle jede Menge Urteile im Kopf haben. Durch *The Work* erhalten wir endlich die Erlaubnis, diese Urteile auf dem Papier auszusprechen oder sogar herauszuschreien. Wir stellen fest, dass wir sogar den scheußlichsten Gedanken mit bedingungsloser Liebe begegnen können.

Schreiben Sie auf dem Arbeitsblatt über jemanden – Vater, Mutter, Geliebten, Feind –, dem sie fast, aber noch nicht ganz vergeben haben. Das ist der stärkste Anfang. Selbst wenn Sie dieser Person zu 99 Prozent vergeben haben, sind Sie nicht frei, solange Ihre Vergebung nicht vollständig ist. Der eine Prozentpunkt, den Sie noch nicht vergeben haben, ist genau der Punkt, an dem Sie in all Ihren anderen Beziehungen steckenbleiben (einschließlich der Beziehung zu sich selbst).

Wenn Sie ein Neuling bei der Überprüfung sind, dann möchte ich Sie dringend bitten, zunächst nichts über sich selbst zu schreiben. Wenn Sie mit Urteilen über sich selbst beginnen, dann kommen die Antworten aus einem bestimmten Motiv heraus und mit Lösungen, die nicht funktioniert haben. Die meisten von uns kritisieren oder verurteilen sich selbst schon seit Jahren, ohne dass sich dadurch irgendein Problem gelöst hätte. Beurteilen Sie jemand anders, stellen Sie dann die Fragen, und kehren Sie Ihre Aussagen um – das ist der direkte Weg zum Verständnis. Sie können sich selbst später beurteilen, wenn Sie die Überprüfung lange genug praktiziert haben, um der Kraft der Wahrheit zu vertrauen.

Wenn Sie zunächst mit dem Finger auf andere zeigen, dann stehen Sie selbst nicht im Brennpunkt. Dann können Sie einfach loslassen und zensieren sich nicht selbst. Wir sind uns oft ziemlich sicher, was andere Leute tun sollten, wie sie leben sollten, mit wem sie zusammen sein sollten. Wir haben ein absolut klares Bild von anderen Menschen, aber nicht von uns selbst.

Wenn Sie *The Work* praktizieren, dann erkennen Sie sich selbst, indem Sie erkennen, wie andere Leute Ihrer Meinung nach sein sollten. Im Laufe der Zeit wird ihnen dann auch klar, dass die gesamte Außenwelt ein Spiegelbild Ihres eigenen Denkens ist. Sie sind der Erzähler, der alle Geschichten projiziert, und die Welt ist das projizierte Bild Ihrer Gedanken.

Von jeher haben die Menschen versucht, die Welt in ihrem Sinne zu verändern. Das hat noch nie funktioniert, weil wir dabei das Pferd am Schwanz aufzäumen. Was uns *The Work* gibt, ist die Möglichkeit, eher den Projektor – unsere Gedanken – statt der Projektion zu verändern. Es ist so, als hätten wir eine Fluse auf der Linse des Projektors. Wir denken, da sei ein Fehler auf dem Bildschirm, und wir versuchen, diese oder jene Person zu ändern, auf der die Fluse sich gerade befindet. Aber jeder Versuch, projizierte Bilder zu ändern, ist vergeblich. Sobald wir festgestellt haben, wo sich die Fluse befindet, können wir sie von der Linse selbst entfernen. Das ist das Ende des Leidens und der Beginn eines kleinen Glücks im Paradies.

Oft sagen die Leute: »Warum sollte ich meinen Nächsten beurteilen? Ich weiß doch schon, dass alles nur mit mir zu tun hat.« Ich sage darauf: »Ich verstehe. Und bitte hab Vertrauen in den Prozess. Beurteile deinen Nächsten, und folge einfach den Anweisungen.« Hier sind einige Beispiele für Leute, über die Sie schreiben können: Mutter, Vater, Ehefrau, Ehemann, Kinder, Geschwister, Partner, Nachbarn, Freunde, Feinde, Mitbewohner, Vorgesetzte, Lehrer, Angestellte, Kollegen, Partner, Händler, Kunden, Männer, Frauen, Behörden, Gott. Je persönlicher Ihre Wahl ist, desto wirksamer kann *The Work* oft sein.

Später, wenn Sie mehr Erfahrung mit *The Work* haben, möchten Sie vielleicht auch Ihre Urteile über Themen wie Gott, Geld, Gesundheit, Ihren Körper, Ihre Abhängigkeiten oder sogar Ihre Selbstkritik untersuchen. Sobald Sie so weit sind, können Sie im Grunde über jeden unbehaglichen Gedanken, der in Ihrem Kopf auftaucht, schreiben und ihn überprüfen. Wenn Sie erkennen, dass jeder belastende Augenblick, den Sie erleben, ein Geschenk ist, das Ihnen den Weg zur Freiheit weist, wird Ihr Leben für Sie zu einem Leben der Freude und Fülle.

Arbeitsblatt: Urteile über deinen Nächsten

Urteile über deinen Nächsten. Schreibe es auf. Stelle vier Fragen. Kehr es um.

Ergänze die folgenden Zeilen. Schreibe über einen (verstorbenen oder lebenden) Menschen, dem du noch nicht hundertprozentig vergeben hast. Bilde kurze, einfache Sätze. Zensiere dich nicht – versuche die Wut oder den Schmerz voll zu erleben, so als wärst du genau jetzt in der entsprechenden Situation. Nutze diese Gelegenheit, deine Urteile auf dem Papier zum Ausdruck zu bringen.

1. **Wer ärgert, frustriert oder verwirrt dich, und warum?**
   Ich bin auf, weil ....(Name)

   (Beispiel: Ich bin wütend auf Paul, weil er mir nicht zuhört, er mich nicht wertschätzt, er Einwände hat, gegen alles was ich sage.)

2. **Wie sollte er/sie sich ändern? Was willst du von ihm/ihr?**
   Ich will, dass .... (Name)

   (Beispiel: Ich will, dass Paul sieht, dass er Unrecht hat. Ich will, dass er sich entschuldigt.

3. **Was genau sollte er/sie tun oder lassen, wie sein, denken oder fühlen? Welchen Rat hast du für ihn/sie?**
   sollte/sollte nicht .... (Name)

   (Beispiel: Paul sollte besser für sich sorgen. Er sollte nicht mit mir streiten.)

4. **Was muss er/sie tun, damit du glücklich bist?**
   Ich brauche von , dass .... (Name)

   (Beispiel: Ich brauche von Paul, dass er mir zuhört und mich respektiert.)

5. **Was denkst du über ihn/sie? Erstelle eine Liste.**
   (Name) ist …

   (Beispiel: Paul ist unfair, arrogant, laut, unehrlich, völlig daneben und unbewusst.)

6. **Was willst du mit dieser Person nie wieder erleben?**

   Ich will nie wieder …

   (Beispiel: Ich will nie wieder das Gefühl haben, dass Paul mich nicht wertschätzt. Ich will nie wieder sehen, wie er raucht und seine Gesundheit ruiniert.)

Die vier Fragen:

1. **Ist es wahr?**
2. **Kannst du mit absoluter Sicherheit wissen, dass das wahr ist?**
3. **Wie reagierst du, was passiert, wenn du diesen Gedanken glaubst?**
4. **Wer wärst du ohne den Gedanken?**

Kehre den Gedanken um.
(Finde drei aufrichtige Beispiele dafür, wie jede Umkehrung in deinem Leben wahr ist.)

Themenindex

(Die Zahlen beziehen sich nicht auf die Seiten, sondern auf die Dialoge.)

Byron Katies geniale Methode in der Partnerschaft

ISBN 3-442-33743-7

Wir verwechseln Liebe mit Bedürftigkeit und wundern uns, warum unsere Suche nach Nähe in immer weitere Ferne zu rücken scheint. Mit ihrer gleichermaßen bewährten wie einfachen Fragetechnik zeigt uns Byron Katie, worauf erfüllende Partnerschaft basiert und wie wir sie finden – in der Zweierbeziehung, im Freundeskreis oder auch im beruflichen Alltag. Dabei geht es nicht darum, zusätzliche Fähigkeiten zu erwerben, die uns zu einem besonders „wertvollen" Zeitgenossen machen, sondern darum, falsche Vorstellungen loszulassen. Nicht mehr und nicht weniger.

GOLDMANN
ARKANA